대한민국 부동산 투자의 미래

사 야 할 때 와 팔 아 야 할 때

대한민국 부동산 투자의 미래

아파트, 오피스텔, 상가, 벤처타워, 빌라/타운하우스, 토지…
실패 없이 돈 버는, 부동산 실전 투자 전략을 제시한다!

투자의 신 허준열 지음

트러스트북스

저자와의 인터뷰

부동산 투자,
왜 흐름과 타이밍이 전부인가?

인터뷰이 : 저자 **허준열(투자의신)**

Q 반갑습니다. 먼저 저자님의 간단한 소개 부탁드립니다.

A 저는 지난 15년 동안 부동산 투자업을 해왔으며, 부동산 투자 웹사이트를 운영하는 대표이기도 합니다. 그동안 아파트, 상가, 오피스텔, 주상복합을 가리지 않고 거의 모든 분야에 투자했고, 서울뿐만 아니라 전국 부동산에 투자해 왔습니다. 부동산이 언제 어디서 상승할지 모르기 때문에 아파트가 됐든, 상가가 됐든 대상을 가리지 않고 투자경험을 쌓아왔습니다. 그래서 저는 스스로를 현장형 전문가로 칭하고 싶습니다.

Q 부동산 분야를 가리지 않고, 그것도 전국의 부동산에 투자한다는 게 가능한가요? 정보력의 한계를 느끼지 않으십니까?

A 가장 큰 이유는 제가 운영하고 있는 '투자코리아'와 '투자의 신'이라는 웹사이트 때문입니다. 저희 사이트에는 전국의 분양 정보가 올라옵니다. 그러니 전국의 정보를 알 수 있는 것이죠. 운영을 하다 보면 흐름이 보입니다. 아파트 분양 정보량이 많아지는가 하면, 주상복합 물건이 갑자기 많이 올라오기도 합니다. 하나의 예를 들면 10년 전, 제주도 지역에서 수익형호텔 분양 물건이 많이 올라왔었습니다. 그러면 현장에 가지 않아도 마치 현장에 있는 것처럼 시장의 분위기를 읽을 수 있죠. 그것도 상세히 알 수 있습니다. 아파트를 예로 든다면 서울 종로구 00동에 삼성 000아파트가 분양을 한다면, 시행사, 시공사, 층수, 분양가격, 그 지역의 상세설명이 실시간으로 올라옵니다. 분양직원들은 홍보를 위해 올리지만, 저에게는 정보가 되는 것입니다. 분양 정보가 다는 아니지만, 흐름을 읽는 데 원소스가 되는 것은 분명합니다.

또한 제가 운영하는 웹사이트는 상담을 목적으로 하지만, 회원제로 운영하면서 직접 투자도 하기 때문에 실전투자에서도 많은 경험을 쌓을 수 있었습니다.

Q 장기투자를 해오셨나요? 아니면 단기투자였나요?

A 투자물건에 따라 다릅니다. 장기투자가 기본이고, 때로는 단

기투자를 병행하기도 합니다. 단기투자는 보통 6개월~1년 사이, 더 짧게는 3개월 정도 기간 동안 투자합니다. 소위 시세차익이라고 하죠. 주식으로 치면 단타입니다. 책에서 자세히 설명했지만, 우선 결론부터 말씀 드리면, 제가 비록 단기투자를 하고는 있지만, 개인투자자들에게 단기투자는 절대 권하고 싶지 않습니다. 제가 단기투자를 하는 이유는 단기로 투자해도 안전하게 수익을 거둘 수 있다는 자신이 있기 때문입니다. 그건 실력에 자신이 있다는 말이 아니라, 투자정보를 그만큼 얻을 수 있다는 자신감입니다. 안전장치가 되어 있으면서 단기에도 수익이 가능한 투자법이 있습니다. 이 책의 8장에서 다룬 내용입니다만, 매우 조심스러운 부분입니다. 그것이 인맥이 되었든, 실력이 되었든 단기투자는 아는 사람들만 해야 합니다. 고수? 선수? 그들을 누구라 불러야 할지는 모르겠지만, 단기투자의 핵심 성공 요소를 아는 사람들만 해야 하죠. 고수나 선수들 중에서도 실패는 많이 합니다. 그러니 단기투자가 그만큼 어렵다는 말입니다.

Q 그런데 현실은 그렇지 않습니다. 많은 사람들이 부동산 단기투자를 목적으로 하고 있습니다. 이분들에게 어떤 조언을 해주실 수 있나요?

A 맞습니다. 많은 투자자들이, 아니 대부분의 투자자들이 단기 성향입니다. 투자상담 의뢰자 중에 70% 이상이 단기투자입니다. 시기에 따라서는 90%가 넘기도 합니다. 월세수입이나 실거주,

장기투자는 많지 않습니다. 소액을 굴리려는 목적이라는 것입니다. 그런데 여기서 다시 말씀 드릴 수 있는 것은 단기투자로 돈을 벌기란 거의 불가능에 가깝습니다. 주식에서 개미투자자들이 돈을 벌지 못하는 이유와 비슷합니다. 단기투자자들은 보통 공인중개사나 분양상담사의 조언, 혹은 인터넷이나 현수막 광고를 보고 투자를 결심합니다.

솔직한 이야기를 해볼까요. 돈이 된다면 공인중개사나 분양상담사가 직접 투자를 하지, 왜 다른 사람들에게 투자를 권유하겠습니까? 인터넷에 분양광고를 왜 하고, 현수막을 왜 걸겠습니까. 자기 돈 깨먹으면서요. 진짜 광고에 쓰인 말처럼 돈이 된다면 무슨 수를 써서라도 돈을 끌어와 자신이 투자를 하는 게 맞지 않겠습니까? 그것도 남들에게 알리지 않고 아무도 몰래 혼자 독차지하겠죠. 돈이 되는 부동산은 그렇게 투자하는 게 정상입니다.

상담을 의뢰하는 분들의 대다수는 무책임한 누군가의 권유에 마음을 빼앗긴 사람들입니다. 분명 좋아보이는데, 정말 좋은지 저에게 상담을 의뢰하는 것이죠. 나름대로는 한 번 더 안전장치를 두자는 취지인데, 안타깝게도 대부분 투자가치가 없습니다.

제가 이 책을 쓰려고 마음먹은 이유는 이렇습니다. 먼저 부동산으로 할 수 있는 대부분의 투자와 서울뿐만 아니라 수도권, 지방, 제주도까지 전국의 투자를 경험했기 때문에 투자의 명과 암을 안다는 측면도 있지만, 그보다는 너무나 많은 사람들이 투자로 자신의 소중한 자산을 잃는 모습이 안타깝기 때문입니다. 그것도 실력이나 정보도 없이 단기투자로 짧은 시간에 자산을 까먹습니다.

부동산에 투자한다고 하면 돈이 많아서일 것이라 짐작하기 쉽습니다. 그러나 전혀 그렇지 않습니다. 대부분의 투자자들은 자산이 풍부하지 않습니다. 자신이 가진 많지 않은 자금을 이용해 단기간에 돈을 불리고자 합니다. 돈을 불리려는 목적들이야 제각각 다르겠죠. 아무튼 그러다 보니 무리수가 따르고 실패로 이어지는 것입니다. 수많은 상담을 받고 있지만, 솔직히 말씀 드리면 저의 시각으로는 돈이 되는 상담은 거의 없다고 보시면 됩니다. 돈이 안 되는 투자를 하고 있다는 말이 되겠죠. 피 같은 돈, 어렵게 모은 돈으로 수익을 내기 위해 얼마나 많은 시간 고민을 합니까. 그런데 전문가의 눈으로 보기에는 성공 가능성이 매우 낮은 것들입니다. 이것이 단기투자자들의 실제 모습입니다.

Q 그러면 단기투자는 전혀 승산이 없다는 말씀이시군요?

A 방법이 없지는 않습니다. 고수와 함께하거나, 그들의 행렬에 동승해야 합니다. 일부 고수들은 성공 확률이 매우 높습니다. 그들의 투자노트에 쓰여진 이야기는 대부분 성공 스토리뿐입니다. 그런데 일반투자자들에게는 그런 기회조차 없습니다. 제가 왜 '기회'라는 말을 썼는지는 잘 생각해야 합니다. 그건 어디까지나 '기회'를 얻어야 가능한 투자법이기 때문입니다. 단순히 실력의 문제

가 아닙니다. 앞에서 상담의뢰자 대부분이 단기성향이라고 말씀드렸잖습니까? 이들이 상담을 의뢰하면 제가 하는 일은 정해져 있습니다. 바로 '투자를 막는 일'입니다. 차라리 은행에 넣으라고 조언합니다. 절대 아무것도 하지 말라고 막는 일이 제 일입니다.

Q 부동산 포털을 운영하시는 목적과도 맞닿아 있겠군요?

A 그렇습니다. 눈앞의 이익에 급급했다면 투자를 권유하겠죠. 저는 처음 사이트 설립부터 신뢰성에 무게를 두었습니다. 당장의 이익보다 투자자를 위해 장기적으로 운영을 하면 언젠가는 투자자들로부터 인정을 받으리라 생각합니다. 이미 많은 분들의 지지를 받고 있고, 보람을 느끼고 있습니다.

잘못된 투자로 곤경에 빠지고, 밤잠을 못자는 분들을 너무나 많이 보아 왔습니다. 돈이 있어서 투자를 했고, 그러니 몇백, 몇천 손실이 나도 괜찮겠지 하고 생각하실지 모르지만, 앞서 얘기한 바와 같습니다. 그들도 돈 많은 자산가가 아닙니다. 일반인과 똑같이 한푼두푼 모아서 투자금을 마련한 사람들입니다. 대출을 받은 사람들도 굉장히 많고요. 그렇게 힘들게 모은 돈을 불리고 싶은 욕심에 투자를 하는 것입니다.

부동산 정보는 투명하지 않습니다. 누군가에게 신뢰성 높은 정보를 얻을 시스템이 국내에는 없습니다. 투자자들이 10군데, 20군데 다니면서 정보를 얻어도 결국은 투자자를 잘못된 방향으로 이끄는 정보들뿐입니다. 개인투자자들은 기댈 곳이 없습니다. 또한 대한민국 부동산은 개인투자자들에게 이익을 주는 시스템도 아닙니다.

제가 '투자의신'이라는 앱과 '투자코리아'라는 포털사이트를 시작하게 된 계기가 바로 여기에 있습니다. 그동안 없었던 시스템을 한번 만들어보자는 취지 때문입니다. 개인투자자가 승리하는 시장을 만들어보는 게 목표이자 소망입니다.

그래서 의뢰를 받으면 시장조사를 하고 투자성이 있는지, 물건에 대한 조사를 합니다. 80~90%의 물건들이 투자를 해서는 안 된다는 사실을 알면서도 말이죠.

하지만 결국 대부분은 은행에 넣으라고 조언합니다. 비참한 결과가 경험상 뻔하니까요.

Q 그러면 나머지 10%는 성공한다는 말씀이시군요?

A 10% 중 반은 운이 좋아서입니다. 운은 늘 존재하죠. 나머지 반은 인맥이 있거나 경험이 있는 사람들이 확인 차 상담을 의뢰한 경우입니다.

여기서 시장의 진실을 하나 더 말씀드려야겠습니다.

사람들이 모이면 개중에 한 명이 "나 아파트로 돈 좀 벌었어!" 하고 자랑삼아 이야기하죠. 그러면 주변에 듣고 있던 사람들은 "아 그래? 그럼 나도 아파트 투자해서 돈 좀 벌어야겠는데" 하고 맞장구를 칩니다.

그런데 그 속을 들여다보면 이렇습니다. 오른 금액이 몇억이 아니라, 적게는 천만 원에서 기껏해야 몇천만 원입니다. 물론 크다면 큰 돈입니다. 그런데 그 오른 금액도 얼마 지나지 않아 다시 떨어지기 시작합니다. 내 주머니에 돈이 들어오기 전에는 엄밀히 따져서 돈을 번 게 아닙니다. 수치상 돈을 번 것처럼 느껴지는 것이죠. 숫자놀음에 불과합니다. 그리고 개중에 돈을 벌었다고 말한 사람은 자신이 시세를 알아본 것이 아니라, 공인중개사나 분양상담사가 했던 말을 옮긴 것뿐입니다. 그 물건을 추천했던 공인중개사가 "천만 원 올랐습니다. 혹은 수천만 원 올랐네요" 하고 말해주면 정말 내가 산 물건이 몇천만 원 올랐나 보다 하고 믿는 것입니다. 그리고 자랑까지 하게 되죠. 자 그런데 볼까요. 공인중개사가 올랐다고 말한 금액에 자신의 물건을 내놓으면 팔릴까요? 팔리지 않습니다. 최종적으로 내 호주머니에 들어올 돈이 아니라는 얘기입니다.

얼마가 올랐다는 건 부동산 매도 시 공인중개사나 상담사가 받는 인정작업에 해당합니다. 복비와는 다르죠. 그들이 가져가는 몫을 의미합니다. 부동산 매매를 성사시켰을 때 지불하는 법정수수료와는 다른 개념인데, 가장 흔한 경우가 바로 토지입니다. 토지의 법정수수료는 0.09%입니다. 공인중개사가 이 금액을 보고 거래를 성사시키는 경우는 거의 없습니다. 예를 들어 평당 100만 원 하는 토지가 있는데, 팔리지가 않습니다. 그러면 공인중개사에게 팔아달라고 의뢰를 하죠. 그러면 공인중개사는 "제가 130만 원에 팔겠습니다. 하지만 원래 100만 원에도 안 팔리던 물건이니, 제가 100만 원만 드리겠습니다. 30만 원은 저의 몫이고요." 이렇게 이야기합니다. 매도자 입장에서는 100만 원에도 팔리지 않던 토지니까, 공인중개사에게 30만 원을 주더라도 계약조건에 OK를 합니다. 그것이 바로 인정작업, 즉 리베이트입니다.

그러면 여기서 의문이 하나 더 생깁니다. 공인중개사는 누구에게 팔까요? 부동산에는 그 금액에라도 사려는 사람들이 많습니다. 호황기에는 더욱 많죠. 기꺼이 상투를 잡는 사람들이 많다는 의미입니다. 특히 토지는 정해진 가격이 없어 인정작업을 하기가 더 수월하죠.

다시 이야기로 돌아가, 올랐다고는 하지만 사실 오른 게 하나도 없는 셈이죠. 하물며, 1억 올랐다고 해도 실제 상황에서는 이야기가 달라집니다.

한 예로 몇 년 전 대구 아파트가 하늘 높은 줄 모르고 올랐습니다. 의뢰자 중 자신이 산 물건이 1억 5천이 올랐다며 어떻게 해야 하는지 물어왔습니다. 저는 당연히 매도를 권했습니다. 팔아야 자기 돈이 되니 팔아서 수익을 확정짓는 게 좋겠다고 말했습니다. 결국 듣지 않더군요. 그 후 1년 정도 지나자, 붙었던 프리미엄이 모두 빠지고 오히려 분양가 밑으로 내려가 수익이 마이너스가 되었습니다.

Q 그러면 팔았어야 한다는 말씀인데, 어떻게 매도 시점을 알 수 있나요?

A 대부분 팔지 못하는 이유는, '더 오를까봐' 입니다. 내가 산 물건, 가장 비싸게 팔고 싶은 것이 사람의 마음입니다. 그런데 욕심이죠. 부동산은 투자도 중요하지만, 정말 나에게 도움이 되려면 물건을 팔아야 합니다. 초보자일수록 좀더 좀더 비싸게 팔려고 기다립니다. 사실 전문가들도 무척 어려워하는 게 바로 머리 꼭대기입니다. 가장 비쌀 때 팔 수 있다면야 얼마나 좋겠습니까. 모두의 염원이죠. 그러나 현실은 조금 더 욕심을 부리려다가 투자를 망치는 것입니다. 비일비재한 일입니다.

고객 중 한 분이 고수입니다. 치고 빠지는 데 일가견이 있습니다. 책에서도 사례로 든 분인데, 그분이 성공하는 이유는 딱 하나입니다. '마음을 비우고 투자하기 때문입니다.' 어느 정도 오르면 던지고 나오는 데 미련이 없습니다.

그런데 일반투자자들은 어떤가요. 가격이 오르면 아무 일도 하지 못하고, 오로지 그것만 바라보면서 매일 더 오르기를 기도합니다. 미련을 갖고 욕심을 부린다는 말입니다. 그러다가 매도 시점을 놓치고 본전이 되고, 나아가 손실이 됩니다. 그러면 이제는 팔지도 못하는 상황이 됩니다. 이러지도 저러지도 못하는 진퇴양난의 상황에 빠지고 말지요. 대부분의 투자스토리가 이렇게 쓰여진다고 보시면 됩니다. 왜 올랐는데 팔지 못할까라고 의문이 들지 모르겠지만, 현실은 그렇습니다.

Q 암울하게 들립니다. 말씀대로라면 개인투자자들은 전혀 어떤 투자도 해서는 안 된다는 말씀인가요?

A 당연히 아닙니다. 이 책을 쓴 이유가 무엇이겠습니까? 길이 있기 때문에 쓴 것입니다. 언제 사야하는지, 어떻게 흐름을 읽을 수 있는지 이 책에 모두 기록해 두었습니다. 알고 보면 매우 쉽죠. 독자들이 제가 제시하는 원칙을 철저히 지켜서 투자에 성공하기를 바랍니다. 쉽지만 불변의 진리입니다. 핵심은 '싸게 사라' 그리고 '적당히 수익이 나면 팔아라' 로 압축할 수 있습니다.

Q 저자님은 책을 통해 싸게 사라는 말씀을 반복해서 하고 계십니다. 일반투자자들이 그 흐름, 즉 싸게 살 수 있는 때를 어떤 징후들로 알 수 있을까요?

A 부동산 현장에는 실거주를 목적으로, 장기투자를 목적으로, 또는 단기투자를 목적으로 모여든 사람들이 있습니다. 그런데 그 목적이 무엇이든 부동산을 대하는 원칙은 동일합니다. 그 공통점은 이렇습니다. 부동산에는 흐름이 있습니다. 흐름을 알아야 한다는 말은 많이들 들어보셨을 겁니다. 문제는 그 흐름이 와도, 일반투자자들은 왔는지 아직 오지 않았는지 알지 못한다는 데 있습니다. 누가 알려주지도 않습니다. 아니 알려주는 사람이 너무 많습니다. 어떤 사람은 살 타이밍이라고 하고, 어떤 사람은 팔 타이밍이라고 하죠. 누구의 말을 들어야 할지 판단이 되지 않습니다.

그러니 오히려 혼란만 가중됩니다. 그래서 아무도 알려주지 않는다는 말이 더 정확하다고 생각합니다.

징후에 대해서는 개인적인 경험과 판단을 말씀 드릴 수밖에 없을 것 같습니다. 징후에는 여러 가지가 있겠지만, 저의 경우 물건을 공급하는 회사의 움직임을 봅니다. 물건을 많이 공급하는가, 그렇지 않은가가 기본이 되고요. 더하여 그들이 가진 보유물량을 비밀리에 던질 때가 있습니다. 그때 일단 '감지' 가 됩니다.

그리고 금리와 정부의 대책은 항상 체크하는 부분이죠. 거기에 지역의 움직임이 포착됩니다. 일시적인지 아니면 지속될 것인지, 즉, 쇠퇴기로 내려가는 흐름이 될 것인지 판단합니다. 반대로 바닥에서라면 상승기로 흐름이 바뀌었는지 살핍니다.

짧게는 수개월, 길게는 1년 정도 전부터 흐름이 감지됩니다. 이것은 보이지 않는 시장의 이면에 대한 이야기입니다. 시장에서는 전혀 아무 움직임이 없습니다. 시장은 가장 늦게 반응하는 곳입니다. 일반투자자들이 정보를 얻는 곳이죠. 뉴스기사를 신뢰하는 분들이 많은데, 뉴스기사도 가장 늦은 정보입니다. 뉴스는 팩트만 전달하기 때문에 예상이라고 할 수 없죠. 즉, 대부분의 사람들은 '돈이 될 리 없는 정보' 만 '가장 뒤늦게 안다' 는 것입니다.

일반인들은 호황기로 가는지, 불경기로 가는지 막상 닥쳐도 모릅니다. 미분양이 넘쳐난다, 분양현장에 사람들로 인산인해다 정도의 정보로 시장을 감지하게 되죠. 투자에 일가견이 있다는 사람들은 그런 정보는 '이미 늦다'고 판단합니다. 그 외 수십 가지가 있지만 몇날며칠 날을 새며 이야기하지 않는 한 모두 말씀드릴 수 없는 내용입니다. 대신 책을 통해 그중 상당 부분을 캐치할 수 있으니 도움을 받으시기 바랍니다.

(하지만 질문자는 집요하게 파고들었다. 독자들이 가장 궁금해 하는 부분이라 판단하였다.)

네. 조금 더 설명을 드리겠습니다. 분양성을 봅니다. 분양의 속도와 분양비율을 본다고 이해하시면 쉽습니다. 분양회사는 실제 분양이 50%만 되었어도 절대 그 사실을 밝히지 않습니다. 대외적으로는 '90%가 분양되었다', 혹은 심한 경우 '완판되었다'고 홍보합니다. 그리고 과감히 뚜껑을 닫습니다. 그러면 나머지 물량을 어떻게 해결하느냐. 미분양물건이지만, '시행사 보유분'으로 판매가 됩니다. 똑같은 말이지만, 듣기에 따라 달라보이죠. 그리고 분양가보다 조금 더 싸게 팝니다.

또한 아파트 100채, 200채, 상가 1 2 3층, 이런 물건들을 저희 같은 회사에 도매로 판매합니다. 통매입이라고 합니다. 책에도 통매입에 관한 이야기를 써두었습니다.

그러면 저희는 어떻게 살지 말지 판단하느냐. 미분양이라고 하여 나쁜 물건이고, 완판되었다고 하여 좋은 물건이 아닙니다.

절대란 없습니다. 대신 그 당시의 부동산 흐름과 연관이 있습니다. 부동산 경기가 호경기이면 안 좋은 물건도 완판이 됩니다. 아무리 좋은 물건도 불경기에 분양하면 미분양이 나올 수밖에 없는 구조입니다. 그러면 답은 정해져 있죠.

부동산 이론가들은 알 수 없는 부분입니다. 이런 내부적인 거래와 움직임은 감지하기가 어렵습니다. 일반인들의 생각과는 엄청나게 차이가 나는 금액으로 염가에 판매가 됩니다. 물건은 어차피 똑같습니다. 가격은 부동산 흐름에 따라 결정됩니다. 그러니 제가 '싸게 사라'고 입이 닳도록 강조하는 것입니다.

Q 지금은 2018년 새해를 앞둔 시점입니다. 그 흐름에 대한 이야기와 향후 투자전망까지 말씀해 주십시오.

A 이미 통매입 의뢰가 들어오고 있습니다. 그것도 매우 저렴한 가격에. 그동안 대한민국 부동산은 호황이었습니다. 행복한 시절을 보냈죠. 단도직입적으로 말해, 2018년 하반기부터는 가격이 떨어지는 시점으로 기록될 것입니다. 혹자는 2018년 하반기부터 폭등이 시작된다, 언론에서도 부동산 경기가 좋아진다고 말하지만 어불성설입니다. 언론기사 역시 전문가의 의견을 따르는 것뿐입니다.

저는 2018년 하반기를 시작으로 3년, 길게는 4~5년 동안 계속해서 하락기라고 생각합니다. 시공사로부터 미분양 물건이 나올 정도가 되면 패가 읽힙니다. 장사를 하는 사람들이 손해를 보고 판다는 것은 무엇입니까? 향후 경기를 읽었다는 말입니다. 더 나빠지기 전에 던지는 심정을 이해해야 합니다.

하지만 소비자는 헷갈리기만 합니다. 그래도 저는 분명히 말할 수 있습니다. 예상치 못한 외부요인만 없다면 하락은 기정사실입니다. 외부요인이란, 상승으로 방향을 잡은 금리가 갑자기 하락으로 반전한다든지, 정부가 부동산 억제 정책을 철회하고 갑자기 부양하는 정책을 펼치는 것입니다. 그런 일이 일어날 확률은 매우 낮겠죠.

그러니 부동산에 투자하고 싶다면 기다려야 합니다. 부동산 가격이 충분히 떨어질 때까지 기다렸다가 싸게 사야 합니다. 아니면 은행에 넣어두던가, 그것도 아니라면 시행사나 분양회사에 투자하는 방법밖에 없습니다. 시행사, 분양사 투자법도 책에 나와 있으니 참조하면 됩니다.

Q 부동산 하락을 예상하셨는데요. 모든 부동산이 하락할까요? 실거주 목적인 사람들도 매입을 늦춰야 할까요?

A 단기투자나 장기투자나 실거주나 다 똑같습니다. 비쌀 때 살 이유가 없죠. 경제적인 사고가 필요합니다.

그리고 모든 부동산이 하락합니다. 과거를 보면 아파트 경기는 나쁘지만 상가는 좋을 때가 있었고, 상가는 나쁘지만 아파트는 좋을 때가 있었습니다. 그러나 지금은 상황이 조금 다릅니다.

아파트, 상가, 오피스텔, 토지 모두 하락 조짐이 보입니다. 뿐만 아니라 서울을 포함해 지방까지 모두 하락할 것이라 예상합니다.

이럴 때는 누가 갑이 될까요? 바로 현금을 보유한 사람입니다. 현금보유자가 소위 '갑질'을 할 수 있는 타이밍이 옵니다. 반면 부동산을 소유한 사람들은 철저히 을의 입장으로 바뀝니다. (반대로 호황기 때는 부동산 소유자가 갑이 되겠죠. 결국 돌고 돈다고 보시면 됩니다.)

제가 이번 하락을 강하게 점치는 이유는, 보통 부동산 주기는 5~6년이었습니다. 그런데 이번은 7년 이상 상승했습니다. 이론적으로는 2016년이나 2015년에 하락으로 반전했어야 하는데, 지금까지 끌고 왔죠. 유동성의 힘이 그만큼 크게 작용했던 결과입니다. 지방까지도 빠지지 않고 상승을 했을 정도니까요. 지역주택 아파트까지도 너무나 분양이 잘 되었습니다. 버블이 많이 쌓여 있다고 봐야 합니다. 그리고 2018년이 되면 정부의 부동산 억제 정책이 추가로 나올 겁니다. 일부 전문가들은 상승을 예상하지만, 저는 그 어떤 상황에 대입해 봐도 오를 일이 없다고 봅니다. 떨어질 일만 남았죠.

Q 기나긴 조정 후에는 다시 오를까요?

A 과거 박근혜 정부시절에는 시장의 유동성을 바탕으로 계속해서 부동산이 올랐습니다. 떨어진다는 말이 많았는데도 계속해서 올랐죠. 낮은 금리와 부동산 혜택이 크게 작용했습니다. 버블도 그만큼 더 끼어 있다고 봐야 합니다. 이제 문재인 정부는 이미 금

리를 인상하기 시작했고, 정부도 부동산을 억제하는 방향으로 지속적인 정책을 펼치고 있습니다. 더구나 2018년부터는 내수경기도 좋지 않을 것입니다. 사실 내수경기야 과거에도 좋지 않았지만, 이를 상쇄하는 금리와 정부정책이 부동산을 밑으로부터 받치고 있었습니다. 그래서 은행에 넣어봐야 금리로는 수익을 내기가 힘드니 부동산으로 자금이 몰렸던 것입니다.

그런데 현실을 볼까요. 시중금리는 이미 4~5%로 상승했습니다. 아파트든 상가든 분양을 받아봐야 5% 수익이 목표인데, 분양을 받을 이유가 사라졌습니다. 심지어 3% 목표자금도 많았습니다. 이런 상황에서는 자금이 다시 은행으로 돌아가겠죠. 하지만 시중금리 4%는 빌렸을 때의 이야기고 맡겼을 때는 훨씬 낮기 때문에 투자자들은 이러지도 저러지도 못하는 상황입니다.

그렇다고 방법이 없는 것은 아닙니다. 건설사는 지금도 건물을 짓습니다. 놀 수 없기 때문에 어떤 상황에서도 일을 합니다. 그런데 자금여력이 부족한 회사는 자금에 문제가 발생하기 시작합니다. 자금부족에 시달리는 건설사들이 참 많습니다.

그래서 투자하는 방식이 바로 시행사업에 투자하는 것입니다. 조금 더 설명을 하자면, 사업성과 안전장치를 봅니다. 상황에 따라서는 시행사가 아니라 신탁회사에 돈을 맡깁니다. 공증을 통해 안전장치를 마련하는 것이죠. 그런데 그 수익이라는 것이 단기에 매우 큽니다.

일반투자자들은 대부분 성공하기 어렵습니다. 90%는 돈을 뜯기는 구조라 보면 됩니다. 이유는 일반투자자가 시행회사나 신탁회사를 만나기도 어렵거니와 사업성을 분석하기도 어렵습니다. 어렵게 만난다고 하더라도 그것은 브로커를 통해서입니다. 브로커들은 어떻게 이야기합니까. 안 되는 것도 무조건 된다고 말합니다. 한 건이라도 성사시켜야 수익이 떨어지기 때문이죠. 그들의 숨겨진 목적을 잘 파악해야만 그들이 하는 말의 진위를 알 수 있습니다.

그리고 시행사에 투자하는 이런 투자법은 불경기에는 통하지 않습니다. 분양 자체가 되지 않는데, 투자해서 어떻게 되겠습니까. 그 시점은 불경기로 내려가기 전과 호경기로 올라가기 전입니다. 과도기에만 가능한 투자법입니다. 그리고 앞서 설명한 통매입은 최악의 불경기 때 하는 투자죠. 통매입은 불경기라서 그렇지 않아도 싼 부동산을 더 싸게 매입하는 방법입니다. 이렇게 단기투자도 결국 흐름 속에서 답을 찾습니다.

그래서 성공의 길을 아는 사람들은 아무에게도 말하지 않고 자기들만의 행복한 스토리를 써가는 것이고, 모르는 사람들은 그런 투자법이 있는지조차 알 수가 없는 것입니다.

Q 소위 선수들의 매수와 매도 타이밍이 궁금합니다.

A 선수나 전문가들은 언제 투자하느냐. 부동산이 최고의 불경기

때입니다. 그리고 최고로 부동산 경기가 좋을 때 팝니다. 머리에 팔려고 기다리지도 않습니다. 적당히 오르면 손을 털고 나옵니다. 반면 일반투자자들은 가격이 절정일 때 삽니다. 이유는 더 오르리라는 기대 때문입니다. 상투를 잡거나 막차에 올라탔는데도 자신은 알지 못합니다.

반대로 가격이 내려가면 투자자들은 과거보다 많이 싸졌는데도 부동산을 사지 않습니다. 이유는 더 내려갈 것이라는 우려 때문입니다.

부동산만 그런가요. 주식도 똑같습니다. 개미투자자들은 항상 상투를 잡습니다. 주가가 폭락하면 도망가기 바쁩니다. 비싸게 사서 싸게 파는 일을 반복합니다. 그러니 개인들의 돈이 선수들의 통장으로 끊임없이 이동하는 것이죠. 금, 달러 다 그렇고, 국내투자자뿐만 아니라 조금 더 똑똑해 보이는 해외투자자들도 다 그렇습니다. 열심히 벌어서 자본가들의 손에 갖다 바치는 꼴입니다. 그래서 흐름과 타이밍이 중요하다는 말입니다.

이래서는 부자들은 부자가 되는 속도가 계속 빨라지고, 부자가 아닌 사람들은 계속해서 그 자리에 머무를 수밖에 없습니다. 옆 동료와 반대로 행동해야 한다는 사실을 잊지 않았으면 합니다.

Q 초보자의 실수라는 게 있나요?

A 초보자들은 아파트나 상가나 오피스텔이나 언제 살 것인가에

만 관심을 둡니다. 불경기 때는 무서워서 못 사다가 호경기 때는 안전하게 산다는 생각으로 끝까지 지켜보다가 부동산이 절정으로 치달으면 그때야 움직입니다. '이제는 사도 되겠구나' 안도하면서 말이죠. 그러나 그때야말로 부동산을 절대 사서는 안 되는 시점이라는 사실을 투자자들이 알기를 바랍니다. 그 후 다가올 고통의 시간들은 참 감내하기가 쉽지 않거든요. 그리고 사는 시기에만 몰두한 나머지 팔아야 할 때는 먼 훗날, 그러니까 부동산이 더 오르는 시점으로 잡는데요. 전략적으로 파는 시점까지 고민하지는 못합니다. 그저 더 올라줄 것이라고만 막연히 기대할 뿐이죠.

하지만 전략적인 투자를 하는 사람들은 떨어질 때까지 기다렸다가 사고, 오르면 판다는 것입니다. 즉, 사고팔 때를 흐름에 따라 결정합니다. 이것이 초보와 선수의 차이입니다. 알고 보면 그렇게 큰 차이가 아닌 것 같지만, 결과는 하늘과 땅 차이죠.

초보투자자들은 경험이 없거나 일천하기 때문에 시행착오를 겪게 됩니다. 하지만 부동산에서는 시행착오를 겪지 않는 것이 좋습니다. 피해가 너무 크기 때문이죠. 그러니 이 책에서 제가 말하는 매수 타이밍을 익혀서 시행착오 없이 올바른 타이밍에 부동산을 매입하기 바랍니다. 투자자든 실거주 목적이든 모두 그렇습니다. 어차피 내가 살(living) 집이니 가격이 떨어져도 괜찮다는 안이한 생각으로 접근하지 않았으면 합니다. 아무리 실거주 목적이라도 싸게 사는 게 좋습니다. 그만큼 돈이 세이브되기 때문입니다. 그렇게 절약한 돈은 자신의 행복을 위해 다른 곳에 쓰면 좋지 않겠습니까.

Q 이번 질문은 미혼인 한 청년이 의뢰한 내용입니다. 그의 질문을 옮기면, "저는 직장을 다니는 무주택자 30대 초반 청년입니다. 부모세대와 달리 지금 청년들은 내집 장만의 진입장벽이 높습니다. 거래가도 높고, 과거처럼 안정적으로 시세차익이 날 것이라는 기대도 떨어져 있습니다. 이런 상황에서 대출이라는 리스크를 안고 사야 하는지, 현재 누릴 수 있는 것들을 포기하면서라도 사는 게 맞는지 궁금합니다. 시세차익까지는 아니더라도 원금은 보장될 수 있는지도 궁금합니다. 청년들에게는 그 돈을 만드는 과정이 너무 어렵기 때문에 잃을 수도 있다는 걱정이 앞서는 순간 겁이 납니다. 만약 원금이라도 잃는다면 내 젊음을 빼앗기는 것 같아, 평생 헛고생하며 살지는 않을까 걱정이 됩니다. 내 모든 수입을 집에 쏟아붓는 형국인데, 깨진 독에 물 붓기가 아닌지요? 또한 정부에서 시행하는 행복주택 등도 조건 면에서 비현실적인 면이 많습니다."

A 좋은 질문입니다. 대다수 초보자들이 가장 궁금해 하는 지점입니다. 먼저 행복주택을 설명드리면, 혜택에 목적이 있다기보다는 부동산 경기를 잡으려는 정부의 의도라고 보시면 됩니다. 물론 수혜를 보는 사람들이 있을 겁니다.

청년들에게 하고 싶은 말은 다음과 같습니다. 청약저축을 반드시 드십시오. 그리고 부동산 경기가 많이 안 좋을 때 청약저축을 써먹으십시오. 부동산 경기가 안 좋으면 땅값도 떨어집니다.

분양가에서 땅값이 차지하는 비중이 굉장히 높습니다. LH를 예로 들면 호경기에는 분양가가 1천만 원인데, 불경기에는 8백만 원 정도로 하락합니다. LH는 민간아파트보다 위치도 좋습니다. 수용권이 있기 때문에 먼저 선점을 하거든요. 불경기가 되면 LH 물건도 상당한 미분양이 발생합니다.

제가 지금 거주하고 있는 집이 바로 LH입니다. LH도 50평대 이상이 있습니다. 불경기 때 청약통장을 이용해 할인된 가격으로 매입해서 잘 살고 있습니다. 발코니도 무상으로 확장해 주더군요. 실거주뿐만 아니라 투자목적으로 10년 전 평당 600만 원에 사둔 LH 아파트도 있습니다. 분양 후 입주하려고 하니 가격이 2배가 되어 있었습니다. 분양 당시에는 미분양이었는데도 불구하고 말입니다.

청약저축으로 일반 아파트를 사지 말고 LH를 사십시오. 요즘에는 과거 복도식이 아닙니다. 아주 잘 짓습니다. 청약통장을 이용해 그중 1순위 아파트를 사두면 좋습니다. 특히 내 생애 최초의 집을 사겠다고 하면 LH가 특히 좋습니다. 앞서 얘기한 통매입으로 더 싸게 사면 모를까, 어차피 소비자는 소매가로 사야 하는데, 굳이 비싼 일반 아파트를 살 이유가 없다고 봅니다.

그리고 불경기 때 사면 대한민국이 망하지 않는 이상 그 아래로 가격이 떨어질 일이 없습니다. 실거주 목적이지만, 투자로써도 손색없다고 봅니다.

Q 재건축과 재개발에 대해서는 어떤 생각을 하고 계십니까?

A 둘 다 오랜 시간을 필요로 합니다. 재개발은 특히 더하죠. 그러니 장기투자로 접근해야 합니다. 경기가 가장 안 좋을 때 땅을 산다는 생각으로 투자해야 합니다. 재건축도 10년은 봐야 하기 때문에 단기에 뭔가를 얻겠다는 생각으로 접근하면 실망만 하게 될 뿐입니다. 또한 투자목적일 경우 무조건 IN서울입니다.

Q 이 책을 읽을 독자들을 위해 향후 유용하게 쓰일 수 있는 투자팁이 있다면 알려주십시오.

A 돈이 많지 않은 청년들, 실거주 목적이라면 신도시가 좋을 것 같고요. 자금력이 있는 사람들은 강남에 아파트를 사두십시오. 서울 외곽에서 서울로 진입하면 내비게이션에 서울까지 몇km가 남았다고 뜹니다. 여기서 기준은 시청이라고 합니다. 그런데 부동산은 '강남접근성'으로 가격이 형성됩니다. 강남에서 몇km인가로 가격대를 줄 세울 수 있습니다. 저 역시 그 타이밍을 노리고 있는 투자자의 한 사람입니다. 거주는 지금 하는 곳에 하고, 투자는 강남에 하는 방식입니다. 강남 아파트를 샀다고 하여 강남에 살 이유는 없습니다. 세를 주면 되는 문제입니다. 어쩌면 이번이 현실적으로 그나마 싸게 살 수 있는 마지막 기회가 아닌가 하고 생각중입니다. 그리고 부동산 투자는 반복되고, 정형화 되어 있습니다. 그중 강남 아파트 투자는 아파트로 재테크를 하려는 사람들에게 가장 좋은 투자대상입니다.

Q 장시간 인터뷰에 응해주셔서 감사합니다. 인터뷰와 책을 통해 못다한 이야기가 많으실 것 같습니다. 독자분들에게 마지막 당부의 말씀 부탁드립니다.

A 제가 운영하는 '투자의신'과 '투자코리아'는 상담이 목적이지만, 앞서 얘기한대로 회원제로 투자도 합니다. 회원들은 투자실력도 제각각이고, 투자금도 다 다릅니다. 적게는 수천에서 많게는 수십억을 굴리는 분들도 있습니다. 실력이나 금액을 떠나 투자에 어려움을 겪는 분들이 상담을 의뢰하면 시장조사를 먼저 해드리고 있습니다. 그것이 우리가 존재하는 이유죠. 책을 모두 읽고도 앞이 보이지 않으면 저에게 찾아오십시오. 성심성의껏 도와드리겠습니다.

독자들에게 당부하고 싶은 말은, 장기투자의 경우 자금운용이나 기간 때문에 힘들고, 단기투자는 위험부담이 큽니다. 그럼에도 불구하고 일반투자자들은 불경기를 이용해 가장 싼 값에 부동산을 사서 장기투자를 해야 합니다. 단기투자는 하지 않는 것이 좋습니다. 차라리 자금을 은행에 맡기는 게 낫습니다. 그래도 단기투자를 하겠다면, 반드시 믿을 만한 전문가와 상의해야 합니다. 부디 소 잃고 외양간 고치는 일이 생기지 않도록, 언제 사고, 언제 팔아야 할지 전략을 잘 짠 다음 투자에 임하십시오. 그러면 결코 실패하는 일은 일어나지 않을 겁니다.

1부
당신을 투자의 신으로 만들어줄,
대한민국 부동산 투자의 미래

2부

실전투자
상위 1%만 아는 부동산 실전투자

당신을 투자의 신으로 만들어줄, 대한민국 부동산 투자의 미래

돈 되는 부동산과
돈 안 되는 부동산을 구분하라

돈 되는 부동산,
돈 안 되는 부동산

시장에서 인간의 투자와 소비행동은 이성적이지 않다. 인간은 언제나 자신의 소득 이상으로 과소비를 하고, 투자시장의 호황기는 곧 끝물이라는 시그널을 보내는 것인데도 집단동조화의 늪에서 벗어나지 못하고, 막차에 동승하는 일을 서슴지 않는다. 그나마 인간이 이성적으로 시장을 평가하는 때는 불황의 골이 깊어질 시점이다. 호황기에는 불황의 시그널이 이곳저곳에서 감지되는데도 누구 하나 관심을 갖지 않는다. 불황이 현실이 됐을 때야 비로소 이를 받아들인다. 당신도 그렇지 않은가? 지금도 부동산 시장에 불황이 오는 시그널이 감지되고 있는데 호시절 때만 생각해서 부동산 투자를 밀어붙이고 있지는 않은가?

호황기에는 호황이 계속되는 줄로만 안다. 부정적 시나리오는 발을 붙이기 어렵다. 호황이든 불황이든 부동산이 계속 오른다고 주장하는 부동산 예찬론자들의 논리적 근거는 다음과 같다.

"우리나라는 국토의 70%가 산지로 구성되어 있다. 해방 후 지금까지 경제가 압축성장하는 과정에서 개발수요는 끊이지 않았고, 이제 대규모 택지개발 지역의 부족으로 공급이 제한될 수밖에 없는 여건이다. 인구 대비 국토가 협소하기에 부동산을 부정적으로 볼 이유가 없다. 그래서 대한민국 부동산을 부정적으로 보는 시각은 인정할 수 없다." 이것이 그들의 지론이다.

부동산 버블기에 시장에 회자되었던 내용이 생각난다. 90년대 이전에 건축된 대부분의 아파트는 국민주택 규모 이하가 대부분으로 70년대 초에 제정된 국민주택 아파트는 과거의 낡은 개념이다. 그동안 한국경제는 비약적으로 발전했고 개인의 소득 수준도 높아졌다. 무엇보다도 쾌적한 환경의 넓은 평형의 아파트에 살고자 하는 개인의 니즈가 강해졌으며 1인당 주거 공간 면적도 확대되었다. 그리고 최근 지어진 아파트는 4베이 구조로 과거 동일 평형의 아파트와 비교해서 넓게 공간을 활용할 수 있으며, 무엇보다 채광이 좋다.

이 글을 읽으면 건설사의 홍보문구를 인용했다는 생각마저 들 것이다. 주택시장의 거대한 손인 건설사의 여론공세가 먹혔는지는 모르겠으나 실제 2000년대 초반에서 중반까지 아파트 시장을 주도한 것은 대형 아파트였다. 그런데 현재는 서울을 제외한 전국 대부분의 중대형 아파트는 애물단지로 변해 있다. 그 기간 동안에 무엇이 변한 것일까? 대신 그 자리를 중·소형 아파트들이 차지하고 있다.

수도권에서 단기간에 걸쳐 많은 대형 아파트가 공급된 용인시의 아파트를 보자. 버블기에 막차를 탄 사람들은 이자는 이자대로 치러야 하고 시세차익은 전혀 없는 것이 현실이다. 일부 지역에서는 입주가 끝난 지 오랜 기간이 지났건만 여전히 마이너스 프리미엄 상태를 벗어나지 못하고 있다.

과거의 셈법대로라면 "기다려라. 기다리면 반드시 오른다. 조급하게 마음먹지 마라"고 했을 것이다. 그러나 시장이 변했다. 이 변화를 가리켜 우리는 패러다임이라고 표현한다. 패러다임이란 한마디로 정리해서 "변화에 적응하라. 변하지 않으면 경제적으로 사망한다"는 말이다. 듣기에 따라서 무서운 말이다.

예전부터 아파트는 부동산 중에서도 환금성에서 최고의 상품이었다. 소형 아파트는 여전히 그 흐름을 이어가고 있지만 대형 아파트는 그렇지 않다. 앞으로 중대형 아파트의 가치가 상승할 지역으로는 한강을 경계로 하고 있는 소위 한강 벨트축 선상의 용산, 이촌, 한남, 성수지구와 강남3구뿐이라는 것이 아파트 시장에서 설득력을 얻고 있다. 따라서 앞으로 대형 아파트에 투자할 의향이 있는 사람들은 입지 선정에 더 많은 노력을 기울여야 한다.

지금 우리 경제는 인구절벽 현상이 빠르게 진행되고 있고 내수경제마저 침체에 빠져 있는 상태다. 당연히 개인의 가처분소득은 줄고 있고, 경제는 이미 오래 전에 감속경제의 늪에 빠졌다. 신자유주의 시대는 생산방식의 급격한 외주화를 가져왔고 경제성장이 고용으로 이어지지 않는 구조적 모순이 발생하고 있다. 경제가 성장함에도 불구하고 개인의 소득은 증가하지 않는 기형적 성장의 시대가 계속되고 있다는 것이다.

현재의 경제흐름은 과거의 한국경제와 근본적으로 다르다는 사실을 알아야 한다. 이런 시각에서 부동산에 접근한다면 돈 되는 부동산과 돈이 안 되는 부동산 간의 경계지점을 확실하게 구분지어 부동산 투자에 활용해야 한다.

부동산 투자에 부정적인 생각을 갖는 것도 바람직하지 않지만 과거의 습관 그대로 부동산 투자에 나선다면 패가망신하는 것은 시간문제다. 앞으로 부동산 시장은 돈이 되는 것과 그렇지 않은 것 사이의 경계가 더욱 뚜렷해질 것이다.

부동산은 아파트만 있는 것이 아니다. 이번 정부의 규제정책이 아파트에 초점이 맞춰져 있는 것이라면 우회해서 다른 부동산에 대한 투자도 생각해봐야 한다. 그렇다. 남들이 예상하지 못했던 틈새시장을 노려야 한다는 것이다. 성적이 좋으려면 여러 과목을 골고루 잘해야 한다. 지금은 한 놈만 패서는 좋은 결과를 얻기 힘든 시대다. 그래서 돈 안 되는 부동산에서 빠져 나와, 돈 되는 부동산으로 옮겨가는 유연성이 필요하다. 시장을 넓게 그리고 객관성을 잃지 않고 보는 균형감각을 키워야 한다. 안 되는 곳을 고집하다가 애써 모은 돈을 허무하게 버리는 우를 범하지 말기 바란다.

02

독신가구의 증가,
떠오르는 원룸투자

금리가 오르고 있다. 한국은행의 기준금리는 0.25%포인트 올랐을 뿐이지만, 시중금리는 이미 "기준금리가 계속 오른다"는 신호를 강하게 발산하고 있다. 조급한 시중금리는 벌써 우상향 곡선을 만들어가고 있기 때문이다.

빚내서 부동산을 매입한 사람들은 대출 금리의 인상으로 전보다 더 많은 이자를 내야 하고 그마저도 주택담보의 대출강화 정책으로 돈 빌리기도 쉽지 않다. 부동산 시장도 냉각되어 가고 있는 상황이다. 다주택보유자는 현 정부의 정책이 원망스러울 것이다. 그러나 여유자금을 은행에 맡긴 사람들의 입장에서는 금리가 오른다고는 하지만 그 정도는 정말 찔끔 오른 것이다. 과거의 고금리에 익숙한 사람들은 이 정도의 금리인상으로는 성에 차지 않는다. 그래서 거의 모든 사람들이 이구동성으로 "돈도 없지만 돈이 있어도 투자할 곳이 마땅치 않다"고 말하는 것이다. 현재의 금리 수준으로 봐서는 정말이지 어느 곳에 투자할 곳이 마땅치가 않다.

내수경기의 깊은 불황으로 수익성부동산의 대표주자 격으로 평가 받는 상가 투자도 예전 같지 않은 것도 현실이다. 상가 투자의 수익률은 계속 떨어지고 신도시 분양상가의 경우에는 비싼 분양 가격 때문에 당연히 월세가 높아짐에 따라 임차인 구하기도 쉽지 않다.

언론에서는 원도심권의 자생적 도시재생사업으로 상가가 활성화되고 있다고는 하지만 이것은 일부 핫플레이스로 떠오른 지역에 국한된 이야기일 뿐이지 전체 상가 시장은 불황이다. 이러한 현상은 지방으로 내려갈수록 더 심각하다. 인천, 대전, 대구 구도심의 상권은 거의 사면초가 수준이다.

그런데 수익성부동산 시장에서 이상한 흐름이 감지되고 있다. 부동산 시장이 정부의 정책금리인상 문제로 울고 웃고를 반복하는 와중에 원룸이라고 통칭해서 부르는 오피스텔 등 독신가구가 주로 거주하는 부동산은 과잉 공급이라고 할 정도로 공급물량이 크게 증가했음에도 불구하고, 이러한 부동산을 찾는 투자자들은 꾸준히 늘고 있다.

원룸투자는 투자 물건이 지역 물건에 따라 가격대가 다양하고 평균수익률은 은행이자보다 몇 배는 높다. 여기에 저금리를 적절하게 이용해 레버리지를 활용하는 경우 수익률은 물론, 상대적으로 적은 돈으로 투자할 수 있는 장점까지도 갖추고 있다. 이런 상황에서 은퇴 후 직업은 없으나 안정적인 노후생활비 마련을 위해 이 시장에 뛰어드는 사람도 크게 증가한 것이 현실이다. 원룸투자의 경제성이 부각되는 시점은 지금부터 약 10년 전으로, 부동산 버블이 꺼지는 시점에 투자열기가 서서히 달아오르기 시작했다.

노후생활비를 마련하기 위해 투자하는 사람들은 고금리 시대에는 은행의 예금, 채권에 투자해 발생하는 이자로 생활비를 마련해왔지만, 저금리 시대인 지금은 거의 수익성부동산 시장 쪽 투자로 돌아선 상황이다.

현 시점에서 수익성부동산 중에서 안전성, 수익성에서 초보 투자자들이 접근하기에 각광받는 부동산 상품은 바로 독신가구를 대상으로 하는 원룸주택이며, 대표적인 것이 오피스텔이다. 이 상품의 최고 장점 중 하나는, 자신의 신용이 문제가 없으면 적절한 레버리지를 통해 수천만 원만 있어도 투자가 가능하다는 점이다.

원룸시장에서 투자의 연속성이 이뤄질 정도의 안정적인 수익 창출은, 독신가구의 비율이 급격하게 증가하는 인구 변화가 큰 영향을 미쳤다. 경제학에서 공급과 수요 사이에 수요가 급증하면 가격은 당연히 오르게 되어 있다. 1~2인 가구 증가 현상은 아파트 시장에도 영향을 미쳐 정부의 정책방향이 오락가락하는 동안에도 소형 아파트 시장은 불황이 없었다는 사실에 우리는 주목할 필요가 있다. 우리나라 독신가구 비율은 우리가 예상하는 것 이상으로 빠르게 증가하고 있다. 그럼에도 불구하고 독신가구의 증가가 선진국에 이르려면 한참 멀었다는 통계자료도 있다. 이것은 시장에 긍정적인 시그널이다. 공급이 아무리 증가한다고 해도 그보다 빠르게 증가하는 수요가 물량을 받쳐 준다는 의미다.

독신가구가 가난하다는 생각은 편견일 수 있다. 그렇지만 독신가구의 평균소득이 그렇지 않은 가구에 비해 낮은 것도 현실이다. 독신가구 중에서 많은 비중을 차지하는 계층은 20대와 30대다. 이들은 사회진출 시간이 적어 여유자금을 축적할 시간도 없었고, 따라서 다른 연령층보다 소득이 적은 것도 현실의 문제다.

그리고 우리가 그들을 가리켜서 현대판 노마드(Nomad, 유목민 혹은 방랑자) 인간이라고 부르는 이유는, 일자리와 상급학교 진학을 위해서 이 도시 저 도시를 옮겨 다니는 특성이 있기 때문이다.

그들은 생활에서 정주형에 가까운 기존 주택은 맞지 않은 옷에 불과하고 매매가도 이들에게는 넘사벽(넘기 어려운 벽, 넘을 수 없는 4차원의 벽)이다. 이런 이유로 인해서 원룸은 그들의 라이프스타일에도 들어맞는다. 보증금이 적은 대신에 월세를 지불하는 방식도 그들의 경제적 상황에 맞는다. 이런 이유로 원룸은 초보 투자자들이 가장 쉽게 접근하는, 대표적 수익형부동산으로 떠오르고 있다.

03

돈이 없어도
원룸에 투자하라

오피스텔이나 다가구주택의 원룸은 임대주택의 꽃이라고 할 수 있다. 다가구 원룸은 전국적으로 대학가나 공장 밀집지역에 분포되어 있기 때문에 지역적 가격 차이에도 넓게 형성되어 있고 부동산에 따라서 가격대도 정형화되어 있는 것이 아니라서 상대적으로 적은 돈으로 투자가 가능한 장점을 가지고 있다. 독신가구를 대상으로 하는 임대주택 투자는 해당 물건이 다르다고 해도 한 가지 교집합을 이루고 있는 부분이 있다. 매매가가 낮을수록 변두리, 외곽으로 나갈수록 가성비 대비 임대수익률이 높아진다는 사실이다.

따라서 원룸주택은 상가처럼 지역 상권의 형성도에 의해 등급이 매겨지는 것이 아니라, 지방의 경우처럼 매매가격이 상대적으로 저렴한 물건의 임대수익률이 더 높다는 사실이다. 따라서 돈이 부족해서 서울, 수도권의 역세권에 투자하지 못한다고 실망할 이유가 전혀 없다. 투자라는 것은 투자금 대비 수익률로 그 가치를 평가하는 것이지, 아파트 투자처럼 강남 등 서울 핵심권역의 수익률이 좋다는 논리는 성립되지 않기 때문이다.

원룸투자는 아파트와 같은 주택의 범위에 속하지만 그 내용은 달라도 너무 다르다. 아파트 투자는 서울 핵심권에 가까울수록 가격이 높지만 원룸주택은 다르다. 그런데도 다가구 원룸 같은 집주인 1인이 통째로 매입하는 집합건물 형태의 다가구 주택을 매입하는 것은 금전적으로 부담되는 일이 아닐 수 없다. 그러나 나름 신용관리를 잘해서 일정 금액의 레버리지가 가능한 사람은 투자금이 적어도 투자가 가능한 것이 오피스텔 및 다가구 원룸 투자의 장점이다.

레버리지 효과가 발생하려면 빚에 대한 이자를 제하고 그 이상의 수익이 나오면 된다. 앞으로 금리가 오른다고 해도 금리 인상 폭을 감안했을 때 원룸주택의 수익률이 더 높다고 판단되기 때문에 빚내서 투자하는 경우에도 원룸주택의 경제성이 사라지는 것은 아니다. 레버리지 효과를 상쇄할 수준의 금리인상은 현실적으로 어려울 것이기 때문에 임대주택 같은 월세가 확실한 상품에 투자한다면 대출이자는 걱정하지 않아도 된다.

독신가구를 대상으로 하는 원룸주택이 최근의 부동산 시장 환경에서 안정된 임대 수익을 얻고 싶은 투자자에게 매력 있는 부동산임을 부정할 수 없을 것이다. 금리인상이 가시권에 들어왔다고는 하나 그 폭은 미약할 것이기 때문에 수익성에 의문을 가질 필요가 없다. 단지 공실 체크가 문제다. 저금리 흐름은 계속되고 있고 은행권에 1억 원을 예금한다고 해도 이자에 대한 15.4%에 이르는 원천징수를 떼고 나면 받게 되는 이자 수입은 1년에 100만 원 정도다. 그런데 원룸은 운용의 묘를 잘 살리면 1억 원 투자로 적어도 은행이자의 수 배 이상을 받을 수 있다.

최근 들어 임대사업자가 급증하고 있는 현상은 정부 통계자료에도 잘 나와 있다. 퇴직자들이 꾸준한 월세를 받기 위해 임대주택 시장에 몰리고 있다. 이를 부정적인 시선으로만 볼 수는 없다. 내수경기가 고사 직전에 있는 상황에서 자신의 노후생활 생명줄이나 진배없는 돈을 가지고 위험천만한 창업시장에 진입하여 돈을 날릴 수는 없지 않은가. 창업 실패 가능성이 날로 높아져가고 있는데 말이다.

다음은 원룸 투자의 SWOT을 분석한 자료이니 투자에 참고하기 바란다.

원룸 투자 SWOT 분석

S(strength)
- 독신가구의 증가 속도가 공급량을 추월
- 은행예금 세후수익률 1%의 시대에 예금이자의 수 배~10배 수익률 가능
- 소액으로 투자 가능
- 투자금액에 따른 다양한 물건 존재
- 전국에 걸쳐 투자 단지의 다양성 존재

W(weakness)
- 일부지역에서 수요와 공급량의 미스매칭 현상으로 수익률 저하 현상
- 부동산 시장의 위축으로 말미암아 대체 수단인 주식시장으로의 이탈자 증가

O(opportunities)
- 저금리 현상 지속
- 빚내서 투자해도 레버리지 효과 발생
- 앞으로 금리인상이 이뤄진다고 해도 금리인상 폭은 1% 수준으로 투자 수익률 확장에 문제가 없을 것임
- 매월 발생하는 임대료를 적립식펀드처럼 주식에 투자하거나 은행권의 자유예금과 연계한 다면 수익률 증가가 가능함

T(threat)
- 서울의 핵심구역 투자 수익률 급감
- 공실의 위험성 상존(원룸투자는 수익성부동산이라는 카테고리에 있는 상품 중에서 환금성 이 좋고 수익률도 높아 투자에 따르는 리스크는 크지 않음. 단, 공실이 없는 조건이며, 공실이 발생할 경우 수익률 저하 가능성이 높아짐)

04

돈이 되게 투자하려면,
먼저 경제흐름을 읽어라

우리가 하는 투자는 결국 현 시대의 경제흐름에 종속될 수밖에 없다. 만약 지금 금리가 크게 오르고 정부의 대출규제정책이 지속된다면 부동산 시장의 자체 힘만으로는 부동산이 상승하기 어렵다.

나는 부동산 투자의 교과서 같은 예로 2008년을 들고 싶다. 2008년 서브프라임 모기지론에 의해 만들어진 버블이 꺼지면서 금융위기가 발생하였다. 이는 부동산에 어떤 영향을 미쳤는가? 노무현 정부시절 집권 2년차부터 날뛰는 부동산 가격을 잡기 위해 무려 17번에 걸쳐 부동산 대책을 내놓았다. 그럼에도 불구하고 잡히지 않았던 부동산 가격이 금융위기 한방에 바로 꼬리를 내렸다. 이는 아무도 예상하지 못했던 일이다.

우리는 이 시기에 부동산 투자에서 상투 잡고 막차에 올라탔던 사람들을 기억하고 있다. 그들의 실패가 과연 전략적 실패 때문이었을까? 강력한 부동산의 힘만 저울질하고 있었다면 당시의 투자는 아무 문제될 게 없었다. 하지만 외부에서 불어온 더 강력한 바람에 의해 부동산을 태우고 있던 불은 일시에 꺼지고 말았다. 부동산 자체의 힘만으로는 동력을 지속적으로 유지할 수 없다는 증거였던 것이다.

따라서 우리는 부동산을 감싸고 있는 제반여건에도 눈을 돌려야 한다. 가장 안 좋은 투자자는 오로지 자신이 잘 알고 있는 한 분야만 파는 경우며, 그보다는 덜하지만 그래도 투자자로서 성공하기 어려운 유형은 부동산만 보는 경우다. 부동산과 여타 경제상황의 연관관계를 무시하지 말아야 한다는 의미다. 경제가 불황에 빠지거나 외부적인 큰 충격이 일시에 가해지면, 부동산은 방향을 잃고 휘청할 수밖에 없다. "그럴 리 없다"고 외면해서 될 일이 아니라는 얘기다.

또 하나 이 과정에서 알게 된 사실은 금융위기가 모든 투자자에게 악재는 아니라는 사실이다. 무슨 말이냐 하면, 돈에 여유가 있는 사람에게는 일생에 한번 올까 말까한 축복이 되었다는 것이다.

2008년뿐일까. 그동안 있었던 금융위기 사례들인 IMF외환위기, 남부유럽 국가들의 재정위기가 초래한 금융위기 당시에도 정도의 차이는 있지만 금리, 환율이 폭등하면서 주식, 채권 등 주요 자산의 가치가 하루아침에 헐값이 되었다. 빚내서 투자한 사람들은 공포라는 집단최면에 빠져들어 투매하기 바빴던 반면, 여유자금이 있는 사람들은 이렇게 나온 부동산 자산들을 거의 헐값에 주워 담았다. 그렇다. 금융위기가 오면 개인 간 부의 재편이 동시에 진행된다. 누가 승자이고 패자인지는 이때 명확히 갈린다. 똑같은 가격인데도 불구하고 어떤 이는 공포에 질려 배에서 뛰어내리고, 어떤 이는 즐거운 비명을 지르며 포트폴리오를 채워간다. 당신은 어떤 편에 서고 싶은가? 그리고 이러한 일이 반복되지 않으리라는 확신을 할 수 있는가? 반복된다면 그 시기는 언제라고 생각하는가?

투자에 있어서 경제 흐름은 그래서 무척이나 중요한 것이다.

투자상품에 경계가 있다고 생각하는 사람은 이는 필시 금융회사의 덫에 걸려든 것이다. 투자상품에는 절대적 가치가 있을 수 없다. 투자상품이라는 것은 그것이 무엇이든 간에 경제적 변화에 의한 상대적 가치만 존재한다. 우리가 익히 아는 유가와 금값만 보아도 비쌀 때가 있고 쌀 때가 있다. 물건에는 거의 아무 차이가 없는데도 말이다. 그러니 '무조건' 오를 것이라는 말은 허상이나 신기루에 불과하다. 상승을 기대한다면 그와 연관된 여타의 경제여건에서 그 이유를 찾을 수 있어야 한다. 금값이 저절로 혼자 오르지는 않기 때문이다.

과거 우리는 고금리 시대를 살아왔다. 그 당시 부동산은 일부 돈 있는 사람에게만 의미가 있었을 뿐, 돈 없는 사람들까지 부동산에 이처럼 과격한 투자는 생각할 수 없었다. 부동산 투자에 이처럼 많은 사람들이 뛰어들 수 있었던 데에는 저금리 기조가 크게 한몫했음을 부정할 수는 없다. 과거에는 시장금리의 지표 중 하나인 기업이 발행하는 회사채금리가 10%를 넘어서는 상황에서 일정 기간 후의 기회비용을 생각했을 때 굳이 부동산처럼 금융상품과 비교해 환금성이 크게 떨어지는 상품에 투자할 경제적 효용성이 없었다. 수익률 면에서 부동산을 대체할 만한 상품이 충분히 많았기 때문이다.

그러나 현재는 금리가 낮아도 너무 낮아서 돈 없는 사람들도 레버리지를 이용해 적극적으로 부동산에 투자를 하고 있는 것이다. 만약 금리가 과거 수준까지는 아니더라도 지금보다 크게 오른다면 유동성의 고리가 끊긴 돈 없는 사람들이 부동산에 이처럼 대범하게 투자하기는 어렵다. 그럼에도 안타까운 현실이지만, 현재의 금리 수준에서는 은행권에 자신의 귀중한 돈을 예금하는 일은 적절한 투자행위라고 볼 수 없다.

지금 당신이 은행권의 연금에 가입했다고 해서 그들이 당신의 노후생활을 보장해줄 리 없다. 은행권의 연금에 가입했다고 하자. 그 돈은 어디에서 나온 것인가? 바로 당신의 주머니다. 자기 돈 내고 자기 돈으로 노후를 보장받는 방식이 은행권 연금의 진실이다. 국민연금은 은행권에서 판매되는 연금과 그 내용면에서 질적으로 다른 것이다. 국민연금은 자신이 내는 돈과 비례해서 자신이 소속되어 있는 조직에서 자신이 내는 돈과 같은 금액을 부담한다. 국민연금의 소득대체율에 대해 말들이 많지만, 그래도 은행권에서 판매하는 연금과 비교한다면 내는 돈에 비해 연금 수령액부터 넘사벽의 차이가 발생한다. 연금이라는 타이틀은 같을지 모르지만 그 내용면에서는 크게 다르다는 사실을 꼭 명심해야 한다. 국민연금은 보편적 복지정책의 일환으로 정부가 실행하는 것이고, 민간연금은 타이틀만 연금이지 국민연금과는 아주 다른 개념으로 금융상품의 한 가지일 뿐이다. 키와 색이 같다고 하여 통통한 돼지와 마른 돼지를 혼동하는 일은 없어야 한다. 눈만 크게 뜨면 보이기 때문이다.

나의 노후 생활, 아니 노후를 떠나 전반적인 나의 재테크 생활에 실질적으로 보탬이 되게 하는 데 있어서 그 상품의 타이틀은 중요한 문제가 아니다. 결론적으로 투자는 상품의 타이틀이 중요한 것이 아니고 내 돈으로 투자해서 한 푼이라도 이자를 더 받을 수 있어야 한다. 이자 구조가 아니라면 1%라도 마진이 높아야 한다. 결국 부동산을 포함한 재테크도 사고팔아 이윤을 남기자는 것이 목표가 아닌가.

따라서 투자대상 상품이 주식, 부동산이면 어떻고, 이자만 많이 준다면 보험사 저축 상품인들 어떠한가. 이런 관점에서 상품의 타이틀은 중요하지 않다. 덩사요핑의 어록에 나오는 말처럼 검은 고양이면 어떻고 흰 고양이면 어떠한가, 쥐만 잘 잡으면 그만인 것을.

현재 판매되고 있는 은행권과 보험사, 증권사의 연금 상품은 타이틀만 연금 상품이지 수익률은 나의 노후를 잡아먹는 수준이라고 할 정도로 수익률은 낮고, 원금이 일정 부분까지 손실이 발생해도 투자자는 운용 수수료를 꼬박꼬박 금융회사에 지불해야만 한다. 세상에 이런 부당한 상품이 어디 있는가. 이런 상품을 가지고 당신의 노후를 보장받겠다니, 두 눈을 크게 뜨고 도둑질 당하지 않도록 조심해야 한다.

결론적으로 말해 당신이 지금 노후보장을 받겠다고 가입한 은행, 보험, 증권사의 연금은 당신의 주머니에서 나온 돈으로 배부른 금융회사의 임직원과 대주주를 손수 먹여 살리겠다는 얘기밖에는 안 된다.

'돈이 되게 투자하려면', '당신의 돈이 굴러가서 눈덩이처럼 커지게 하려면', 경제흐름을 읽고 투자해야 한다. 경제는 마치 생물처럼 변하는 것이다. 멋진 상승곡선을 그리는 때가 있는가 하면 힘없는 낙엽처럼 무시무시하게 추락하기도 한다. 추락의 시기에 투자하면 '돈이 안 되고', '굴러가던 눈덩이가 벽에 부딪혀 깨지고'

만다.

　다시 강조하지만, 경제흐름을 읽고 투자하라. 한 예로 거시경제의 지표를 구성하는 하부 단위의 한 가지에 불과한 금리의 변화에 의해서도 주요 상품의 가격이 천당과 지옥을 오고간다. 또 환율은 어떤가. 해외에 자녀를 둔 부모의 송금액이 많아지는 것은 애교 수준이다. 국가 간의 무역수지가 '흔들'거린다. 환율의 변화에 따라 똑같이 일하고, 똑같이 수출하고도 직장인으로 치면 연봉이 수십 퍼센트 쉽게 깎여버린다. IMF 때를 떠올린다면 한 국가의 자산이 통째로 헐값으로 내동댕이쳐지는 상황이 올 수도 있는 것이다.

현재 우리가 수익률에 연연하는 이유는, 역설적이게도 저금리로 인해 투자상품의 대상이 줄어들고 있다는 사실에 기초하고 있다. 서브프라임 금융위기가 오기 전 은행권의 예금금리는 8.5% 수준이었다. 불과 10년도 채 안 지난 기간에 금리는 바닥을 찍고, 과거의 금리를 따라잡기는 현실적으로 불가능해 보인다.

　2018년 이후 한국경제의 기상도는 역시나 구름이 잔뜩 낀, 비가 수시로 내리는 형국에 비교할 수 있다. 내수경기는 침체를 벗어나지 못하고, 한반도의 군사적 위협문제로 불거진 사드 배치는 중국과의 무역 마찰을 일으켜 한국경제를 무겁게 짓누르고 있다. 미국은 FTA 전면개정을 요구하고 있어 공산품의 미국 내 매출액도 급감할 것으로 예상된다. 이래저래 한국경제는 최악의 상황으로 진입하고 있다.

한 가지 부동산 시장에서의 긍정적 시그널은 문제인 정부가 집권 초기에 개혁이라는 미명 아래 시장과 각을 세운 자세에서, 이후 정책적 유연성을 발휘해 친 시장적인 정책으로 방향을 바꾸고 있다는 정도다.

이 정도까지 시장을 둘러싼 환경이 최악의 상황에 이르렀는데도 주가는 올랐다. 유가증권 상장시장과 비교해 기업의 재무안정성이 떨어지는 코스닥 상장기업의 주가도 올랐다. 부동산 시장도 2014년에서 2016년 투자공간에서는 소형 아파트 시장을 중심으로 모든 지역이 오른 것이 사실이다. 전셋값이 매년 치솟자 무리를 해서라도 내 집을 사야겠다고 마음먹은 사람이 늘어나서일까. 아마도 이 모든 전반적인 투자흐름은, 계속되는 저금리와 이전 정부의 경기활성화 정책이 한몫했으리라는 사실을 부인할 수는 없다. 내수경기가 말이 안 될 정도로 무너져 내리고 있다고 하는데도 불구하고 수익성부동산 시장의 분양도 늘고 사람들의 관심도 꾸준한 것을 보면 역시나 실물경제라는 것은 경제의 기초적 체력에 의해서만 움직이는 것이 아니라, 어쩌면 금리, 시장유동성이 투자자의 심리에 더 큰 영향을 주고 있는 것이 아닌가 하는 생각을 하지 않을 수 없다.

경제적 변화만 투자 대상의 가격 결정에 영향을 미치는 것은 아니다. 정치적 리스크, 인구변동, 소비자의 니즈 변화 등 사회 총체적 변화도 영향을 미친다. 아니 이미 흐름으로 자리 잡아 지대한 영향을 수시로 미치고 있다. 최근 독신가구의 급증 결과로 원룸주택과 주거용 오피스텔 수요가 크게 증가한 것도 사회적 변화인 인구구조 변동이 가져온 현상이다.

다시 말해서 투자상품은 안정성이 등가를 형성하고 있다면 투자대상이 무엇이든 상관이 없다. 단지 내가 투자하려고 하는 상품이 해당 시점의 경제흐름을 반영하여 비교우위에 있는 것이라면 투자를 해도 되는 것이다.

이런 관점에서 평가해 본다면 현재 상황에서는 금융상품보다 예금이자와 비교해 수익률에서 적어도 수 배 이상의 차이를 가져올 수 있는 부동산 상품을 공략하는 것이 현명한 선택이 될 것이다.

05

스스로 '월세라는 연금'을 구축하라

연금(Pension)이란 단어는 원래 전원주택을 세놓아 받는 월세로 생활하는 것에서 유래한 말로 부동산과 연관이 깊은 단어다. 영국에서 보편적 사회복지 정책이 일반화되기 전까지 은퇴자들이 노후에 시골로 내려가 전원주택을 지어 숙박객들을 받아 이들로부터 받은 월세로 노후생활을 해온 것에서 유래했다. 이러니 연금과 부동산은 아예 동떨어진 개념이라고 할 수 없다. 우리나라에서 노후생활자들이 임대주택을 세놓아 거기서 나오는 월세로 생활자금을 버는 일은 오래 전부터 이어져온 현상이다. 그러나 다시 강조하지만, 요즘 민간 금융회사들이 운용하는 연금은 수익률이 매우 떨어져 노후생활에도 도움이 못 될뿐더러 금융회사의 수익에만 기여하고 있다. 그래서 민간 금융회사의 연금으로 자신의 노후를 보내야 하는 사회는 불행한 사회라고 말하는 것이다.

우리가 알고 있는 것처럼 자본주의는 생명력이 있는 유기체다. 자본주의 역사에서 소위 자본으로 통칭되는 세력이 그들의 이익을 최고치화 하는 상품이 무엇인가? 바로 펀드라는 이름의 상품이다. 펀드는 금융자본에게는 설계에서 운용 판매에 이르기까지 전 과정이 무위험의 상품이고, 이 상품을 시장에 합법적으로 판매하기 위해 끊임없이 의회에 로비하고 그들의 이익을 관철시켜왔다. 시장을 독점하면 그들의 표현대로 아주 쉽게 돈을 벌 수가 있다. 금융자본을 포함해 사업 자본에 이르기까지 그들이 가장 손쉽게 돈을 버는 방법은 기술개발이 아니라 제도를 그들에게 유리하게 만들어 상품 판매를 독점하는 것이다.

일찍이 아담스미스는 "시장을 보이지 않는 손에 쥐어주면 시장은 분업과 타협을 통해 모두가 잘사는 세상이 도래할 것"이라고 말했지만 세상은 그의 의도와는 다르게 부의 불평등으로 인한 갈등이 고조되어 왔다.

월세가 연금을 대신하는 사회는 불행한 사회다. 민간연금의 실체가 알려지고 우려감이 커짐에 따라 정부는 서둘러 보완책을 내놓았다. 그런데 그 보완책이라는 것이 연금 상품의 운용자산에 관한 포트폴리오에서 기존의 상품 설계내용을 변경시켜 펀드형 자산의 비중을 40%까지 높여 수익률을 높이겠다는 말만 하지, 민간연금의 근본적 문제점에는 접근하지 못하고 있다. 연금이라는 것은 결국 노후생활에 생명줄 같은 돈인데 투자원금이 보장되지 않는 펀드형 상품 비중을 높이겠다는 발상은 매우 위험한 것이다.

증권시장에서 소위 기관이라는 집단의 자산운용 결과를 보면, 국내 자산운용사의 수익률은 시장 평균에도 미치지 못한다. 한두 해의 문제가 아니라 지속적으로 그래왔다. 이런 현실에 연금운용 자산의 40%를 이들에게 맡겨 운용하게 한다는 것은 원금의 안정성이 지켜져야 하는 연금 상품의 특성을 외면하는 것이다. 그리고 자산운용 결과를 철저히 감시하겠다고는 하지만 비전문가들로 구성된 공무원들이 과연 무슨 능력으로 이를 투명하게 감시하겠다는 것인가.

인구고령화로 인해 노후준비에 대한 관심사가 커지다 보니 별 해괴한 상품까지 연금이라는 이름으로 포장되어 판매되고 있는 현실이다. 바로 주택연금이다. 주택연금은 현재 살고 있는 내 집을 담보로 맡기고 일정 기간 담보에 대한 대출금을 나눠서 매달 주겠다는 것으로 결론적으로 주택담보대출금을 나눠서 지급하겠다는 복안이다. 하지만 주택연금을 받는 사람에게는 효용가치가 없는 상품이다.

그런데 어느 시점부터인가 이 상품이 주택연금이라는 상품으로 둔갑해 판매되고 있다. 이 상품은 내 집을 담보로 해서 은행이 대출금을 나눠서 지급하겠다는 것이지 연금이 아니다. 그래서 우리는 이 상품의 정확한 이름을 역모기지론이라고 부르고 있다. 문제는 이 상품 역시 일반 주택담보대출과 똑같이 연금지급액에 따른 대출이자가 부가된다는 것이다. 만약 내 집의 담보가치가 하락이라도 하게 되어 은행에서 손실이 발생하게 되면 즉시 은행은 내 집을 땡처리해 우선적으로 은행의 대출금을 보존하고 나서 차액을 지급하게 된다. 이것이 주택연금 내용의 골자다.

집주인 입장에서 생각해 보자. 왜 은행이 내 집을 담보로 해서 대출금을 나눠서 지급하면서 내 집의 처분권까지 은행이 맘대로 하는가. 과연 이것이 동등한 입장에서의 거래인가. 주택연금의 판매를 허가한 금융당국은 노후준비를 걱정하는 서민을 도와준다는 취지에서 정책을 추진했다고 하겠지만, 이는 전적으로 은행의 편에서 설계되고 판매되는 상품이라는 점에서 펀드와 같은 상품이다. 이렇게 허무맹랑한 상품을 실제 연금이라고 생각하고 가입하는 사람만 불쌍할 뿐이다.

　형태는 다르지만 현재 은행과 보험사, 증권사에서 판매되는 모든 연금 상품은 금융회사 입장에서 돈 버는 상품이 분명하다. 현재 금융권에서 판매되는 연금 상품은 비과세 혜택이 사라졌고(보험사 판매 연금은 10년 이상 유지 시 연금 지급 시점에 가서 이자소득에 대한 비과세 혜택이 있으나 설계사 수당으로 나가는 판매수수료를 따지면 은행연금 상품과 비교해도 금리경쟁력이 없는 것이 현실이다), 민간연금은 무엇보다 중요한 것이 국가에서 주는 경제적 혜택이 전혀 없는 것은 물론 일반 은행권의 금융상품과 비교해서 금리 경쟁력도 사실상 없다는 것이다.

현재도 수익률이 거의 1%도 안 되는 수준인데, 이를 계속 유지한다면 과연 노후에 이자에 의한 가처분소득이라는 것이 발생할 것인가. 결국 당신이 민간연금에 장기간 가입한다는 것은 은행, 보험사 임직원 밥 먹여 살리겠다는 것일 뿐, 당신에게 돌아올 아무런 이익도 없다. 투자가 아무리 위험하다고 해도 차라리 주식투자를 하는 것이 낫다는 말이 왜 나오겠는가.

금융감독원이 발표한 '퇴직연금 종합안내' 라는 공시내용에 따르면 2014년 2분기 중 원리금 보장 확정급여형(DB)퇴직연금을 운용하는 생명보험사 중에서 단 한 곳도 수익률이 1%를 넘긴 곳이 없었다. 이 내용이 틀리지 않다면 수수료를 공제한 수익률은 마이너스 상태라고 볼 수 있다.

민간에서 운용하는 연금 상품의 수익률을 기록하고 있다는 점에서 이는 특정 회사만의 문제가 아니라 민간연금 상품에 구조적 문제가 있다는 증거물이 아니고 무엇이겠는가.

퇴직연금 운용사들의 운용수익률을 보면 자산운용 능력에 문제가 있음을 알 수 있다. 그동안의 운용수익률이 이를 증명하고 있다. 어차피 그들은 운용에 따른 수수료만 받으면 되기 때문에 수익률에는 별 관심이 없을 것이다. 현재의 퇴직연금을 공정하고 안정성 있게 운용하고 수익성을 보완하려 한다면, 수익률을 인위적으로 높이기 위한 위험자산의 편입비중을 확대하는 것 이전에 연금운용 결과에 대해 금융회사도 책임을 지도록 이를 법제화하는 것이 우선되어야 한다.

민간에서 운용하는 연금 상품들이 확실한 노후보장 상품이 된다면, 개인의 노후 생활자금 포트폴리오라는 측면에서도 선택지가 넓어지는 것으로 이를 반기지 않을 사람이 누가 있겠는 가.

우리는 이러한 작금의 상황을 주시하며 맥이 풀리지 않을 수 없다. 그 어떤 연금도 우리의 노후를 확실히 보장해 주지 못하니 결국 스스로 나서서 '월세'라는 연금을 구축해야 하는 것이다. 그리고 많은 이들이 벌써 그 대열에 합류하고 있다. 그 누구도 지켜주지 못하니 스스로 지켜야 하는 것이다. 씁쓸한 현실은 그렇고, '대안'이 있으니 눈여겨봐야 할 지점이다.

06

천만 원부터 시작하는
수도권 변두리 오피스텔

투자에서 동원 가능한 자금이란 자기가 갖고 있는 유형의 현금자산과 무형의 자산이라고 할 수 있는 자기신용이다. 주식, 채권 등 일체의 유가증권도 엄밀히 말해서 자신의 돈이라고 할 수 있다. 즉시 처분하면 바로 현금이 되기 때문이다. 하지만 사람마다 유가증권을 즉시 처분 못하는 사정이 있을 것이다.

이러한 유가증권을 담보로 해서 투자금으로 활용할 수 있다. 그런데 자기신용이 나쁜 경우에는 유가증권 대출이자가 너무 높아지기 때문에 소위 빚내서 투자하는 레버리지 효과가 발생하지 않는다. 기대수익이 10%라도 대출이자가 여기에 버금간다면 결국 남는 게 없는 장사가 되고 만다. 반면에 은행의 신용관리를 잘 해온 사람은 부동산, 유가증권 담보가 있어도 자기신용으로 저리의 대출을 받을 수 있다.

부동산 투자를 하면서 세금을 줄이기 위해서라도 순수하게 자신의 돈으로만 투자를 하는 사람은 거의 없다. 하지만 은행의 신용등급이 나쁜 경우에는 대출이자가 높아 이를 상쇄하고 수익이 날 리가 만무하다.

나는 무리하지 않는 선이라면, 빚내서 투자하는 행위는 수익률을 증가시킨다는 점에서 긍정적으로 보고 있다. "누울 자리를 보고 다리를 뻗으라"라는 옛말이 있다. 신용등급이 양호한 사람들은 지갑에 천만 원만 있어도 원룸에 투자할 수 있다. 비록 천만 원으로는 투자금이 수억 원에 이르는 다가구 원룸, 다중주택, 고시원 등에 투자하기는 어렵지만, 그 대상이 수도권 외곽 소형 오피스텔이라면 말이 달라진다. 얼마든지 다리를 뻗을 수 있다. 은행 대출로 매입자금을 대신할 수 있기 때문이다.

주택담보 대출기법 중의 하나로 은행권에서 '동시패션'이라는 은어로 불리는 것이 있다. '동시패션'이란 구매자가 소유자의 동의 아래 은행에서 근저당 설정과 동시에 그 자리에서 바로 대출금을 받아 매입 잔금을 치르는 방법이다. '동시패션'이라는 금융기법을 이용하면 계약금을 치를 돈만 있으면 나머지 돈이 없어도 오피스텔을 매입할 수 있다.

오피스텔 하면 서울 강남의 럭셔리 오피스텔만 생각해서 그렇지, 수도권 변방 천안권으로 나가면 전용률 50%의 15평대 오피스텔 물건 중에서 최하 6천만 원 이하에서 최고 7천만 원이나 8천만 원으로 살 수 있는 매물이 널리고 널렸다. 수도권 외곽 저가 오피스텔의 경우 임대수익률이 7~8%가 넘는 곳도 많다. 물론 운용의 묘를 잘 살려 관리에 힘을 쏟아야 가능하겠지만 말이다.

투자에서 상상력이 차지하는 비중은 꽤나 높은 편이다. 어떻게 상상력을 발휘하느냐에 따라, 적은 돈으로도 수익성이 높은 물건에 얼마든지 투자가 가능하다. 누구는 수천만 원의 종자돈으로 수십 채의 아파트 주인이 됐다고 하지 않는가. 이에 비한다면 이런 투자는 애교 수준이다.

현재 수도권 오피스텔 중에서 투자금 대비 수익률이 가장 높은 곳은 수원시 인계동, 시흥시 정왕동, 안산시 고잔동 일대의 저가 소형 오피스텔 단지들이다. 반면에 오피스텔의 수익률이 가장 낮은 곳은 강남 선릉, 역삼, 논현동 일대이다. 우리가 아는 상식을 뒤엎는 매우 역설적인 결과가 아닌가. 오피스텔은 내가 살기 위해 사는 집이 아니다. 오피스텔은 임대가 목적이다. 그러니 오피스텔 가격이 강남의 1/4이라고 하더라도 임대료가 강남의 1/2 수준이라면 수익성은 강남보다 더 높다는 결론이 나온다. 책상에 앉아 투자금과 수익률을 적어가며 찬찬히 생각해 보라. 어디에 투자하는 것이 합리적인지 말이다.

이처럼 소형 오피스텔 투자의 최대 장점은 돈 없는 사람도 투자할 수 있다는 점이다. 아니 돈이 많다고 하더라도 결과는 달라지지 않는다. 가격이 싼 만큼 물건을 늘리면 되기 때문이다.

금리가 오른다고 한다. 그러나 투자자의 입장에서 금리가 1% 오른다고 해서 당장 은행에 예금을 하겠다며 뛰어갈 사람은 없을 것이다. 오히려 부동산 시장이 냉각기에 접어들면서 풍선효과로 코스피 주가는 연중 최고가를 행진 중이다. 이런 현상이 왜 벌어지겠는가. 금리가 오른다고 해도 금융으로는 개인의 가처분소득이 늘어나기 힘들다는 사실을 투자자들도 잘 알고 있기 때문이다. 즉 '올라봐야 얼마나 오르며, 이익이 얼마나 더 많아지겠느냐' 는 심리다.

현재 주식시장에서 가장 공격적인 투자를 하는 사람들은 보수적 투자를 할 것 같은 60대, 70대의 노년층이라고 한다. 그들은 자신의 생명줄 같은 돈을 가지고 모험을 하고 있다. 예금 이자가 바

 소액은 물론 고액도 가능한 전국 원룸단지 베스트5

- 서울 관악구 신림, 봉천동 일대
- 시흥시 정왕동, 수원시 인계동, 안산시 고잔동 저가 오피스텔 단지
- 천안시 안서, 신부, 성정, 두정동 일대
- 경산시 영남대 일대
- 대전시 용전, 홍도, 도마, 용운, 용문, 자양, 대동 등 대학가

닥을 치고 있으니 어쩔 수 없이 주식에 올인하는 것이다.

주식과 비교해 투자위험은 매우 낮고 투자 수익률은 안정적이면서 상대적으로 은행 예금이자에 비해 수 배는 높은 저가의 소형 오피스텔에 투자하는 것도 폭 넓게 검토해야 한다.

07

황금알을 낳는 재개발의 경제학

방송통신위원장 내정자 인사청문회에서 야당으로부터 "그가 부인 명의로 구입한 강남구 개포동 주공아파트가 2008년에 가서야 등기가 된 것은 엄연히 투기 목적의 위장전입이 아니냐"는 질책이 이어졌다. 내가 이 기사에서 주목한 점은 이효성 내정자의 도덕성 문제가 아니라, 구입 당시의 매매가와 비교해 가격이 폭등 수준으로까지 올랐다는 사실이다. 그가 2000년 개포동 아파트 15평을 매입할 당시 이 아파트의 가격은 2억 9천만 원이었다고 한다. 그러나 인사청문회에 당시에는 매매가 기준으로 15억 원을 호가하고 있었다. 재건축 아파트가 아파트 시장에서 돈이 되는 상품이라는 사실은 일찍이 알았지만 구입 당시 매입가에 비해 5배가 올랐다는 것은 황금알을 낳는 거위에 비교해도 무리가 없는 수준이다.

개포동 아파트는 택지 공급이 부족하여 더 이상의 신규 공급 물량이 없다. 따라서 재건축에 포커스가 맞춰져 있는데, 아무리 그렇다 하더라도 이 정도의 수익을 거둔다는 것은 사전정보 없이는 거의 불가능하다. 평범한 개인이 평생을 일해도 벌기 어려운 금액을 단 한 번의 투자로 번다는 사실은 깊이 생각해 볼 여지가 있다.

그는 개포동 재건축 아파트에 대한 투자 정보를 어디서 얻은 것일까. 방송통신위원장으로 임명되기 전까지 그는 서울 모 대학의 언론대학원 교수였다. 전문적인 투자가와는 거리가 먼 사람이다. 흔한 말로 재테크를 잘해서 남편이 벌어오는 돈 이상의 돈을 버는 사람은 주부라는 말이 실감나는 사례라 아니할 수 없다. 이번에 문제가 된 이효성 이외에도 다른 공직자들 역시 재테크 솜씨를 보면 전문가 못지않은 수준이다.

그들에게만 허락되는 고급정보가 유통되는 이너서클이라도 존재하고 있는 것일까. 고위 공직자는 경제를 계획하고 실무지침을 내리는 사람들이다. 그들이 일반인보다 고급투자 정보를 얻는 데 유리한 위치를 점하는 것은 맞다. 그러나 자신의 직무를 통해 얻은 정보를 재테크에 활용한다면 이는 내부자 거래에 속한다.

경제학에서 재화란 자동차나 컴퓨터처럼 우리 눈으로 직접 볼 수 있거나 만질 수 있는 것이다. 재화는 크게 두 가지로 나뉜다. 공기나 햇빛처럼 비용을 지불하지 않고도 얻을 수 있는 자유재와 주택, 가전제품처럼 비용을 치러야 하는 경제재가 있다. 보통 우리가 쓰는 물건들은 시간이 지날수록 사용가치가 떨어진다. 안 쓰는 물건을 중고시장에 파는 경우 바로 땡처리가 되어 처음에 구입한 돈의 반값을 받기도 어렵다.

이런 관점에서 보면 오래된 아파트도 사실은 낡고 허름해서 집 수리 비용이 들어갈 것이다. 그러나 재건축을 앞두고 있는 아파트는 거꾸로 가격이 크게 오른다. 중고물건 중에서 수집가에 의해 가치가 달라지는 빈티지 제품 이외에는 낡을 대로 낡은 상품, 지난 경제재 등은 가격이 떨어지는 것이 정상이다. 하지만 반대로 재건축 아파트만큼은 가격이 크게 오른다.

현재의 가치보다 미래에 가격이 오를 재건축 아파트는, 특히 저층의 대지지분이 높아 개발 후 큰 수익이 예상되는 아파트의 경우 미래의 블루오션이 된다고 말할 수 있다. 재건축 아파트는 일반 아파트와 비교해 통상적인 상승이라고는 볼 수 없을 만큼 가격이 많이 오른다.

재건축의 상징처럼 여겨지는 강남 대치동 은마아파트는 1979년에 지어졌다. 은마아파트는 2000년대 들어서 본격적으로 재건축이 추진되면서 전용면적 84㎡가 3,000만 원에도 못 미치던 것이 2000년대 중반 11~12억 원으로 올랐고, 최근 들어 재건축이 본격적으로 추진되면서 가격이 더 오르고 있다. 분양가 대비 거의 수십 배에 이르는 가격 상승이 있었다. 물론 그동안 많은 시간이 흘렀다는 점을 감안하더라도 대단한 상승이 아닐 수 없다.

재건축 아파트의 가격이 오르는 이유는, 재건축 아파트가 아주 독특한 특성을 가진 재화이기 때문이다. 부동산은 공급량의 제한을 받는다. 택지가 한정되어 있기 때문이다. 여타 공산품처럼 원한다고 해서 마음대로 늘릴 수 없다. 특히 강남처럼 대규모 택지 개발이 불가능한 곳은 오로지 재건축을 통해서만 공급량을 늘릴 수 있다. 공간은 한정되어 있고 그곳에서 살고자 하는 수요가 많을 경우 재건축은 황금알을 낳는 거위가 될 수 있는 것이다.

재건축 아파트는 지역과 평형, 고층 여부에 따라 가격 상승에 차이가 있다. 재건축 대상 아파트라고 해서 무조건 오르는 것은 아니다. 재건축 아파트가 황금알을 낳는다고 하여 아무 곳이나 아무 시기에 투자했다가는 오히려 낭패를 보기 쉽다. 재건축 아파트는 부동산 시장 경기에 굉장히 민감하므로 호경기와 불경기에 따라 아파트 매매가격 격차가 클뿐더러 실제 아파트 착공까지는 보통 10년 또는 그 이상의 시간이 걸리기 때문에 자칫 잘못하면 오랜 기간 자금이 묶일 수 있다는 것도 염두에 두어야 할 것이다.

아파트 재건축 승인이 나고 재건축 아파트가 들어서면 이전보다 상전벽해 수준으로 생활시설이 업그레이드되고, 이곳에서 살고 싶어 하는 사람들의 수요가 몰려들어 집값이 오를 것이라는 기대심리가 작용한다.

실제 재건축으로 새 아파트가 들어서면 아파트는 완전히 새로운 모습으로 탈바꿈한다. 조합원의 지위를 갖고 재건축에 투자한 사람들은 이전보다 더 넓은 평형의 아파트를 배정 받게 되고, 원하는 평수와 층고를 선택할 수 있는 특혜가 주어지며 개발이익은 덤이다. 그야말로 '꿩 먹고 알 먹고'다. 그래서 재건축 아파트는 아파트 시장이 냉각되는 분위기 속에서도 새롭게 신고가를 다시 쓰고 있는 것이다.

재건축 아파트는 집 가격이 올라 있는 상태에서도 향후 더 오를 것이라는 기대심리가 작용하여 수요가 늘고 공급은 줄어든다. 수요자는 가격이 더 오르기 전에 집을 사려고 몰려들고, 매도자는 가격이 더 오른 뒤에 집을 팔려고 하니 공급이 줄어드는 것이다. 이처럼 수요는 늘고 공급은 줄어들면서 아파트의 가격이 크게 오르는 것이다.

문제는 매입자 가운데 실제 아파트에서 거주하려 하는 실수요자보다는 부동산 투자를 통해 시세차익을 얻고자 하는 사람들이 대부분이라는 것이다. 재건축 투자는 부동산 투자 중에서도 큰돈이 되는 상품이다. 이러니 재건축 투자에 실제 거주하려고 재건축 아파트를 사려는 사람보다 투자 목적에서 사려는 사람들이 몰리면서 가격 버블이 발생한다. 이에 따라 전체 부동산 시장에 미치는 악영향을 심각하게 받아들이는 정부는 재건축 투자를 진정시키기 위해 재건축 개발이익 환수제, 투기지구 내에서의 대출 규제, 다주택 보유자를 겨냥한 양도세 인상, 후분양제 도입에 이르기까지 강력한 부동산 규제 정책을 잇달아 내놓고 있는 것이다.

현재의 선분양 제도는 아파트를 시공도 하기 전에 집을 분양하는 방식으로 분양 시기와 입주 시기 간 상당한 간극이 존재한다. 따라서 그 사이에 가격 변동 폭이 크다. 하지만 후분양제는 어느 정도 아파트를 건설한 후에 분양하기 때문에 분양 이후 입주 시기까지 가격이 지나치게 상승하는 것을 막을 수 있다. 제도적인 정비도 필요하다 하겠다.

재건축 아파트 투자는 어느 투자상품보다 기다림의 미학이 필요하다. 재건축 아파트가 강남에만 있는 것이 아니다. 언론이 지나치다 싶을 정도로 강남의 재건축아파트 단지들을 부각시켜서 그렇지, 인구 50만 이상인 수도권 도시의 도시정비 사업이 본격화되면서 구도심 저층 아파트 단지들도 소리 소문 없이 많이 올랐다.

그리고 앞으로 90년 초에 지어진 1기 신도시의 재건축이 본격화된다. 1기 신도시의 수많은 아파트 단지 중에서 과연 장래에 개발이익이라는 달콤한 열매를 나에게 안겨줄 곳은 어디겠는가? 투자자라면 흥미롭게 지켜볼 대목이다. 부동산 시장은 넓고 투자할 곳은 많다는 사실을 잊지 말기 바란다.

08

창조적 투자로
당신의 자산을 늘리라

나는 투자를 '창조적 행위'라고 생각한다. 똑같은 재료를 가지고도 누가 음식을 만드느냐에 따라서 음식의 퀄리티는 천차만별이듯이, 부동산 투자의 세계도 크게 다르지 않다. 똑같은 돈이 있다고 해도 그 돈을 누가 운영하느냐에 따라 미래의 가치는 확연히 달라진다. 창조성을 발휘하는 실력이 투자자마다 다르기 때문이다.

수익형부동산이나 오피스텔에 투자하는 경우 매월 일정액의 월세를 받는다. 어떤 투자자는 이 돈을 생활자금으로 써버리지만, 어떤 투자자는 이 돈을 아끼고 잘 모아서 수익을 증가시키기 위한 또 다른 투자 행위를 한다. 여기서부터 투자의 질이 달라진다. 전자는 플러스되는 투자가 0이지만, 후자는 플러스에 플러스를 더하는 누적 수익률을 쌓아간다. 누적 수익률을 쌓아가는 과정에서도 질은 다르기 마련이다. 어떤 투자자는 아주 단순하게 은행 보험사의 저축상품에 관례적으로 투자를 하지만, 투자의 격이 높은 사람은 이 돈으로 다양한 운용 수단을 찾고 단 한 푼이라도 수익을 늘리기 위해 노력한다. 이 작은 노력들이 결국 큰 결과의 차이를 만들어 내는 것이다.

증권사에서 판매하는 적립식 펀드에 대해 잘 알고 있는가? 이 펀드는 매월 일정액을 저축하듯이 주식에 투자한다. 소위 애버리지 코스트 효과가 발생해 평균 매입단가는 낮아지고 투자 위험은 줄어든다고 한다. 그런데 이 펀드의 단점은 세상에서 판매되는 모든 펀드 상품이 그러하듯 손실이 발생하는 경우 그 손해를 투자자가 모두 떠안아야 한다는 점이다. 또 적립식 펀드는 지표를 좇는 인덱스 펀드에 비해 운용수수료가 3배 이상 높다.

적립식 펀드의 포트폴리오는 코스피 상위 200개 이내의 종목에 투자한다. 펀드는 기본적으로 운용단위가 크기 때문에 종목의 가치에 우선하여 수급이 원활한 대형주 위주로 포트폴리오를 구성한다. 그래서 하락하는 장에서는 손절매(원치 않는 타이밍에 주식을 파는 행위)를 하기도 어렵다. 기관의 물량이 워낙 많아서 함부로 사고 팔기 어렵기 때문이다.

그러나 이 적립식 펀드를 내가 직접 투자한다고 가정해 보자. 종목은 대형우량주 위주로 구성하고 3년 동안 적금 들듯이 주식을 사다 보면 언젠가는 강세장이 오고, 직접투자 하는 경우에는 운용 자금이 적어 언제든지 손절매를 할 수 있다. 주식시장에서 개인은 기관의 봉이라고들 하지만 개인투자자가 모든 부분에서 열위에 있다고 생각하지 않는다. 주식시장에서 개인투자자는 게릴라다. 덩치가 작으니 치고 빠지는 데 장점을 발휘할 수 있다. 아무도 모르게 슬며시 들어갔다가 아무도 모르게 슬쩍 빠져나올 수 있다는 말이다. 반면 덩치가 큰 투자주체는 시장을 요동치게 하면서 들어가거나 나와야 하기 때문에 거기에 따르는 비용이 따르기 마련이다.

　매월 나오는 월세로 주식에 투자하는 사람들은 공격적인 성향의 투자자로 정의할 수 있다. 그런데 매월 발생하는 월세를 가지고 장기로 주식에 투자한다는 것은 위험을 통제할 수 있다는 것이고 투자 손실이 발생한다고 해도 그 한계가 분명하다. 여기서 위험을 통제한다는 의미는 매달 나누어서 사기 때문에 위험이 분산되는 효과가 발생한다는 의미다. 주식에서 가장 위험한 투자행위 중 하나는 주식을 하루에 몽땅 사는 것이다. 다행히 주가가 오르면 좋지만 떨어질 경우 속수무책으로 마이너스를 기록할 수밖에 없다. 하지만 나누어서 사면 주가가 떨어져도 더 싼 가격에 살 수 있어 하락위험을 희석시키는 효과가 있다. 장기투자일수록 매월 나누어서 사면 언젠가는 수익을 거둘 수 있다.

　이러한 점을 감안한다면 공격적인 투자자도 안정적인 포지션에서 주식투자를 할 수 있는 것이다.

주식이 위험하다 생각하는 사람들도 월세를 단순히 은행의 적금 방식으로 넣어두기보다는, 일반 은행보다 금리가 높은 저축은행의 자유적립예금이나, 조합원의 위치에서 적금을 하면 비과세 혜택이 주어져 실제 16.5%의 금리 인상 효과가 있는 마을금고에 넣어두면 금리를 더 받을 수 있다. 또 적금을 1년 이내의 단기로 운용하여 만기 이자와 원금으로 단기 실세금리 상품의 제왕이라는 평가를 받는 CP(자유금리예금)에 투자를 한다면 크레딧 스프레드에 따라 은행예금 금리보다 6% 이상의 금리를 더 받을 수가 있다. "금리가 낮아도 너무 낮다"는 푸념을 멈추고 이 상황을 극복할 대안을 찾아야 한다.

문재인정부가 들어서고 나서 한 강연회에서 마이크를 잡을 기회가 있었다. 이 강의에 참석한 사람들은 정부의 강경했던 집권 초기의 부동산 정책 탓에, 자신이 갖고 있는 부동산을 팔아야 하나 홀딩하고 있어야 하나 고민하고 있었다. 그 때 나는 그들에게 단호하게 말했다.

"부동산을 많이 갖고 있다는 사실이 중요한 것이 아니고 어느 부동산을 갖고 있느냐가 중요합니다."

대부분의 사람들이 금리인상을 걱정하고 있는데, 만약 금리인상이 된다 해도 이는 예전의 금리로 회귀하는 것이 아니고 인상폭도 미약할 것이기 때문에 부동산 상품 중에서 월세 수익이 높은 부동산은 처리할 필요가 전혀 없다. 내가 갖고 있는 오피스텔을 담보로 대출받아 수익이 높은 오피스텔 한 채를 더 산다고 해도 대출이자보다 수익률이 높게 나타난다면 지금도 레버리지 투자를 하는 것이 효과적이다. 상황에 맞게 투자전략을 수정하면 되는 것이다.

물론, 무리가 가지 않는 선에 그쳐야 한다. 투자는 숫자를 따질 수밖에 없는 산수의 문제다. 자신 있다고 해서 계산하지 않고 투자하다 보면 바둑에서 수를 못 읽어 결국 지는 게임을 하는 경우처럼 이자만 내다가 나자빠질 수 있다.

투자는 너무 많은 경우의 수를 놓고 머리를 굴리다 보면 결국 머리만 굴리다 끝난다. 그래서 당신의 실시간 재무적 현황을 잘 파악하고 안정적인 스탠스를 확보한 다음에는 남보다 선투자를 해야 돈도 벌 수 있다는 사실을 명심하라.

09

향후 떠오를
핵심권역을 주목하라

2000년 초반에서 2000년 중반까지 이어지던 부동산 버블기에도 서울 아파트 간에는 깊은 양극화 현상이 있었다. 당시의 부동산 버블은 세계적인 부동산 호황과 국내에서는 기존 아파트 상승과 더불어 서울을 포함한 수도권 구도심 전체 지역에서 재개발 뉴타운 개발까지 추진되면서 아파트 가격이 걷잡을 수 없을 정도로 뛰었다. '앞으로 부동산 시장에서 이 같은 장이 다시 올까'라는 생각이 들 정도로 말이다.

내가 기억하기로 그 당시에는 재개발이 추진된다는 첩보성 정보만으로도 가격이 뛰었다. 정치인마저 이러한 분위기에 편승해야 정치인들 모두 공약 1호로 '자신이 지역구로 있는 지역의 재개발을 추진하겠다'는 슬로건을 내걸었다. 당시 서울 구도심 재개발 예상지역에서는 지분 쪼개기 광풍이 불었으며 모든 사람이 부동산에 미쳐 있었다. 용산지구 국제빌딩 인근의 구옥은 대지지분 한 평의 가격이 1억 원에 호가가 형성되어 있었다. 이런 상황이니 당시의 노무현정부가 아무리 기를 쓰고 17번의 부동산 규제정책을 실행해도 시장에 먹히지 않았던 것이다.

당시 부동산 시장에서 핵심구역이라고 하면 서울 전체로 그 범위를 넓히는 것이 아니라 소위 한강개발선상에 있는 용산, 한남, 성수 지구와 강남3구에 제한되어 있었다. 흔히 서울의 노도강이라고 부르는 노원구, 도봉구, 강북구의 아파트 단지들은 이 시기에 강남과의 양극화 현상이 오히려 더 심해졌다. 그러나 지금은 그 갭이 많이 줄어들고 있다. 투자성으로만 봤을 때 아파트는 이제 서울에 있다는 것만으로 호재가 되어버린 시대가 온 것이다.

서울의 대표적인 고지대 지역인 성북구 돈암동, 관악구 봉천동 산 정상에 가본 적이 있는가. 서울은 어느 고지대 지역을 가나 빼곡하게 아파트가 들어서 있다. 밑에서 마을버스를 타고 정상으로 가는 길에는 아주 낡고 비좁은 단독주택들이 빼곡히 들어서 있다. 걸어서는 집에도 못 갈 정도로 경사가 심하며, 주변의 생활편의 시설도 부족하다. 그러나 최근에 지어진 수도권의 아파트 단지들을 가보라. 어느 곳을 가나 생활편의 시설이 잘 갖춰져 있다. 삶의 질이라는 측면에서 위에서 언급한 서울 지역과는 비교가 불가능할 정도로 좋다. 그러나 집값은 천지 차이가 난다. 정말 아파트 시장은 서울에 존재한다는 사실만으로 호재가 되어 버린 세상인 것 같다.

앞으로 수도권에 광역 교통망이 획기적으로 개선된다. 서울 중심으로의 이동 시간도 많이 단축된다. 수도권 아파트의 가치를 평가함에 있어 서울로의 이동 시간이 단축된다는 것 이상의 호재가 어디 있는가.

인구절벽의 시대다. 지방으로 내려가면 대전, 대구, 광주 등의 대도시마저 인구가 줄고 있다. 중소도시는 말할 것도 없다. 인구가 줄어드는데 집값이 오르겠는가? 하지만 인구절벽 현상에도 불구하고 수도권은 오히려 호황이다. 인구의 수도권 집중 현상 때문이다.

지방은 인구가 줄어드는 인구절벽 현상이 뚜렷하다. 우리나라는 고도 성장기를 지나 경제 나이로 보면 장년기에 접어들면서 제조업이 경쟁력을 잃고 점차 붕괴되고 있다. 기업들은 인건비가 상대적으로 저렴한 국가들로 공장을 옮기고 있다. 물건 하나를 만드는 데 1/10의 인건비만 지출하면 되는 곳이 있는데 기업이 이를 왜 마다하겠는가? 실제 베트남 등의 국민들은 월급 30만원이 채 되지 않고, 노동력의 질도 나쁘지 않다.

이렇다 보니 지방은 일자리가 사라져 특히 청년들이 갈 곳이 없다. 반면 서울을 비롯한 수도권은 서비스업을 중심으로 일자리가 많은 편이다. 제조업은 무너지고 있지만 서비스업은 굳건하기 때문이다.

내가 글의 서두에서 핵심권역은 강화되고 넓어질 것이라고 말한 이유는, 인구절벽 현상에도 불구하고 인구의 수도권 집중현상은 도를 더해가고 2000년 이후 개발된 수도권 신도시의 인프라가 성숙해져서 사람들이 살기가 점점 더 좋아지고 있기 때문이다. 게다가 수도권 광역 교통망이 완공되고 수도권 전철 연장구간이 개통되면 수도권의 고질적인 교통문제마저 해결될 전망이다.

기존 관념으로 핵심권역이라고 하면 강남 3구와 한강개발축 선상에 있는 지역으로 제한되었다. 그러나 교통망의 전면적 개선으로 수도권의 교통 오지라는 평가를 받던 남양주, 송도신도시의 교통난이 해결된다면 거주의 쾌적성과 생활의 편리성 두 마리 토끼를 동시에 잡는 것이다.

이제 교통망이 개선되면 굳이 서울만 고집할 하등의 이유가 없다. 서울의 집값이면 수도권 신도시에서는 지금 사는 곳의 절반의 가격만 주고도 그 평형대의 아파트를 살 수가 있다. 부동산 투자자라면 현상에만 몰두할 것이 아니라, 항상 미래가치를 저울질할 수 있어야 한다.

10

다가구 원룸,
투자 대비 효과를 고려하라

서울에서 다가구 원룸, 다중주택이 몰려 있는 관악구 신림동, 봉천동 일대는 독신가구가 전체 가구의 70%를 차지하고 있을 정도로 이들을 대상으로 하는 다가구 원룸, 다중주택이 몰려 있다. 실평수 기준으로 4평에서 6평 정도의 원룸을 얻으려면 보증금 500만 원에 월세는 최소한 50만 원 이상을 줘야 한다. 다가구 원룸의 방이 10개라고 치면 월 임대료는 500만 원이고, 연으로 따져서 공실률이 없다고 가정할 때 연간 총 임대수익은 6,000만 원이 넘는다. 실제 이 지역은 입시, 공무원을 준비하는 학생층만큼이나 일반직장인도 많아서 임대 회전율이 90%~100%에 가깝다.

그러나 투자자 입장에서 문제는 높은 월세와 임대회전율에 있는 것이 아니다. 이곳의 다가구 원룸, 다중주택에 투자하기 위해서는 보증금을 감안한다고 해도 대출금을 합하여 여유자금이 최소한 7억 원 이상은 있어야 한다. 투자성은 있으나 높은 매매가로 인해 시장진입이 어렵다는 것이 단점이다.

평당 월세가 가장 비싼 홍대역 부근, 강남일대의 다가구 주택은 그 이상의 여윳돈이 있어야 투자할 수 있다. 하지만 이 지역은 월세는 높지만 투자금 대비 수익률은 4~5%가 되지 않는다. 투자금에 비해서 실속이 없는 것이다. 다가구 원룸도 다른 원룸 상품처럼 외곽으로 나가야 투자금 대비 수익률이 높아지는 구조다. 한두 푼도 아니고 투자금이 수억 원에 이른다면 소액 투자자로서는 탐이 나더라도 포기할 수밖에 없다.

보증금, 대출 끼고 3억 원에서 4억 원 이내에서 투자할 만한 곳은 없을까? 수도권만 고집하지 않는다면 수도권 이남 지역에서는 3~4억 내에서 투자할 수 있는 곳이 의외로 많다. 대학가가 몰려 있는 천안권의 안서동, 두정동, 성정동 일대. 대전의 대학가 원룸촌이 몰려 있는 배재대 인근의 도마동, 한남대 주변의 홍도동, 용전동, 중리동 일대. 대전대가 있는 용운동, 우송대 주변의 자양동, 대동. 충남대가 있는 대전 유성구 궁동 일대에는 독신가구를 대상으로 하는 다가구 원룸촌이 대규모로 형성되어 있다.

대구 경산 쪽에서는 대구 경북권의 대학이 집중되어 있다. 경산시에는 영남대, 진향읍의 대구대, 하양읍의 대구가톨릭대 등의 메이저 캠퍼스가 몰려 있다. 이곳은 수도권과 비교해 가격대가 낮은 다가구 원룸 상품이 많다. 전국의 원룸단지 중에서는 가장 큰 곳이다.

지방은 인구유입이 적기 때문에 안정적인 수요층이 있는 대학가 원룸촌의 다가구 주택이라고 하더라도 학생들 방학기간에는 임대 회전율이 크게 떨어진다. 대학생 수요층의 특징이 방학을 앞두고 수요가 격감하기 때문이다.

이곳에서 안정적인 임대수익을 얻기 위해서는 연세방식으로 월세 1년 치를 한 번에 받는 임대조건을 내걸고 임차인을 구해야 한다. 임대주택은 공실 발생 여부에 따라 수익률의 변동이 심하기 때문에 수요층의 저변이 낮은 지방도시 대학가 다가구 원룸 투자는 이 점에 특히 유의해야 한다. 군산대. 관동대, 강릉원주대, 강원대, 한림대 일대의 소규모 대학가 원룸촌의 임대조건도 대부분 비슷하다.

반면 서울 수도권은 학생 수요층 이상으로 일반인 수요층이 두텁게 존재하고 있기 때문에 방학이라고 해서 특별히 수요층이 끊기지는 않는다.

수도권에 상대적으로 저렴한 다가구 원룸촌이 없는 것은 아니다. 부천시 구도심의 원미구, 인천시의 구월동 일대는 다가구 원룸이 많지만 거의 90년대 이전에 지어진 것으로 방의 수도 적고 무엇보다 건물이 너무 낡았다. 이런 곳은 당장의 임대수익보다 도시재생 사업에 따른 기대수익을 노리고 투자해야 한다.

수도권에서 건물 상태가 비교적 깔끔하고 매매가도 저렴한 다가구 원룸이 많이 있는 곳이 고양시 덕양구 화정동, 행신동과 시흥시 정왕동, 안산시 원곡동 일대다.

좋은 부동산 상품을 구하려면 현장을 샅샅이 뒤지는 수고를 마다하지 않아야 한다. 부지런히 발품을 파는 사람이 한 발짝이라도 앞서갈 수 있다. 믿을 만한 사람이 소개해 주었다 하더라도 직접 현장을 방문해 꼼꼼히 알아보고 투자할 것을 권한다. 그러면서 가격, 수익률, 공실발생 예상률 3가지를 꼭 점검하기 바란다.

대한민국 부동산,
어느 방향으로 움직일 것인가

11

대한민국 부동산
투자시장의 흐름

부동산 투자에 성공하려면 당면한 부동산 시장의 변화에 빠르게 적응하는 것은 물론, 앞으로 전개될 부동산 상황을 올바로 예측할 수 있어야 한다. 1970년대 강남 부동산이 개발될 때 '복부인'이라는 단어가 생겼다. 당시만 하더라도 개발정보를 알기가 지금보다 수월했다. 또 지금처럼 아파트, 상가, 오피스텔, 수익형 호텔, 풀빌라, 주상복합, 벤처타워(지식산업센터) 등으로 나뉘지 않아 그만큼 부동산 투자가 복잡하지 않았기에 대부분이 개발될 토지에만 투자를 잘해도 많은 부를 누릴 수 있었다. 오히려 정부에서 관광버스를 대절시켜 투자자에게 여기(강남)에 아파트가 들어설 예정이고, 저곳도 아파트가 들어설 곳이라고 공무원이 친절하게 안내해 주는 시절도 있었다. 지금의 상황에서는 믿기지 않겠지만 말이다.

이후 부동산 시장은 급격한 변화를 거듭하였고 종류도 더욱 복잡해졌다.

지금은 일반 투자자가 부동산으로 이익을 볼 확률은 어림잡아 20%~30% 정도밖에 되지 않는다. 그만큼 성공하기 어려운 시장으로 바뀌었다. 소문만 듣고 부동산 투자를 해도 이익을 보던 시절이 있었지만 지금은 소문만 듣고 투자했다간 큰 낭패를 보기 십상으로, 아주 위험한 도박과도 같은 것이다.

성공적인 투자를 위해서는 무엇보다 미래를 올바로 예측해야 한다. 올바른 예측을 위해서는 과거에 부동산이 어떻게 변화되고 발전되었는지를 아는 것도 도움이 되리라 생각한다. 과거를 반면교사로 삼아 미래에 일어날 일들을 유추해 볼 수 있기 때문이다.

벌써 20년 전이다. 1997년 우리나라는 IMF라는 사상 초유의 사태를 겪었다. 당시 대한민국의 모든 부동산이 폭락했다. 아파트, 상가, 토지 할 것 없이 모든 부동산이 경매로 넘어가거나 반값으로 급락했다. "부동산을 가진 사람은 부동산 거지"라는 말도 생겨났을 정도였다. 당시에는 현금을 가진 사람이 최고였다. 주요 아파트나 빌딩건물을 반값에 살 수 있으니 땅 짚고 헤엄치기가 아니었겠는가. 그나마 이것도 앞을 내다볼 줄 아는 혜안을 지닌 소수 사람들의 몫이었다. 이들은 경제의 변곡점에서 일생일대의 큰 이익을 챙길 수 있었다.

반면 부동산 가격이 반값으로 폭락한 사실을 뻔히 알면서도 부동산에 손을 댈 엄두조차 내지 못한 사람들이 태반이었다. 사실 공포가 지배하는 상황에서 투자자의 심리를 엄청나게 짓누르는 공포를 딛고 반대로 행동하기란 결코 쉬운 일이 아니다. 부동산 가격이 다시 상승한다는 확신보다 더 떨어지지 않을까 하는 걱정이 앞설 수밖에 없다. 아니 당시에는 숫제 대한민국이라는 나라가 통째로 망하지는 않을까라는 걱정이 지배적이었다. 나라가 망한다는데 땡처리하기 바쁘지 반값에라도 사기가 쉬웠겠는가. 모진 폭풍이 지나고 나면야 '그때가 기회였구나' 하고 무릎을 치며 아쉬워할 수는 있어도 폭풍 한가운데 갇혀 있을 때는 자기 한 목숨 건사하기 바쁜 것이 인지상정이다. 아마 또다시 폭풍이 몰려와도 대부분의 사람들은 비슷한 행동패턴을 보이리라 생각한다.

겨울이 아무리 추워도 봄은 반드시 오게 되어 있다. IMF의 파고가 잦아들면서 부동산은 다시 우상향 곡선을 그리기 시작한다. 바닥을 찍고 아파트 가격이 가파르게 폭등하자 2005년 정부는 강도 높은 내용을 담은 8·31 부동산대책을 발표한다. 당시 아파트 가격 폭등은 버블세븐에 국한되지 않고 수도권 전역을 휩쓸었다. 자고 일어나면 천만 원씩 오른다는 말이 나올 정도로 부동산 가격은 미친 듯이 뛰어올랐다.

그리고 5년 뒤인 2010년 정부는 부동산 폭락으로 하우스푸어(집을 가진 가난한 사람) 구제를 위한 8·29 부동산대책을 내놓았다. 당시 사회적 문제로 크게 이슈가 됐었는데 부동산은 안전하며 주택은 상승한다는 잘못된 믿음이 과도한 대출로 이어져 이자부담은 물론 금리가 인상될 경우 이자부담은 더욱 증가하게 됐다. 게다가 거치기간을 두는 대출 상환방식으로 인하여 거치기간이 종료되면 이자와 함께 원리금도 분할 상환해야 하기 때문에 그 부담은 몇 배로 가중된다.

그로부터 7년이 지난 2017년과 2018년은 어떠한가?

대한민국 부동산 가격이 일정한 기간 차이를 두고 폭락과 폭등의 반복적인 패턴을 보인다는 사실을 인지했는가?

다시 한 번 정리하자면,

1998년에는 부동산 가격 폭락, 2005년에는 부동산 가격 폭등, 2010년에는 부동산 가격 폭락, 2017년에는 부동산 가격 폭등으로 5년에서 7년 주기로 대한민국 부동산 가격은 폭락과 폭등이 반복되고 있다. 또한 그때마다 정부의 부동산 대책은 규제를 위한 방향이나 또는 활성화를 위한 방향으로 초점을 맞춰왔다.

이러한 과거의 패턴만 보아도 미래의 투자그림을 그리기가 한결 쉬워진다. 자, 향후 대한민국 부동산은 어느 방향으로 나아갈 것인가? 예측이 되는지 묻고 싶다. 예측이 되지 않거나 자신의 예측이 맞는지 확인하고 싶다면, 정부가 발표하는 부동산 대책을 면밀히 들여다보면 된다. 정부는 언제나 뜨거우면 식히고, 차가우면 데우는 정책을 반복하기 때문이다. 이처럼 간단하면서도 확정적인 시그널이 어디 있겠는가? 머리 아프게 오른다는 사람, 떨어진다는 사람들의 말을 번갈아 가며 듣지 않아도 된다. 결국 양측의 말을 들어보아도 결론은 나지 않는다. 각자가 보고 싶은 쪽만 보기 때문이다.

미래의 부동산 시장을 예측하고 싶다면 과거 부동산 시장의 변화가 어떻게 전개되었는지를 아는 것이 중요하다고 말한 이유가 바로 여기에 있다. 부동산은 결국 반복된다. 오르면 내리고 내리면 오른다. 장기적으로 오르는 부동산도 자세히 들여다보면 오르고 내리고를 반복하며 오른다. 또한 정부는 시기적절한 대책을 내놓으면서 투자자들이 참고할 만한 확실한 시그널을 보낸다. 과거에도 그랬으며 앞으로도 변치 않을 것이다.

 투자의 신, 허준열의 눈

부동산 투자를 잘하려면 부동산 시장의 흐름을 유추할 수 있어야 한다. 부동산 시장의 흐름을 정확하게 유추한다는 말은 곧, 당연히 부동산 투자를 잘한다는 얘기이기 때문이다.

12

정부의 부동산대책을 '미리' 예측하면, 시장의 미래도 보인다

이전 정부와 마찬가지로 문재인정부도 아파트 가격의 상승이 멈추지 않자 강력한 부동산 대책으로 아파트 담보대출 규제(주택담보대출 LTV, 총부채상환비율 DTI 한도 40%로 하향 조정)라는 칼을 빼들었다. 정부의 정책이 발표되자 며칠도 지나지 않아 아파트 가격 상승은 주춤하는 듯했다.

문제는 곧 입주할 아파트 입주민이다. 이들은 투자와 관계없는 실 거주 목적으로 아파트를 분양 받은 입주민이 대부분이다. 생각지 못한 대출한도 하향조정으로 자금 계획에 차질이 생겼다. 예비 입주자들은 아파트 잔금을 담보대출로만 생각했다가 난데없는 부동산규제 대책으로 곤욕을 치르고 있다. 이렇듯 부동산 대책은 선의의 피해자를 양산하는 양날의 칼로 작용한다.

투자자든 실 입주자든 미래에 펼쳐질 부동산 흐름을 예측하는 일이 얼마나 중요한지 다시 강조하지 않아도 알 것이다. 부동산 시장에 대한 전망과 예측에 깊은 관심을 갖고 갖가지 정보에 귀 기울인다면, 당신도 자연스럽게 부동산 전문가처럼 시장에 대한 전망과 예측은 당연하고 정부의 부동산 대책이 어떤 식으로 나올 것인지도 예상할 수 있다. 부동산 시장 경기가 호황기일 때 정부는 부동산 시장을 규제하기 위해 부동산 억제 대책으로, 부동산 시장 경기가 불황기일 때 정부는 부동산 시장을 활성화하려고 규제 방안을 푸는 대책으로 대응한다.

정부의 부동산 대책을 미리 예측할 수 있어야 한다. 많은 사람들이 가장 궁금해 하는 부동산 매입과 매도 타이밍을 예측하는 데 있어서 아주 중요한 대목이기 때문이다. 정부의 부동산 규제 대책이나 활성화 대책은 단 한 번으로 끝나지 않는다. 시장이 그만큼 만만치 않기 때문이다. 과거의 과정을 보더라도 정부는 여러 번 반복해서 더욱 강력한 대책을 내놓았다. 그리고 결국 정부의 뜻대로 부동산 경기가 과열되었을 때는 안정화시키는 방향으로, 반대로 부동산 경기가 침체되었을 때는 활성화시키는 방향으로 흘러갔다.

정부의 부동산 대책을 전혀 인지하지 못하고 현재 상황의 부동산 경기만 보고 재테크하는 사람들은 대부분 상투를 잡거나, 헐값에 소유한 부동산을 내동댕이친다. 매번 어리석은 행동을 반복할 수밖에 없다. 인간의 마음은 흔들리는 갈대와 같기 때문에 주변의 상황에 쉽게 동조되고 영향을 받지 않을 수 없다. 결국 대중이 가는 길을 뒤따라가는 일을 반복한다. 그러나 부자가 소수인 이유는 다수의 길을 가지 않고 소수의 길을 가기 때문이라는 사실을 잊지 말아야 한다.

현재 부동산 시장에서 벌어지는 일에 마음이 약해지지 않고, 분위기에 치우지지 않는 사람들, 즉 소수의 대열에 합류하는 사람들은 정부의 부동산 대책을 '미리' 예측하는 힘을 보유하고 있다. 이들은 실패의 확률이 그만큼 낮으며, 성공을 하더라도 그 수익률이 일반 투자자들을 훨씬 상회한다. 그만큼 싸게 샀기 때문이다. 어쩌면 절대 손해 보지 않는 고수의 길로 접어드는 비결이 될 수도 있으리라 생각한다.

사람들은 이렇게 말한다. "부동산 시장을 제대로 알려면 실패를 맛보라." 비싼 돈으로 수업료를 지불하자는 논리인데, 이는 결국 실패를 포장하는 말밖에 되지 않는다. 부동산 시장의 변수는 셀 수 없을 정도로 무수히 많다. 그럼 그 많은 변수를 모두 알려면 얼마나 많은 수업료를, 과연 몇 번의 수업료를 내야 한단 말인가? 말도 안 되는 얘기다. 부동산 시장의 중요한 맥락 몇 가지만 기억하면, 남들이 얘기하는 비싼 수업료를 지불하고 배우는 불행한 상황은 생기지 않을 것이다.

투자자에게 시장 예측은 기본 중에서도 기본이다. 스스로 미래를 내다보는 명확한 기준으로 무장해 있어야 한다. 어떠한 전문가도 당신의 자금을 책임져 주지 않는다. 책임지는 사람은 오로지 자기 자신뿐이다. 시장의 흐름도 모르면서 투자를 한다는 것은 마카오에 가서 돈을 따겠다는 요행과 무엇이 다르겠는가.

 투자의 신, 허준열의 눈

정부의 부동산 대책 속에는 미래의 부동산 시장 방향도 포함되어 있다. 정부의 대책을 하나하나 살펴보고 분석하면 앞으로 어떤 부동산에 투자를 해야 할지, 아니면 좀 더 기다리며 관망을 해야 할지, 정답을 쉽게 찾을 수 있다.

13

대한민국 부동산 시장,
과거를 이해하면 미래가 보인다

대부분의 부동산 전문가들은 투자에 앞서 시장의 흐름을 파악하라고 주문한다. 하지만 대부분의 사람들은 도대체 부동산 흐름은 어떻게 파악하는 것이며, 어떻게 하면 알 수 있는지 아리송하기만 하다. 전문가들도 핵심을 알려주지 않는다. 모르기 때문인지 가르쳐주기 싫기 때문인지 나도 이해할 수 없다.

학생들이 선생님에게 "어떻게 하면 공부를 잘할 수 있나요?"라고 물으면 그래도 대답할 거리를 찾을 수 있겠는데, 부동산은 답변이 훨씬 더 복잡하고 어렵다. 대답이 어려운 가장 큰 이유는 부동산을 잘하려면 '촉' 혹은 '직감'이 필요하기 때문이다. 투자 성적을 가르는 가장 중요한 잣대가 바로 촉과 직감이다. 촉과 직감은 외운다고 해서 실전에 적용하기 어렵다. 실력을 키우는 데도 많은 어려움이 따른다. 수학은 많이 풀어보면 되겠지만 투자에서는 '비용'과 '손실'이라는 비싼 수업료가 든다는 게 문제다. 결국 간접적인 경험과 선천적인 감각이 동시에 필요한데, 어렵지만 어떻게 해결해 나아갈지 함께 생각해 보자.

대한민국을 대표하는 부동산인 아파트, 상가, 오피스텔, 주상복합, 토지 등은 지금까지 셀 수 없을 정도로 여러 번 오르락내리락을 반복해 왔다. 그렇게 가격이 형성된 것이다. 그 과정 속에는 수많은 스토리들이 녹아 있다. 부동산을 팔았는데 몇 달 뒤에 팔았던 그 부동산이 2억 원이 뛰자 스스로 분을 참지 못하고 자살했다는 뉴스를 본 적이 있다. 반면 팔았던 부동산이 얼마 지나지 않아 가격이 폭락해 안도의 한숨을 쉬었다는 이웃의 이야기도 들려온다. 하지만 이러한 각양각색의 스토리는 지금도 계속 진행 중이다. 어제오늘의 일이 아니라 중요한 점은 앞으로도 계속 일어날 수 있는 일이라는 사실이다.

사람들은 한 푼 두 푼 모아 저축을 한다. 미래의 더 나은 삶을 위해 눈물겨운 짠돌이 생활을 이겨낸다. 그러나 정작 막대한 돈이 지출되는 부동산에서는 철저히 준비하여 결정하기보다는 주위 사람들의 말에 의지해 결정하는 경우가 많다. 그 돈을 모으기 위해 엄청난 시간을 보냈다는 사실이 믿기지 않을 정도로 쉽게 부동산을 덜컥 사는 것이다.

부동산에 대한 전문지식이 없거나, 부동산 흐름에 대한 철저한 분석 없이 결정한 투자는 말 그대로 복불복이다. 운 좋게 결과가 잘 나오면 "그래. 내 판단이 맞았어"하며 기세등등해지고, 근거 없는 자신감에 도취되어 다음에는 더욱 과감하게 투자를 결정한다. 하지만 언젠가는 큰 화를 초래할 것이 뻔하다.

반면에 낭패를 본 사람은 "그때 그 사람 말을 듣는 게 아니었어"하며 본인이 결정한 책임을 남에게 미루는 것이 다반사다. 부동산 재테크가 게임이 아닌데도 불구하고 대부분의 사람들이 이처럼 복불복 식으로 소중한 자산을 배팅하고 있다는 사실에 항상 놀란다.

왜 많은 전문가들이 부동산 시장의 흐름을 이해하고 파악하라고 강조할까? 그 이유는 노력하면 시장의 미래가 보이기 때문이다. 근거가 없는 불확실한 정보를 믿고 주먹구구식으로 접근해서는 앞서 말한 대로 복불복 게임밖에 되지 않는다. 하지만 체계적으로 접근한다면 그만큼 성공의 확률을 높일 수 있다.

아파트를 포함하여 상가와 토지 등의 시장에서는 변동 사이클이 존재한다. 아파트 변동 사이클, 상가 변동 사이클, 토지 변동 사이클이 같은 시기에 일어나는 경우도 있지만 2002년처럼 상가 분양 시장은 근린생활시설이나 쇼핑몰 투자가 분양 완판에 이어 프리미엄이 붙었을 정도로 대단한 붐이었던 상황과 달리 아파트 분양

시장은 조용했다. 이처럼 부동산 변동 사이클은 다른 시기에 일어나는 경우도 많다는 사실을 인지하여야 한다.

이렇듯 과거와 현재의 부동산 사이클을 정확하게 인지해야만 안전한 재테크가 어떤 것인지 보일 것이며, 부동산을 사야 할 시기와 팔아야 할 시기도 망설임 없이 결정할 수 있는 것이다. 거기에 '촉'과 '직감'이 더해진다면 금상첨화이며, 웬만해서는 부동산 투자로 손해를 보는 일이 드물 것이다.

반면 흐름을 이해하지 못하거나 흐름을 무시한 채로 섣불리 접근했다가는 항상 실패에 대한 두려움에서 벗어나기 어렵고, 그럴수록 불분명한 정보에 더욱 의지할 수밖에 없다. 그랬다가는 악순환만 계속 반복될 뿐이다.

과거 통상적으로 1기 신도시라 칭하는 성남시 분당, 고양시 일산, 부천시 중동, 안양시 평촌, 군포시 산본 등은 당시 폭등하는 집값을 안정시키고 주택난을 해소하기 위해 서울 근교에 지어졌다. 1992년 말 입주를 완료해 29만 가구 총 117만 명이 거주하는 대단지 주거단지로 태어났으며 비슷한 시기에 서울 목동 아파트 단지도 형성되었다. 당시 분양가격은 약간의 차이는 있었지만 지금으로 본다면 아주 미비한 차이였다.

하지만 25년이 지난 지금, 서울 목동 아파트 가격은 정말 어마어마하게 올랐다. 목동은 강남 다음 가는 학원가 밀집 지역으로 아파트 값 형성에 큰 영향을 미쳤다. 경기도권에서는 성남시 분당이 서울의 웬만한 아파트 가격과 별 차이가 없을 정도로 높은 아파트 가격을 형성하였다. 경기도권 중 분당이 오른 이유는 강남과 지리적으로 가깝기 때문이다. 아파트 가격 형성에 가장 크게 영향을 준 요인은 접근성이었다.

반면 고양시 일산은 살기 좋은 아파트임에는 틀림없으나 가격이 높게 형성되지는 못했다. 최근에는 안양 평촌이나 부천 중동보다도 가격이 저렴하다. 물론 자신이 거주하는 아파트가 살기 좋으면 됐지 또 뭐가 필요하냐고 반문하는 사람들도 있겠지만, 부동산 투자 전문가로서 지역의 장단점을 말하는 것이 아닌 부동산 투자의 방향성을 논하고자 하는 것이니 오해가 없길 바란다.

내가 거주할 지역의 주택을 꼭 살 필요는 없다는 사실을 강조하고 싶다. 이는 투자에서 아주 중요한 얘기다. 내가 거주해야 할 주택은 얼마든지 전세나 월세로 돌릴 수 있다. 하지만 주택 매입은 반드시 '오를 수 있는 지역'이어야 한다. 주택을 샀다고 꼭 그곳에 거주할 필요는 없다. 내 집은 다른 사람(세입자)에게 전세를 주고 당신은 살고 싶은 지역에 전세로 들어가면 된다는 것이다.

좀 더 쉽게 설명해 당신이 25년 전으로 되돌아간다면, 서울의 목동, 성남시 분당, 고양시 일산, 부천시 중동, 안양시 평촌, 군포시 산본 중에 어느 아파트를 살 것인가? 대부분은 서울의 목동을 선택할 것이다. 그럼 서울의 목동에 전세를 주고 당신은 당신이 원하는 지역에 거주하라는 얘기다. 10년이 지나, 20년이 지나, 또는 30년이 지나서 부동산을 매매하려고 할 때 과거의 선택은, 오늘 내가 부자가 되느냐 아니면 과거나 지금이나 자산변동이 별로 없는 사람으로 남느냐를 결정하는 것이다.

이처럼 단순하고 명백한 내용인데도 불구하고 사람들은 이 말을 그다지 귀담아 듣지 않는다. 자신이 거주할 곳의 집을 사야 한다는 고정관념이 매우 강하다. 방석처럼 깔고 앉아 있어야만 마음이 편해지기 때문일까. 조금 더 냉정하게 생각해 보기 바란다.

시장 예측 그리고 예측한 대로 실행하는 힘은 성공적인 재테크와 직결된다. 부동산 공부를 위해 모델하우스를 방문하거나, 경매나 토지를 알아보기 위해 현장을 답사하는 등 투자에 시간을 투여하는 자세는 권장할 만하다. 하지만 과거와 현재의 부동산 시장 흐

 투자의 신, 허준열의 눈

대한민국 부동산 시장의 과거를 들여다보면 현재의 부동산 시장이 보인다. 그리고 대한민국 부동산 시장의 현재를 들여다보면 미래의 부동산 시장이 보인다. 부동산 투자는 지피지기면 백전백승이라는 사실을 잊지 말자.

름을 이해하지 못하고 부동산 공부를 한다고 여기저기 뛰어다니는 것은 오히려 혼동만 야기할 뿐 체계적인 부동산 접근이 아니라는 사실을 빨리 인지하여야 한다. 공부는 열심히 하는데 성적은 신통치 않은 투자자가 되지 않기를 바란다.

14

아파트와 상가 중
어디가 좋은가

많은 예비 투자자들이 크게 아파트나 상가 중 어느 쪽에 투자해야 좋을지 궁금해 한다. 나 역시 이런 질문을 수시로 받는다. 더러는 아파트, 상가, 오피스텔 중 하나만 찍어달라고 부탁하는 경우도 있다.

아파트나 상가 그리고 오피스텔 투자는 자금 여력에 따라 세분화 된다고 말할 수 있다. 아파트는 지역마다 큰 차이가 있지만 평균적으로 서울의 30평대 아파트 분양가격을 기준으로 7억 원 전후 정도이다. 상가는 서울의 근린생활시설 상가 1층 기준으로 평균 8억 원 정도가 분양가격이다. 그리고 오피스텔은 가장 많은 사람들이 투자하는 수도권 지역의 경우 오피스텔 원룸 기준 분양가격은 1억 원 중반이다. 물론 오피스텔 분양가격은 토지가격에 따라 차이가 있다.

　정리하면 아파트가 7억 원, 상가가 8억 원, 오피스텔이 1억 원 중반이다. 이 얘기는 어느 부동산의 투자가치가 좋고 나쁘냐를 논하기 전에, 투자자의 자금 여력을 따져야 한다는 의미다. 또한 아파트나 오피스텔보다 상가가 대출한도가 적고, 대출 금리도 상가가 셋 중에 가장 높다. 이러니 하나만 찍어달라고 해도 상대의 자금상황을 모르는 상황에서는 허공에 금 긋기밖에 되지 않는다. 자금 여력도 알 수 없고, 투자를 통해 어떤 효과를 바라는지도 알 수 없으니 그게 선문답이 아니고 무엇이겠는가. 이처럼 디테일한 분석 없이 남의 말에 의지해 '좋다더라'는 곳에 묻지마 식으로 투자해서는 절대 안 될 일이다.

상가에 투자하려는 사람들 대부분은 주택을 소유한 상태로 꼬박꼬박 들어오는 월세 수입이 목적이기 때문에 다른 부동산 투자자보다 보유한 자금은 여유롭다고 할 수 있다. 반면 아파트에 투자하려는 사람들이나 특히 오피스텔에 투자하려는 사람들은 오피스텔이 다른 부동산보다 소액으로 투자가 가능하기에 주택을 소유하지 않은 상태의 투자자들이 의외로 많다. 주택을 소유하지 않았던 오피스텔 투자자 대부분은 젊은 20~30대 직장인들이며, 결혼하지 않은 40대들도 의외로 많다.

　그리고 아파트에 투자하는 사람들의 유형은 주택을 소유한 사람과 소유하지 않은 사람들의 비율은 비슷한 양상을 보이지만 이는 평수에 따라 큰 차이를 보인다. 20평대, 30평대 초반 아파트는 대부분 투자자들이 투자 타깃으로 삼는 평수인 반면에 30평대 중후반 이상의 중대형 아파트는 실 거주자들이 거주를 위한 거주 타깃이 대부분이다.

이처럼 투자하려는 사람들은 환경에 따라 투자하는 목표도 다르다. 즉 주택을 소유한 사람이 아파트, 상가, 오피스텔에 투자하는 것과 주택을 소유하지 않는 사람이 아파트, 상가, 오피스텔에 투자하는 것에는 많은 차이가 있다는 점이다.

무엇보다 당시 부동산의 상황에 따라 아파트가 좋을지, 상가가 좋을지 또는 오피스텔이 좋을지가 확연히 나눠지기 때문에 어떤 부동산을 매입하는 타이밍인지를 알아내는 것이 더욱 중요한 시점인 것이다.

부동산 전문가들은 부동산 시장에서 아파트를 팔거나 또는 사야할지, 상가를 팔거나 또는 사야할지, 오피스텔을 팔거나 또는 사야할지 어느 정도 구분하는 힘이 있다. 투자를 뭉뚱그려서 해서는 안 되고, 상황에 따라 조금씩 차이가 있다는 사실을 아는 것이다. 그러나 대부분의 일반인들은 부동산 전체를 보려고 할 뿐, 구분해서 서로 다른 전략을 짜야 한다는 사실을 알지 못한다.

아파트, 상가, 오피스텔 시장의 경기가 다 같이 좋았거나 다 같이 나빴던 적도 있었지만 상황에 따라 각각 다르게 변화했던 경우도 많았다. 우리는 시장이 내부적인 요인이나 외부적인 요인에 인해 민감하게 변화하고 있다는 사실을 재빨리 눈치 채야 한다.

상가와 아파트 중 어떤 곳이 좋은 투자처인지는 부동산 시장 타이밍에 따라 매번 바뀌기 때문에 섣불리 상가가 좋다, 아파트가 좋다 단언할 수 없다. 하지만 타이밍은 어느 정도 알 수가 있다. 상가나 아파트 시장이 호황기라면 사람들이 투자를 하기 위해 상가와 아파트로 몰릴 것이다. 이때는 그들을 따라서 살 때가 아니라, 그들과 반대로 보유하고 있던 상가와 아파트를 팔아야 할 때다.

　마찬가지로 상가나 아파트 시장이 불황기라면 사람들은 투자하려 하지 않을뿐더러 가격도 많이 떨어졌을 것이다. 가격이 떨어질 만큼 떨어져서 이제 더는 떨어질 공간도 남아 있지 않을 때가 아파트나 상가를 아주 싸게 살 타이밍이다. 즉 상가나 아파트에 투자할 시점이라는 것이다.

　그 시점이 아파트면 아파트에, 상가면 상가에 또는 아파트와 상가에 같이 투자할 시점이라면 둘 중 가성비가 높은 곳을 선택해야 한다. 여유자금 유무에 따라 어떤 이는 월세가 목적인 경우가 있을 테고, 어떤 이는 단기투자가 목적인 경우도 있을 것이다. 개개인마다 상황이 모두 다르기 때문에 본인만이 잘 알 것이다.

이렇듯 예기치 못한 내부적, 외부적 요인으로 인해서 부동산 시장이 변화한다는 사실을 이해했다면 지금 상황에서 부동산 투자를 할 때 아파트, 상가, 오피스텔뿐만 아니라 토지, 수익성부동산까지 어느 부동산에 투자하는 것이 유리한지 또는 불리한지 답은 나온 것이다. 부동산 시장은 멈춰 있는 무생물이 아니라 계속해서 움직이는 생물이다. 생물처럼 계속 바뀌기 때문에 사야 할 부동산, 사지 말아야 할 부동산, 또 갈아 타야 할 부동산도 계속 바뀌는 것이다. 이를 아는 투자자는 순환의 고리를 이용해 쌀 때 사고 비쌀 때 팔기를 반복한다. 반면 이를 모르는 투자자는 끊어진 순환 고리 속에서 허우적대며 비쌀 때 사고 쌀 때 팔기를 반복한다. 이 과정에서 수없이 많은 자금이 고수의 통장으로 이동하는 것이다.

투자자들이 기억해야 할 것은 바로 투자 시점이다. 뜨는 부동산과 지는 부동산은 항상 변한다고 했다. 하지만 사야 할 시점과 팔

 투자의 신, 허준열의 눈

아파트나 상가 그리고 오피스텔 중 어느 부동산이 투자처로써 좋은지는 부동산 시장의 상황에 따라 그때그때마다 다르게 변화한다. 때문에 어느 부동산을 사야 할 시기인지, 또는 사지 말아야 할 시기인지를 먼저 구별하는 안목을 키우는 것이 올바른 부동산 재테크 요령이다.

아야 할 시점은 항상 똑같다. 섣부른 예측은 통하지 않는다. 지금 시장에서 벌어지는 현상을 보고, 그에 따라 행동하면 된다. 즉, 남들이 나올 때 들어가고, 남들이 들어올 때 나가면 된다. 단순하지만 진리와 같은 투자전략이므로 반드시 기억하기 바란다.

15

결국은
부동산 투자다

사람마다 재테크 수단은 다르지만, 가장 두드러지는 두 개의 물줄기는 주식과 부동산이다. 통계에 따르면 부동산에서 주식으로 이동하는 비중보다 주식에서 부동산으로 재테크 수단을 갈아타는 경우가 많다. 어느 쪽이 낫다고 우열을 가릴 수는 없다. 정답을 논할 수 없다는 말이다. 중요한 문제는 주식이든 부동산이든 성공하느냐 실패하느냐일 것이다.

주식과 부동산이 대표적인 재테크 수단인 만큼 몰리는 자금의 양도 가장 많다. 이곳으로 흘러들어오는 자금은 투자자의 속성을 반영하여 어느 정도는 위험성을 감수한다는 공통점이 있다. 또한 목적도 동일하다. 현재의 자금을 잘 운용하여 더 크게 불리려는 데 그 목적이 있다.

목적이 이러하니 그 욕심을 이용하려는 세력들도 존재한다. 소위 돈은 있는데 전문지식이 없는 고객들에게 접근하여 달콤한 이야기를 들려준다. 뻔해 보이는 이야기에 많은 사람들이 걸려드는 이유는, 바로 인간이 욕망의 덩어리이기 때문이다. 인간의 욕망은 누군가가 "더 잘 살 수 있다, 묻어두고 맘 편히 해외여행이나 다니며 살아라, 남들이 부러워하는 평수의 아파트를 소유할 수 있다"고 귀에 속삭이면 그야말로 활활 타오른다. 그때부터는 객관성을 잃고 욕망의 노예가 되어 허무맹랑한 이야기를 믿는 광신도가 되어 버린다. 언론이나 신문지상에는 투자자를 미끼로 한탕 하려다가 걸려든 사기집단의 검은 모습이 심심치 않게 소개된다. 사기 금액이나 피해자의 규모를 보면 '저렇게 많은 이들이 걸려들었나?' 하는 의문이 들 때가 많다.

왜 이런 일들이 반복되는가? 걸려든 사람들이 모두 어리석기 때문만은 아니다. 그들도 나름대로 배운 바가 있고 축적해온 시간들이 있다. 합리적인 이성을 가진 우리와 비슷한 사람들임에 틀림없다. 다만 돈에 너무 집착하여 단기간에 큰 수익을 내려는 욕망을 내려놓지 못한 실수를 저지른 것이다. 세상 어디에도 '자고 일어나니 대박'은 없다. 아니 더러 있을 수는 있지만 나에게 일어나는 일은 아니다. 이렇게 생각해야만 실패하지 않는다. 앞서 주식에서 부동산으로 이동이 많아지고 있다고 했는데, 아마도 주식에서 실패한 사람들의 이동이 아닐까 한다. 오아시스가 아닌 신기루임을 알았기 때문이 아닐까.

주식은 어떤가. 부동산에 비해 욕망이 더 크게 작용한다. '단기간에 대박'이 더 종종 목격되는 곳이기에 그런 유추와 목표 설정이 가능하다. 그런데도 수익을 낼 확률이 지극히 떨어지고, 결국 부동산으로 이동할 수밖에 없는 속사정을 이해해야 한다.

주식이 아닌 부동산이라고 하여 크게 다르다고 말하지는 못하겠다. 이곳에도 욕망을 좇는 사람들이 너무나 많기 때문이다. 이유 있는 욕망이야 무엇이 문제겠는가. 오히려 권장할 일이다. 문제는 허망한 신기루를 좇는다는 데 있다. 조금만 떨어져서 보면 불가능한 일들을 가능하다며 밀어붙이는 경우가 종종 있으니 말이다.

투자에 성공하려면 지루한 시간과의 싸움에서 승리할 자신이 있어야 한다. 자금의 성격도 시간 위에 굴릴 수 있는 여유자금이어야 할 것이다. 곧 사용해야 하는 자금을 잠깐 담가서 단기간에 수익을 내보겠다는 전략은 통하지 않는다. 주식이든 부동산이든 마찬가지다.

주식과 부동산의 장단점을 논하고 싶지는 않다. 어느 쪽이 유리한지는 각자의 개성과 실력에 달려 있다. 위험한 곳에서 실력을 뽐내는 사람도 있고, 지루하고 답답한 투자를 잘해내는 사람도 있다. 내가 잘하는 투자를 하면 된다. 왈가왈부할 문제도 우열을 가릴 문제도 아니다.

하지만 잊어서는 안 되는 것이 있다. "부동산을 잘해 돈을 크게 불렸다" 혹은 "주식으로 빠른 시일에 돈을 불렸다"는 식의 이야기에 귀가 솔깃해서는 안 된다. 그들의 성공담은 그들끼리 모여 이야기꽃을 피우면 되는 것이다. 나와는 상관이 없다. 내가 뒤늦게 뛰어들어 그들처럼 된다는 보장은 어디에도 없다. 아니 오히려 그때 뛰어들었다가는 낭패를 보기 십상이다. 좋은 타이밍은 이미 지났기 때문이다. 그 유혹에 빠지지 않고 나는 내가 계획했던 대로 그 길을 가면 된다. 남의 이야기에 마음이 쏠려 샛길로 빠지지 않도록 조심해야 한다. 귀가 얇은 사람들은 재테크로 돈을 불릴 확률보다 돈을 날릴 확률이 훨씬 많다는 사실에 우리는 주목해야 한다. 자칫하다가는 저 위 뉴스 기사처럼 사기의 피해자가 될 수도 있으니 말이다.

이처럼 남의 말에 흔들리는 사람들은 십중팔구 돈만 날리거나 손해를 보는 당사자가 되곤 한다. 준비를 철저히 해가고 있다면, 굳이 다른 사람의 성공담을 나에게 도움이 되는 이야기로 치환할 필요가 없다. 오히려 평정심을 잃게 만들어 애써 구축한 포트폴리오를 바꾸게 만들거나, 속성으로 결과를 내고자 하는 조급한 마음만 들게 할 뿐이다.

재테크가 육상경기라면 많은 사람들이 단거리 경기로 착각한다. 재테크는 단거리가 아닌 장거리 경기이며, 마라톤에 가깝다고 생각할수록 좋다. 경기가 시작되면 일부 선수들은 초반 스피드를 내며 앞으로 뛰어나간다. 그러면 나도 모르게 뒤처지지 않기 위해 앞 선수의 페이스에 말려든다. 이런 상황에서 내 페이스를 유지한다는 것은 결코 쉬운 일이 아니다. 하지만 진정한 실력자는 조급해 하지 않고 페이스를 유지한다. 결국 결승선에서 먼저 보이는 선수들은 페이스를 잃지 않은 선수들이다. 경기에서 누가 위너인지 생각해 보라. 초반 스피드는 아무 의미가 없다.

우연한 기회에 재테크로 재미를 봤더라도 자만심은 금물이다. 내일 또는 모레도 성공할 가능성은 높지 않은 게 현실이다. 나의 실제 경험상 그러한 사람들은 오히려 자만에 빠져, 가지고 있던 자금은 물론이고 빚까지 지면서 최악의 상황에 내몰리기 쉽다. '초심자의 행운'이라는 말이 있는데, 초반의 우연한 성공이 결국 더 큰 실패를 가져온다는 말이다. 마음에 자만을 불러오기 때문이다. 행운이 독으로 작용하지 않도록 특별히 유념해야 할 것이다.

아무런 준비 없이 소문만 듣고 투자하는 사람, 급한 마음에 쫓겨서 투자하려는 사람들은 절대로 투자를 하지 않는 것이 현명하며, 오히려 은행에 저축하는 것이 최고의 재테크라는 사실을 명심해야 한다.

반대로 '생각은 깊고 판단을 빠르게'라는 생각을 가지고 하나씩 천천히 배우고 이해하며, 또 문제점을 터득하며, 왜 이런 결과가 나왔는지 스스로에게 의심과 반문으로 채찍질을 한다면 당신은 언젠가 자신도 모르는 사이 반 이상 전문가의 실력으로 향상될 것이다.

내가 보는 관점에서 주식과 부동산 어느 것이라도 좋다. 하지만 첫째도 둘째도 안전한 재테크를 하라고 말해주고 싶다. 이 점에 대해 나는 부동산 전문가이니 부동산을 예로 들어보겠다.

과거 은행 금리가 고공행진을 할 때는 은행에 1억을 넣어두면 월 90만 원 이상의 이자가 나올 때도 있었다. 지금은 상상할 수도 없는 일이지만 불과 얼마 전까지만 해도 가능했던 일이다. 하지만 그 당시에도 은행금리보다 부동산 가격 상승폭이 커서 부동산 투자가 은행이자보다 좋은 재테크 수단이었다. 지금은 은행금리가 예전의 3분의 1도 되지 않는 수준이다. 그리고 부동산도 예전 같지 않다. 더구나 부동산 시장은 더욱 복잡하게 변화하고 있어서 공부하지 않고, 전문지식이 없이는 실패의 가능성만 더 높아진 상황이다.

어떻게 해야 하는가? 결국 눈높이를 낮출 수밖에 없다. 욕심을 버리고 현실에 맞는 수익을 추구해야 한다. 과거에 몇 배가 올랐으니 이번에도 그럴 것이라는 생각은 그저 허망한 바람일 뿐이다. 물론 과거보다 더 오를 수도 있지만, 그건 어디까지나 결과론적인 이야기며 투자를 준비하는 입장에서는 눈높이를 현실에 맞게 조정하여 리스크를 최소화해야 한다. 그러다 보면 대박도 가능해지는 것이 아니겠는가. 내가 추구하는 최소한의 수익을 담보로 하고 그 이상의 예기치 않은 수익은 선물일 뿐이다. 그래야만 다음 투자에서 자만하지 않는다. 욕심을 제어하며 리스크를 헤징하는 투자를 연속해야만 수익이 누적된다. 마라톤과 다를 바가 하나 없다. 누군가가 나를 추월했다고 하여 거기에 말려서 자신의 페이스를 잃으면 안 되며, 누군가를 추월했다고 하여 세상을 다 얻은 듯 우쭐할 필요도 없다. 매번 리스크 관리를 하고 현실에 맞는 수익률을 설정하면 그만이다.

과거 부동산은 아파트와 상가, 토지가 주류를 이뤘고 시간이 지날수록 아파트, 상가, 토지 외에도 주상복합, 오피스텔뿐만 아니라 수익형 호텔, 벤처타운, 복합상가, 풀빌라 등이 등장하였다. 소비자의 입맛이 까다롭고 다양해진 만큼 부동산 재테크 상품도 계속 복잡하게 변하고 있다. 부동산은 다른 재테크 투자와는 다르게 투자정보가 대단히 폐쇄적이어서, 아이러니하게도 오히려 분양광고인 전단지, 현수막, 신문, 인터넷 내용이 마치 고급 정보인양 착각하기 쉽다. 비선으로 흘러나오는 정보에 솔깃한다는 의미다.

　몇만 원짜리 물건을 사더라도 품질을 비교하는 시대다. 그렇지만 부동산 재테크만은 그렇게 할 수 없다. 상세한 내부 정보를 알수 없기 때문에 부동산이 어려운 것이다. 그럼에도 불구하고 많은 사람들이 부동산 투자를 재테크로 하는 이유는, 이만한 재테크가 없기 때문이다. 다른 재테크는 투자에 실패할 경우 자산이 휴지조각이 될 수도 있다. 반면 부동산은 실물이 남아 있다. 이 점이 부동산 투자를 매력적으로 보이게 하는 이유가 아닐까 한다.

또한 불안정한 부동산 가격도 매력이다. 가격의 폭락과 폭등을 이용해 매입 타이밍만 잘 잡으면 커다란 금전적 이익으로 돌아온다는 기대감이 존재한다. 월급처럼 매달 월세가 또박또박 들어오는 구조를 만들 수 있다는 점도 다른 재테크와의 차별점이다. 특히 요즘처럼 매년 은퇴자가 쏟아져 나오는 시기라면 월세의 중요성은 더욱 부각된다.

부동산은 이처럼 많은 장점을 가지고 있으니, 공부하는 자세로 자기만의 투자 세계를 구축해 가길 바란다.

 투자의 신, 허준열의 눈

가장 많은 사람들이 재테크 수단으로 부동산을 꼽는다. 주식, 예금, 사업투자 등 많은 재테크 방법들이 있지만 아직까지는 눈에 보이는 부동산, 즉 실물자산이라는 특징이 투자자들에게 마음의 안정을 주기 때문이라 생각된다.

3
장

무조건 알아야 하는
부동산별 투자 시나리오

16

아파트 투자의
정석

Q 주위 사람들이 아파트 투자로 돈 좀 벌었다고 해서 저 역시 아파트 투자를 하려고 합니다. 투자할 지역은 경기도 파주 신도시고 A아파트 또는 B아파트를 프리미엄을 주고 아파트 분양권을 매입하려 합니다. 분양권을 매입해도 될까요?

A 대구시 수성구에 사는 가정주부 이희옥(가명, 35세)는 대구에서 지인들이 아파트 투자로 재미를 봤다는 이야기를 들었다. 의뢰인 역시 친구 따라 강남 간다는 식으로 아파트 투자를 하여 부동산 시세 차익을 노리기로 했다. 투자 지역은 경기도 파주 신도시 A아파트 또는 B아파트였다. 지금 분양권을 매입해도 괜찮을지 궁금해 했으며, 좀 더 안전한 투자를 위해 나에게 시장조사를 의뢰한

사례다. 의뢰인의 거주지는 대구며, 의뢰인 얘기로는 대구 아파트는 분위기가 좋지 않기 때문에 투자처로 경기도 파주 신도시 쪽 아파트를 선택하려고 한다. 여유자금은 1억 원으로 A아파트 또는 B아파트를 투자 선상에 올려놔 저울질하고 있는 상황이다.

몇 년 전과 최근에 경기도 파주 신도시를 가 본 사람들은 많이 놀랐을 것이다. 하루가 다르게 아파트와 상가들이 우후죽순 들어서고 있기 때문이다. 파주 신도시는 일산 신도시보다 북쪽에 위치한 관계로 그 동안 일산 신도시보다 많이 뒤처져 있었던 것이 사실이다. 하지만 지금은 생활 기반시설들이 일산 못지않을 정도다.

그러나 서울 특히 강남에서 거리가 너무 멀기 때문에 위치적 한계를 극복하지 못하고 있었다. 일산도 북쪽이라 위치적 장점이 크게 없는 상황에서 파주 신도시는 위치적으로 일산보다 더욱 열악하다고 할 수 있다. 물론 일산과 파주는 그 어느 수도권 신도시보다는 살기 좋은 생활 기반시설과 높은 녹지율을 가지고 있다. 가격과는 별개로 말이다.

그러나 최근 GTX 노선 확정으로 이 일대는 새로운 국면을 맞이하고 있다. 물 들어올 때 노 저어라고 했던가. 시공회사나 분양회사는 GTX 이슈를 너도 나도 마케팅 수단으로 활용하고 있다. GTX가 엄청난 호재인 것은 분명하다. 하지만 GTX가 들어선다고 일반투자자들이 생각하는 것처럼 아파트 폭등이 일어나지는 않을 것이다. 그보다 현 정부의 부동산 대책과 은행권의 담보대출 규제 그리고 금리인상이 사실 더 무서운 것이다. 과거 정부는 부동산 경기를 살리는 쪽에 무게를 두었다면, 현 정부는 과열된 부동산 경기를 저지하는 쪽에 목적을 두고 있다. 이 사실을 모르면 시장의 흐름을 제대로 읽을 수가 없다. 또 시장을 제대로 읽지 못하면 흐름 속에서 가끔 나타나는 작은 파도에 휩쓸려 반대의 투자를 감행하게 된다. 떨어지는 와중에 살짝 들어올리는 구간에서 투자하여 돌아올 수 없는 강을 건너버리는 것이다. 그만큼 흐름과 대세를 읽는 눈은 투자에서 중요하다.

다시 의뢰인의 이야기로 돌아가자. 의뢰인이 파주 신도시에 실거주를 목적으로 아파트 분양권을 매입한다면 나는 말리지 않을 것이다. 하지만 여유자금 1억 원으로 아파트 단기투자를 하여 시세 차익을 노리기 위한 전략이라면 현명하지 못한 선택이라고 말할 수밖에 없다. 게다가 2017년 11월 29일 정부는 주거복지 로드맵을 발표하였다. 내용인즉 2022년까지 무주택 서민을 위해 공공임대와 공공분양 등 100만호의 주택을 공급한다는 것이다. 대부분의 공급은 수도권에 이루어진다.

정리하자면 지금은 호황기였던 아파트 시장이 침체기로 들어서기 직전으로, 관망세가 지배적이다. 그리고 아파트 시장도 슬슬 미분양 얘기가 나오고 있는 상황이다. 앞으로 의뢰인처럼 프리미엄을 주고 분양권을 사는 사람도 당분간 속출할 것이다. 하지만 얼마 가지 않아 이들은 크게 깨닫는 바가 있을 것이다. 자신이 상투 잡고 아파트를 샀다는 사실을 말이다.

부동산 투자에는 아파트, 오피스텔, 상가, 수익형 호텔, 빌라, 전원주택, 토지 등 여러 종류가 있고 그 종류마다 각각 다른 특징이 있다. 일반적으로 사람들은 아파트 투자에 관심이 편중되어 있다. 가장 쉽게 접근할 수 있고 정보를 얻기도 쉽기 때문일 것이다. 실제로 부동산 열기가 높아질수록 대다수의 사람은 아파트에 관심을 갖는다. 관심을 넘어 투자로 이어지는 경우도 가장 많다. 주로 지역과 세대수 그리고 시공사 브랜드 등에 따라 투자방향을 잡는다.

하지만 대부분의 투자자가 아파트 투자로 성공하지 못하는 이유는 '전략'의 부재가 아니라, '시기' 때문이다. 초보일수록 아파트 시장이 호황기 때 투자를 시작한다. 호황기란 가격이 이미 올라 있는 상태이므로 여간해서는 수익을 내기가 쉽지 않다. 분위기는 달아올라 있는데, 정작 수익으로 연결되지 않는 것이다. 자칫 잘못하다간 상투 잡고 투자하는 격이어서 오히려 손실을 보는 경우가 많다. 실패의 원인은 '시기' 즉, 너무 비싸게 샀기 때문이다.

투자를 좀 한다는 사람들, 흔히 말해 '부동산 선수'는 오히려 부동산 경기가 좋지 않은 불경기 때 아파트 투자를 더욱 활발히 한다. 사람들이 북적이는 대로를 피해 사람들이 거의 다니지 않는 오솔길을 택하기 때문이다.

부동산 선수에게 아파트 가격의 폭락은 어떤 의미일까? 대중들이 폭락한 아파트를 들고 심리적인 불안에 시달리는 동안, 선수는 '가격이 더 이상 떨어질 확률보다 상승 확률이 높은 시기, 즉 기회'라고 생각한다. 기다리고 기다리던 '좋은 타이밍'이 왔음을 인지하고 과감히 투자를 선택한다는 것이다. 이처럼 좋은 타이밍에 투자하는 사람은 대부분 오랜 경험과 노하우를 가진 사람들이다. 내 주변을 둘러보아도 부동산 선수들이 아파트에 투자해서 성공하는 비율이 압도적으로 높다.

부동산 선수가 투자에 성공하는 이유는 단순 명쾌하다. '쌀 때 샀기 때문이다.' 투자하고자 하는 부동산이 무엇이든, 투자에 성공하기 위한 기본 중의 기본은 싸게 매입하는 것이다. 이를 뛰어넘을 전략은 존재하지 않는다. '시기'라는 '전략'을 제대로 잘 짜면, '투자기술'이라는 '전술'이 크게 중요하지 않다는 의미다.

그렇다면 매입하기 가장 좋은 타이밍은 언제인가? 주식투자와도 비교할 수 있는데, 주식으로 수익을 내려면 차트가 파랗게 망가져 아무도 주식에 관심을 갖지 않을 때 사야 한다. 각종 위기, 예를 들어 IMF, 리먼브러더스 사태, 유럽재정 위기 등 증시가 외부의 충격으로 인해 폭락한 상황에서는 대부분의 주가가 염가판매되고 있기 때문에 우량주를 중심으로 포트폴리오를 구성해 적극적으로 투자를 시작해야 한다. 주가는 언제나 오르락내리락을 반복한다. 따라서 바닥에서 매수하면 시간이 지나 가격이 정상을 되찾는다. 이때 팔고 나오면 된다.

부동산도 마찬가지다. 정부가 부동산 경기를 살리기 위해 대책을 내놓거나 미분양 아파트가 나와도 사람들이 관심이 전혀 없을 때, 심지어 사람들끼리 아파트를 사는 시대는 끝나 우리도 외국처럼 주택을 소유의 목적이 아닌 거주의 목적으로 이용될 뿐이라는 대화를 나누고, 그 생각이 옳다고 확신을 가질 때, 이때가 아파트 투자 타이밍인 동시에 아파트 가격이 폭락했다는 증거다. 이때는 아파트 매도자보다 아파트 매수자가 갑이며, 아파트 가격을 흥정할 시, 상황을 좌지우지할 수도 있다.

과거를 돌이켜보면 이러한 예를 찾기란 어렵지 않다. 2010년 즈음 수도권의 예를 든다면, 파주·용인·김포만 해도 현수막에 20%~40% 할인분양을 한다는 글귀가 온 도시를 뒤덮을 정도였다. 아파트 분양시장이 꽁꽁 얼어붙어 염가에 판매를 해도 팔리지 않았다. 시행사들은 자금난으로 부도가 났고 시공회사 역시 아파트 분양이 저조하여 공사비를 받지 못해 원가 이하로 분양한 곳도 많았다. 여기에 정부의 각종 양도세 면제와 취득세, 등록세 혜택으로 건설 경기를 살리려고 다양한 활성화 대책이 나왔다. 그 효과로 미분양 아파트는 소진되었고, 시간이 얼마 지나지 않아 미분양으로 싸게 분양받았던 아파트 가격이 원래 분양가격으로 상승

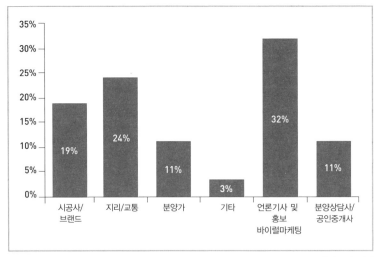

출처: 투자코리아

되었다. 물론 지금은 분양가격 이상으로 거래가 되고 있다.

사람은 망각의 동물이다. 패턴은 늘 반복되지만 패턴에 갇혀 지난날을 기억하지 못한다. 그리고 현재의 공포에 사로잡혀 오로지 현재만 생각하고 보려고만 한다. 또한 남들이 움직이지 않으니 나 홀로 선뜻 움직이기가 꺼려진다. 대중의 심리란 이처럼 무서운 것이다.

아파트 가격의 폭락과 폭등은 과거에도 존재했고 미래에도 존재할 것이다. 과거가 그랬던 것처럼 미래에도 위아래 사이클을 그리며 반복될 것이다.

투자자라면 주변의 상황에 흔들리지 않고 현 상황을 냉정하게 바라보는 눈이 필요하다. 과거부터 반복되어온 패턴도 잘 읽을 수 있어야 한다. 아파트 시장의 과거를 본다는 것은 아파트 시장의 미래를 보는 것과 크게 다를 것이 없다.

이처럼 과거를 통해 아파트를 싸게 매입할 수 있는 답안지가 있는데도 불구하고 대부분의 사람들은 답안지를 보려고 하지 않는다. 참으로 안타까울 뿐이다. 혹자는 아파트 투자를 투기꾼으로 몰아세우며, 사회적으로 좋지 않는 시각을 보이는 부분도 있지만, 이는 그 어떤 시장상황에서도 움직이지 못하고 관망하면서 탁상공론을 하는 이론가의 시각일 뿐이다. 기회가 왔을 때 적극적으로 움직여 움켜쥐지 못한다면, 평생 후회만 남을 뿐이며 집 없는 서러움에서 벗어날 길도 요원하다. 생애 최초로 아파트를 구입하는 사람들은 꼭 알아두어야 할 대목이다.

같은 지역, 같은 아파트를 비싼 가격에 살 것인지 아니면 적당한 때를 기다려 저렴한 가격에 매입할 것인지는 자기 스스로 선택해야 할 것이다.

 투자의 신, 허준열의 눈

같은 아파트 단지라도 아파트 가격이 폭락했을 때 매입한 사람과 아파트 가격이 폭등했을 때 매입한 사람의 수익률 차이는 매우 크다. 하지만 아직도 아파트 가격이 폭등했을 때 매입하려고 하는 사람들이 아파트 가격이 폭락했을 때 매입하려고 하는 사람들보다 많다는 사실이 놀라울 따름이다.

17

오피스텔 투자의 정석

Q 오피스텔 투자를 해서 안정적인 월세를 받고 싶습니다. 다른 부동산 투자는 많은 투자금액이 필요한데, 그에 비해 소형 오피스텔 투자는 여유자금 7천~8천만 원으로 투자할 수 있다고들 말합니다. 제가 가진 돈이 많지 않아서 오피스텔 투자를 하고 싶습니다. 오피스텔에 투자해도 될까요?

A 서울에 사는 직장인 박용성(가명, 27세)씨가 나에게 오피스텔 투자 상담을 의뢰한 내용으로 다른 투자자처럼 단기투자가 아닌 다달이 월세를 받을 수 있는 오피스텔 투자를 원했다.

수익형부동산인 오피스텔 투자는 월세를 받기 위해 가장 많은 투자자들이 선택하는 부동산이다. 당신이 알고 있는 것처럼 오피스텔 투자는 가장 쉬운 투자인 만큼 부작용 또한 가장 많은 부동산 중 하나다.

부작용이란 상가처럼 공실이 생겼을 때를 말한다. 물론 임차인에게 세를 낮추면 임대는 나갈 것이다. 하지만 투자자 대부분은 대출을 받고 오피스텔을 분양받은 것이기 때문에 은행이자와 비교하여 월세 계산을 하지 않을 수가 없다. 나 홀로 세대가 계속 늘어난다고는 하나 항상 수요보다 공급이 넘치면 투자가치가 떨어지기 때문에 특히 오피스텔은 무엇보다도 지역적 선정이 중요하다. 그 다음이 교통, 상권, 적절한 분양가 순이다.

의뢰인은 여유자금 7천~8천만 원으로 수도권 오피스텔 투자로 안전한 월세를 받고 싶다는 계획을 세웠다. 그리고 이제부터가 중요한 것이 어느 오피스텔을 분양받을 것인가이다. 여기서의 선택이 부동산 투자의 성패를 결정하기 때문이다. 오피스텔 투자는 모델하우스에서의 분양 상담사든, 공인중개소의 공인중개사든 이들 대부분이 오피스텔의 장점을 위주로 얘기하기 때문에 항상 투자자 스스로 따져보아서 현명하게 선택해야 한다. 그들의 말에 현혹되어 그들의 말만 믿고 투자할 요량이라면 투자를 멈추는 것이 좋다. 판매자의 의도를 항상 잊지 않도록 하자.

의뢰인의 경우, 신도시 쪽 신규 오피스텔 분양이었기에 완공 후엔 월세를 받는 것에 무리가 없다고 판단되어 나는 거기로 추천을 해줬다.

오피스텔 투자를 하기 전에 꼭 체크해야 할 사항들이 있다. 오피스텔 투자는 단기투자나 안정적인 월세를 받고자 하는 사람이 대다수다. 그렇기 때문에 오피스텔은 자신이 입주할 것이 아니라면, 자신이 거주하는 곳에서 가까운 오피스텔을 분양 받을 필요가 없다. 이는 오피스텔뿐만 아니라 상가에도 해당되는 얘기다.

　부동산 투자의 실패요인 중 하나는 자신이 살고 있는 근처에 투자를 하려는 아주 편협한 생각 때문이다. 자기 자신이 거주한 곳에서 가까운 장소에 투자를 하는 이유를 들어보면,

　첫째, 가까우면 자기 자신이 아는 지역이라 안심이 되기 때문에

　둘째, 무슨 일이 생기면 바로 달려갈 수 있기 때문에

　이 두 가지가 가장 크게 차지하는 이유다.

　하지만 이는 말이 안 되는 변명이며 위험한 발상이다.

첫째, '가까우면 자기 자신이 아는 지역이라 안심이 되기 때문에' 를 살펴보자.

　이는 스스로 투자 안목을 좁히는 결과를 초래한다. 세상은 넓고 투자할 곳은 많다고 생각해야 한다. 그런데 투자 식견이 좁으면 아무래도 좋은 물건이 줄어들 수밖에 없다. 좁은 공간에서 투자처를 골라야 하기 때문에 경쟁력이 떨어질 수밖에 없다.

부동산 투자는 어느 지역이 투자가치가 있는지를 알아내고 투자하는 것이 최우선이지, 자기 자신이 거주하는 지역 근처에 투자하는 것이 최우선이 아니다. 왜 서울 강남에 아파트를 사고서 강남에는 세를 놓고, 정작 본인은 수도권 외곽 전원주택에서 살겠는가? 그렇다. 투자지역이 따로 있고, 거주 지역이 따로 있기 때문이다. 이는 부동산 투자를 하는 사람에게만 해당되는 중요한 투자전략이다.

둘째, '무슨 일이 생기면 바로 달려갈 수 있기 때문에?' 아직도 이러한 생각을 가진 사람이 있다는 사실이 놀랍다. 이런 생각을 가진 사람은 부동산 투자를 해서는 절대 안 된다. 임차인에게 급한 일이 생길 것이라는 생각을 갖는다는 것부터가 일단 쓸데없는 걱정이고, 설사 어떤 일이 생겼다 해도 자기 자신이 바로 달려가서 해결할 수 있을지가 의문이다. 임차인과의 분쟁은 공인중개사에게 맡기는 것이 현명하다.

여기서 질문 하나. 부동산 투자를 할 때 여유자금이 가장 적게 드는 부동산이 무엇인지 아는가? 바로 오피스텔이다. 비용에 대한 부담이 적기 때문에 가장 넓은 연령층, 즉 20대부터 70대까지 광범위하게 투자한다. 그만큼 연령의 분포가 골고루 퍼져 있고, 투자자들 사이에서 인기도 높다.

하지만 오피스텔 투자의 인기가 높다는 사실이 곧 '투자 수익이 높다'는 말은 아니다. 이는 적은 비용으로 누구나 오피스텔에 투자할 수 있다는 장점을 나타낼 뿐, 단기 투자 수익이 높아 인기가 높은 것이 아니다. 이 둘 사이를 혼동하지 말아야 한다.

오피스텔 투자는 단기적으로 투자 수익을 노리는 부동산이라기보다는 꾸준하고 안정된 월세 수입을 위한 부동산이다. 지금도 "오피스텔 분양으로 단기투자를 노려라"는 말도 안 되는 얘기를 하는 부동산 업자들이 더러 있다. 이는 십중팔구 과장된 문구이니 현혹돼서 프리미엄을 목적으로 하는 무리한 투자를 하지 말아야 할 것이다.

오피스텔은 주거지역보다 상업지역의 오피스텔을 노리는 편이 현명한 방법이다. 또한 원룸을 선택할 것인지 투룸을 선택할 것인지 그리고 세대수와 시공사 브랜드, 적절한 분양가인지 분양받기 전에 반드시 점검해야 한다.

오피스텔 투자는 소액 투자자가 월세를 꼬박꼬박 받는 목적으로 인기가 높다. 오피스텔이 포화상태라는 말은 어제 오늘의 얘기가 아니지만 오피스텔을 찾는 사람들의 반응을 보면 크게 문제가 되지 않는 것처럼 보인다. 오피스텔을 찾는 사람들이 워낙 많다 보니 시행회사들도 너도나도 오피스텔 시행사업에 뛰어든다. 또한 소액으로 부동산 투자를 할 만한 곳은 오피스텔 투자 외에는 딱히 대안을 찾기 어려워 오피스텔의 인기는 앞으로도 지속될 것으로 보인다.

오피스텔은 주거와 사무실을 같이 사용할 수 있다는 장점에서 시작되었다. 그러다가 지금은 주거로 사용하는 사람들이 훨씬 많아졌다. 이는 오피스텔이 엄연히 하나의 작은 주거형태로 자리 잡고 있음을 증명한다.

오피스텔은 원룸 형태가 대부분인데 앞으로는 투룸 오피스텔도 눈여겨 볼 필요가 있다. 원룸 오피스텔은 분양가를 낮추기 위한 방편이다. 이는 높은 분양률과 연결되기 때문에 시행회사들도 투룸을 외면하고 원룸 위주로 오피스텔을 공급해 왔다. 그 해에 양파가 잘되면 농민들이 다음해에 모두 양파를 심어 가격이 떨어지는 것처럼, 부동산도 비슷한 원리로 작동된다. 원룸 오피스텔이 매년 대량으로 공급되다 보니 이제는 투룸의 희소성이 높아졌다. 여기서 투자자는 희소성이 높아진 투룸을 지켜볼 필요가 있다는 것이다.

또한 주거비에 대한 지출이 높아짐에 따라 원룸의 불편함이 부각되고 있다. 이제는 혼자 살더라도 옷방, 공부방 등으로 분리가 가능한 투룸, 즉 이전보다 좀 더 넓은 오피스텔에 대한 욕구가 상승하는 중이다. 그래서 원룸보다는 크고 투룸보다는 작은 1.5룸 오피스텔이 세입자에게 좋은 반응을 일으키고 있다.

부동산은 트렌드가 분명히 있다. 또한 트렌드에 굉장히 민감하다. 우리는 남보다 빨리 트렌드를 읽어 더욱 확률 높은 재테크를 해야 한다. 세대수에 따라 완공 시점은 다르지만 보통 세대 수가 많을 경우 분양하고 준공 시까지는 2년 이상이 걸린다. 2년 후의 트렌드를 정확하게 예측하는 것은 공실 없는 오피스텔 투자를 하는 부분에 있어 매우 중요하다.

오피스텔에 투자하기 앞서 반드시 숙지해야 할 몇 가지를 체크해 보자. 먼저 오피스텔은 정확한 데이터를 바탕으로 입주 후 임대를 준비해야 한다. 자신이 그동안 살아온 경험을 바탕으로 '감'에 의존해서는 안 된다. 원룸, 1.5룸, 투룸은 세입자에 따라 선호도가 다르다. 오피스텔 투자로 성공하고, 낭패를 막으려면 역으로 세입자들의 선호도를 먼저 체크해야 한다는 결론을 얻을 수 있다.

오피스텔 투자는 소액투자가 가능한 부동산인 만큼 완공 후에

 투자의 신, 허준열의 눈

막연하게 오피스텔에 투자한다는 생각만으로 너무 기대에 부풀지 말고 자금 사정에 맞게 재테크 계획을 짜야 한다. 그리고 원룸에 투자할지, 1.5룸에 투자할지 또는 투룸에 투자할지를 구체적으로 준비하고 장점과 단점을 비교 분석해야 한다.

알짜배기 오피스텔과 머리가 아픈 공실 오피스텔로 분명하게 나뉘진다. 그러니 독자들은 알짜배기 오피스텔을 찾아 투자해야만 훗날 자신이 목표한 대로 꼬박꼬박 월세를 받을 수 있다는 사실을 결코 잊어서는 안 된다.

18

상가 투자의
정석

Q 현재 여유자금 7억 원이 있으며 투자 물건만 확실하다면 대출
도 가능합니다. 노후대책을 목적으로 여러 부동산 투자를 알아보
던 중 월세가 잘 나올 만한 신도시 상가를 분양 받고 싶습니다. 상
가 투자 괜찮을까요?

A 경기도 분당에 사는 박철원(가명, 58세) 씨가 여유자금 7억 원과
상황에 따라 대출이 가능하다며, 비교적 액수가 큰 여유자금으로
상가에 투자하려는 상담이었다. 의뢰인은 안전한 월세를 받기 위
해 부동산을 알아보던 중 상가 투자로 결정하고 나에게 자문을 구
하였다. 나는 전에 칼럼에서 여러 번 얘기를 했었지만 상가 투자
는 주거를 목적으로 월세를 받는 것이 아닌 대부분이 상업을 목적

으로 하는 임차인에게 월세를 받는다. 때문에 상권(위치)이 다른 부동산보다 월등히 중요한 부분을 차지한다. 게다가 분양가격이 높은 상가는 당연히 월세도 높아질 수밖에 없기 때문에 가성비를 따지지 않을 수 없다.

상가 투자는 아파트나 오피스텔처럼 시공사나 세대수 및 편의시설보다 유동인구 흐름이 매우 중요하다. 그리고 초보 임차인도 있는 반면 장사 경험이 풍부한 베테랑 임차인도 많다. 베테랑 임차인은 메인 상권과 유동인구 흐름을 너무나도 잘 읽는다. 이러한 임차인이 선택한 위치가 대부분 몫이 좋은 상권일 가능성이 높다.

하지만 분양 상가는 건물이 들어서기 전인 토목공사 때부터 분양을 하기 때문에 일반 투자자는 마치 흙속에서 진주를 찾듯 월세가 잘 들어올 만한 상가를 분양받아야 한다. 이는 말처럼 쉽지가 않다. 왜냐하면 생소한 상가 도면으로 분양받을 상가를 선택하는 경우가 많기 때문이다. 건물이 다 지어진 상가는 이미 좋은 자리는 빠졌거나 웃돈을 달라는 경우가 종종 있어 선택이 쉽지 않다. 따라서 대부분이 분양 직원이나 공인중개사가 추천하는 상가를 분양받는다. 자신의 판단보다는 누군가의 판단에 의지한다는 의미다.

상가 투자는 다른 부동산 투자보다 성패가 분명하게 갈린다. 몫좋은 자리에 월세를 잘 받고 있는 투자자가 있는 반면, 지속된 공실로 인해 은행이자와 관리비가 부담이 되는 현실에 직면한 투자자가 있다. 이들은 울며 겨자 먹기로 낮은 월세로 임차인을 맞춰 공실을 면한다. 똑같은 상가 투자자인데, 전자는 갑이고 후자는 을이다.

상가 투자가 얼마나 어려운 것인지는 투자를 직접 해봐야 알 수 있다. 상가 투자는 수십 가지 체크할 목록들이 있지만 그중에서 내가 가장 중요하다고 말하고 싶은 것은 '직감'이다. 직감은 많은 경험과 노하우에서 나온다. 단기간에 공부한다고 얻어지는 것이 절대 아니며 열심히 배운다고 되는 것도 아니다. 상가 투자의 직감이 뭔지 아는 투자 전문가는 공사 중인 상가의 모습만 봐도 1층에는 어떤 업종이 들어올지, 또 2~3층에는, 상층부에는 어떤 업종이 들어올지 예측할 능력이 있다. 그것은 그리 어려운 일이 아니다. 상가의 위치, 위치의 특성 그리고 입점할 업종들은 어느 정도 정형화가 되어 있기 때문이다. 이것 또한 일반 투자자가 단기간에 알기는 쉽지 않다는 것이 문제다.

결국, 상가 투자는 호불호가 분명하게 나눠지기 때문에 권하기도, 말리기도 어렵다. 대신 상가 투자를 준비 중인 투자자가 자문을 구한다면 나는 해당 상가는 투자해도 좋다거나 또는 투자성이 나쁘기 때문에 투자하면 안 된다고 시장조사를 한 후 말해 줄 수는 있다. 상가 투자는 항상 예기치 못한 복잡한 변수가 생기기 때문이다.

분양을 통한 투자 중 가장 많은 자금이 소요되는 부동산은 무엇일까? 바로 상가다. 상가 투자는 다른 부동산보다 많은 자금이 필요하며, 동시에 일반인이 접근하기에 가장 까다로운 종목이다. 상권이란 시류에 따라 움직이는 특성이 있기 때문에 움직이는 장애물을 쏘아 맞출 실력을 갖춰야 한다. 그렇지 않으면 총알만 낭비하고 토끼사냥에 실패할 수 있으니 조심해야 한다.

성공적인 상가 투자를 위해서는 이론보다 실제 상가 투자 경험이 풍부한 전문가의 도움이 무엇보다 중요하다. 내 체력이 약하다면 다른 사람의 부축이라도 반드시 받아야 한다.

앞서 언급한 대로 상가 투자에서는 시공회사 브랜드나 세대 수보다 위치와 상권이 중요하다. 상가 건물이 비싼 대리석으로 지어졌든, 저렴한 벽돌로 지어졌든 임차인은 별로 중요하지 않게 생각한다. 오로지 업종과 상권이 가장 중요하다. 그 지역에서 해당 업종이 장사를 할 수 있는지 확인한 다음에는 첫째도 상권, 둘째도 상권이다. 그만큼 상권은 임차인에게 있어서는 장사를 해서 돈을 벌 수 있느냐가 달린 문제다. 그에게는 생계 수단이기 때문이다.

그렇기 때문에 상가에 투자하려면 임차인의 입장에서 바라보아야 한다. 임차인이 쉽게 임차할 수 있어야 하고, 장사가 잘될 만한 위치여야 하며, 유동인구가 풍부해야 한다. 나의 시각이 아니라, 임차인의 '필요'를 채워주는 방향이어야 함을 명심해야 한다. 이렇게 해야만 공실을 미연에 방지할 수 있고, 상가의 미래가치가 어떻게 변할지도 예측할 수 있다. 상가 투자에서 실패하지 않는 유일한 방법이라는 사실을 잊지 말아야 한다. 또한 이러한 분석이 가능해야 비로소 상가에 투자할 기초체력이 있다고 말할 수 있다.

아파트나 오피스텔 투자가 주거라면, 상가 투자는 이와 달리 상업 부동산 투자다. 그만큼 일반 주거용 부동산보다 많은 노력과 경험이 필요하다. 상가의 상권은 말로 표현하기 힘들 정도로 복잡하고 미묘하다. 또 인근 업종에 따라 상권이 이동하거나 변하기도 한다. 과거와 달리 요즘 상가는 장사를 잘하는 임차인이 들어와서 그 가게에 손님이 북적이면 그 상가의 가치는 엄청나게 상승한다. 그래서 상가의 가치를 의도적으로 키우려는 상가 주인들은 유비가 제갈공명을 만나러 찾아갔던 것처럼 능력 있는 임차인을 찾아나서기도 한다. 심지어 서로 부담이 없을 정도의 조건으로 월세는 매출의 몇 대 몇으로 나눠 갖기도 한다. 이것이 최근 상가 투자로 살아남기 위한 전략이면서, 꼭 월세를 받아야 된다는 고정관점이 깨지는 이유가 되기도 한다.

  과거 상가 투자 성공의 척도는 '많은 월세'였다. 월세를 많이 받을수록 최고라고 생각했다. 일면 맞는 말이다. 하지만 최근에는 월세를 많이 받는 것도 물론 좋지만 상가의 가치를 키우는 것이 더 큰 재테크라고 생각하는 사람들이 증가하고 있다. 차후 상가 매매까지 생각하는 진일보한 사고방식이다.

부동산 시장에서 상가는 다른 부동산 투자에 비해 빈익빈 부익부 현상이 뚜렷하다. 그만큼 위험과 기회가 동시에 존재한다는 의미다. 따라서 그만큼 전략적인 부분이 성패에 큰 영향을 미칠 수밖에 없다.

대부분의 상가는 신도시 택지지역에서 상가 공급·분양이 주를 이룬다. 신도시 상가 부지는 어느 어느 지역을 선택하느냐에 따라 신도시가 활성화됐을 때 가치의 격차가 크다. 대부분은 이 격차를 예상하지 못하고, 상가가 완공만 되면 바로 활성화될 것이라고 착각하기 쉽다. 신도시 상가가 좋은 상권으로 자리를 잡으려면 인근 아파트들에 거주민들이 입주해야 하는 것은 당연하고, 보통 2~4년이 지나면서부터 상권이 형성된다고 이해하면 될 것이다. 또한 상가의 꽃이라 부르는 코너 자리는 일명 안테나숍으로 유명 프랜차이즈 회사들이 세입자로 입점하는 경우가 많다. 유명 프랜차이즈 회사가 입점하는 코너 자리는 월세 수입이 안정적이고, 상가의

 투자의 신, 허준열의 눈

상가 투자는 시공사 브랜드나 값비싼 대리석으로 만든 것보다 위치 선정이 가장 중요하다. 유동 인구가 밀집할 수 있는 상권 확보야말로 남들이 부러워하는 최고의 상가 투자다.

가치 또한 올릴 수 있어 두 마리 토끼를 한 번에 잡는 효과를 기대할 수 있다. 그래서 이러한 코너 자리 상가는 일반 투자자들의 경쟁이 치열한 것은 당연하고, 건축을 시작하기도 전에 이미 분양이 끝난다. 코너 자리는 명실상부 상가 투자에서 프리미엄이 가장 쉽게 그리고 가장 많이 붙는 명당자리다. 당연히 분양가격도 다른 위치와 비교가 안 될 정도로 많이 비싸지만 상가 투자를 하는 사람들에게 여전히 최고의 인기를 누리는 위치라는 사실에는 변함이 없다.

19

수익형 호텔 투자의 정석

수익형 호텔 투자는 오피스텔과 비슷해 보이지만 그 속을 들여다보면 완전히 성격이 다르다. 쉽게 말해서 주거용 오피스텔은 세입자가 구분소유주에게 월세를 내주어 다달이 월세를 받는 방식이라면, 수익형 호텔은 호텔 운영회사에게 운영을 맡기며 관광객이 객실을 채워 그에 대한 객실료를 받아 구분소유주들에게 다달이 월세를 지급하는 방식이다.

수익형 호텔과 오피스텔 모두 각기 장단점은 존재하지만 투자자들은 오피스텔을 더 선호한다. 이유는 수익형 호텔은 관광객 유치를 기반으로 월세를 받는 부동산이므로 지금처럼 중국 관광객 유치가 힘들 때에는 호텔 운영회사가 수익이 그만큼 줄어들어 운영에 어려움을 겪게 되기 때문이다. 대내외적인 요소들의 영향을 많이 받기 때문에 운영의 지속성이 떨어진다는 단점이 있는 것이다.

서울 목동에 사는 가정주부 김희옥(가명, 41세) 씨는 투자금 3억으로 제주도에 위치한 수익형 A호텔 여러 채를 분양 받아 월세를 받고 싶어 했다. 의뢰인이 투자하려고 했던 A호텔에 대한 결론부터 얘기하자면, 그 호텔은 분양을 받으면 안 되는 부동산 상품이다. 시장조사 결과 A호텔은 입주 후 당분간 약속된 월세를 받을 수는 있어도, 향후 부동산 투자 가치로써는 위험성을 내포하고 있었다.

제주도는 이미 수익형 호텔이 포화상태다. 그렇기 때문에 호텔 객실은 공실률이 계속 늘어나고 있는 추세다. 그리고 아직도 진행되고 있는 사드 문제로 중국 관광객도 직전 해와 비교했을 때 형편없이 줄었다. 불과 몇 년 전만 해도 제주도는 중국인들에 의해 지역 땅값이 계속 올랐고 관광객들로 북적였다. 그런데 지금은 어떤가? 그때와는 상황이 많이 다르다. 수 년 전 관광객이 최고 절정일 때도 수익형 호텔은 이미 포화상태라는 말이 돌았다. 하물며 수요까지 줄어든 상태에서 투자성이 있을 리 만무하다. 지금의 관광객 숫자로는 호텔운영 적자가 불 보듯 뻔하다.

뿐만 아니라 의뢰인이 투자하려는 A호텔 운영회사는 호텔 운영 경험이 전무한 상태다. 만약 객실 가동률이 원활하지 못해 극심한 적자가 장기화된다면, 구분소유자에게 지급하기로 한 월세 지급이 불가능해질 것이다. 그에 대한 피해는 고스란히 투자자의 몫이며, 현실적으로 대비책을 마련하기도 불가능하다. 때문에 현 시점에서 A호텔의 투자가치는 장점보다 단점이 더욱 많아 위험한 투자라고 나는 결론 내렸다. 현재 의뢰인은 나의 도움으로 수도권에 위치한 상가를 일반 분양가격보다 약간 저렴하게 할인받아 투자를 한 상태다. 이미 월세가 맞춰진 상태로 의뢰인은 월세를 받을 수 있는 완공 날짜만을 기다리고 있다.

호텔 투자는 한때 붐이 반짝 일어났던 수익형부동산이다. 수익형 호텔이 분양되던 초기에는 '연 8% 월세 지급, 5년 월세 확정 보장 또는 10년 월세 확정 보장'이라는 문구들이 투자자의 발길을 붙잡았다. 다양하고 집중적인 홍보가 먹힌 케이스다. 오죽했으면 케이블TV 홈쇼핑에서도 수익형 호텔 분양광고를 다루었겠는가? 정보에 어두운 사람들은 수익형 호텔의 장점만 보았기 때문에 분양 마케팅은 대성공을 거두었다.

하지만 막상 뚜껑이 열리자 부작용이 끊이지 않고 있다. 경기도 평택의 한 수익형 호텔은 분양 받은 사람들에게 지급하기로 약속했던 월세를 주지 못해 언론으로부터 뭇매를 맞았으며 여전히 해결되지 않은 상황이다.

정부의 무분별한 수익형 호텔 인허가도 공급 초과에 한몫을 담당했다. 또한 엎친 데 덮친 격으로 제주도는 중국관광객이 급격히 줄어들어 수익형 호텔 운영회사 중 일부는 심각한 자금난에 허덕이고 있다고 한다.

부분별한 인허가로 인해서 지금의 수익형 호텔이 포화상태가 된 것이 문제지 처음 취지는 나쁘지 않았다고 생각한다. 외국인이나 내국인 관광객들은 숙박시설을 이용할 때 민박, 펜션, 모텔, 호텔들을 주로 이용한다. 그런데 관광객을 수용할 대부분의 호텔은 가격이 비싼 고급호텔이다. 관광객 입장에서는 값싸고 머물 만한 호텔을 찾기가 쉽지 않았다. 이에 대한 대응책으로 저가 호텔들의 필요성이 대두되었고 결국 지금의 수익형 호텔들이 우후죽순 생겨난 것이다.

지금도 수익형 호텔을 분양하는 곳을 쉽게 찾을 수 있다. 어느 부동산이나 마찬가지겠지만 수익형 호텔도 관광객을 유치하기 위한 경쟁이 치열하다. 강원도나 제주도는 주로 관광객을 위한 호텔로 지금보다 더욱 높은 서비스를 제공하는 호텔로 승부해야 하며, 관광도시가 아닌 도심 쪽은 비즈니스 사업과 관련된 바이어들이 수익형 호텔을 이용할 가능성이 높기 때문에 위기를 기회로 삼는 마인드가 어느 때보다 절실히 필요하다.

수익형 호텔은 오피스텔보다 월세 수입이 높은 장점이 있는 반면에 관광객 유치가 절대적으로 중요하므로 호텔 운영회사의 운영 노하우와 경험에 따라 상황은 언제든 바뀔 수 있다는 사실을 명심해야 한다. 여기서 우리는 십 수 년 전에 분양됐던 쇼핑몰 복합상가를 떠올릴 수 있다. 당시 복합상가의 분양은 잘됐지만 '위치(상권)'와 운영회사의 '운영능력'에 따라 결과는 판이하게 달랐다. 망하느냐 흥하느냐가 내 노력과는 큰 상관이 없었다는 의미다. 벼를 심어 놓고 하늘을 쳐다볼 수밖에 없는 농부의 심정이라고 할까. 운영회사의 운영 노하우와 운영 역할이 얼마나 중요한지를 여실히 보여주는 사례다.

수익형 호텔을 쇼핑몰 복합상가와 직접 비교하기에는 무리가 따르지만, 집합건물로써 숙박과 상업적인 차이일 뿐 운영 능력에 따라 투자자들이 웃을 수도 있고 울 수도 있다는 점에서는 맥락을 같이한다.

 투자의 신, 허준열의 눈

수익형 호텔은 호텔을 운영하는 운영회사의 역할이 굉장히 중요하다. 모든 부동산이 그러하겠지만, 특히 집합건물은 운영회사의 영업 노하우가 성패를 좌우하기 때문이다.

20

빌라/전원주택 투자의 정석

빌라와 전원주택은 투자를 위한 상품이라기보다는 실 거주 또는 실 소유를 목적으로 하는 부동산으로 볼 수 있다. 빌라와 전원주택 투자는 다른 부동산 투자보다 수요층이 많지 않으며 부동산 선수도 투자에 대한 매력을 많이 느끼지 못하는 종목이다.

이는 어디까지나 부동산 투자에 대한 의견이고, 투자가 아닌 실거주를 목적으로 여유로운 삶을 누리고 싶은 사람이나 답답한 아파트 생활에 염증을 느껴 한적한 거주지를 찾는 사람이라면 큰 매력을 느낄 수 있다. 또한 빌라와 전원주택을 찾는 사람들이 점차 늘어나고 있는 추세다.

빌라, 타운하우스 그리고 전원주택은 모두 주거라는 공통점이 있다. 빌라와 타운하우스는 실 사용면적, 즉 실 평수에 따라 찾는 사람들의 연령대가 각각 다르며, 이는 아파트 가격보다 저렴한 곳을 찾는 사람들과 아파트 가격하고는 상관없이 도심에서 벗어나 조용한 주거를 찾는 사람들이 주류를 이룬다. 예전에 지어졌던 건축과는 다르게 요즘 빌라들은 내부 인테리어와 공간 활용도가 아파트 못지않게 점점 고급스럽고 실용적으로 진화하는 중이다.

전원주택은 사람들의 로망을 실현시켜 주는 상품으로 인기가 높다. 공기 좋은 곳에서 자연을 느끼며 살고 싶은 사람들이 본인이 원하는 자재들, 예를 들어 자연을 소재로 한 나무, 황토 등으로 직접 주택을 디자인하며 정원도 입맛대로 꾸밀 수 있다. 그래서 누구나 한번쯤은 전원주택에서의 여유로운 삶을 꿈꿔봤을 것이다.

빌라와는 다르게 전원주택은 세대수가 많이 모여 들수록 하나의 단지가 형성되는 경우가 많다. 대표적인 곳으로 경기도 양평의 양수리를 들 수 있다. 십수 년 전만 해도 드문드문 있었던 전원주택이 연예인이 거주한다는 소문이 돌면서 아파트 같은 삭막한 건물에서 벗어나고자 하는 사회적인 분위기, 또 교통의 발달로 인해 서울과 가깝다는 이유로 최고의 전원주택지로 인식되었다. 불과 몇 년 만에 양수리 일대는 자연스럽게 전원주택 단지가 형성되었다.

현재의 양수리는 전원주택을 지을 택지도 거의 없을 정도며, 있다고 해도 땅값이 어마어마하게 치솟았다. 빌라나 타운하우스와 달리 전원주택은 하나의 마을이 형성되면 가격이 뛰는 현상은 당연한 것이다. 전원주택을 짓고 싶은 수요자는 많아지고 지을 만한 땅은 한정돼 있기 때문에 시장의 원칙에 따라 수요가 많으니 가격이 오른 것이다.

비단 양수리 전원주택에만 국한되는 이야기는 아니다. 모든 부동산 시장에 적용되는 것으로 아파트, 상가, 오피스텔 등에 투자할 때 훗날 수요자가 있을지 없을지를 예측하는 중요한 잣대가 될 것이다. 아파트도 사람이 모이는 곳이 가격이 오르며, 상가나 오피스텔도 마찬가지다. 반면 사람이 모이지 않는 곳은 수요공급의 법칙에 따라 가격이 떨어지거나 답보상태에 머무를 수밖에 없다. 부동산뿐만 아니라 모든 금융상품이 수요공급 법칙의 영향을 받는다.

그러므로 빌라, 타운하우스, 전원주택의 투자 타이밍은 토지 가격이 폭락했을 때다. 다른 부동산도 그러하겠지만 빌라, 타운하우스, 전원주택은 공사비 외 토지가격이 가장 큰 비중을 차지하므로 토지가격이 상승했을 때보다 토지가격이 하락했을 때 위 부동산들을 분양 받는 것이 유리하다. 이 원칙은 예나 지금이나 변함이 없다.

공사비용은 한번 오르면 좀체 내려가지 않지만 토지는 건설경기가 주춤하면 가격이 하락할 수밖에 없다. 반면 건설경기가 좋으면 토지가격도 상승한다.

대표적인 부동산 투자는 아파트에 투자하는 사람, 상가에 투자하는 사람, 오피스텔에 투자하는 사람 그리고 토지에 투자하는 사람으로 나눠진다. 투자 대상 간의 이동이 많지 않다. 대부분 자신이 있거나 평소 관심을 두는 부동산 분야에 투자를 하는 습관 때문이다.

하지만 투자에 성공하기 위해서는 나에게 익숙한 타성과 관성을 타파해야 한다. 한 곳에 머물러서는 객관적인 시각을 갖기 어렵다. 오르는 곳이 있으면 내리는 곳이 있고, 지는 해가 있으면 떠오르는 해가 있기 마련이다. 자유롭게 옮겨 다닐 수 있어야 지속적이고 안정적인 투자가 가능해진다.

학창시절을 떠올려 보자. 국어 영어 수학 국사 과학 등의 과목이 있다. 어느 학생은 국어만 백점 맞고 나머지는 낙제점수고, 어느 학생은 수학만 백점 맞고 나머지는 낙제점수를 받고, 또 어느 학생은 영어만 백점 맞고 나머지 과목은 낙제점수를 받을 수 있는가? 이런 경우는 흔치 않다. 공부를 잘하는 학생은 모든 과목에서 비슷하게 높은 점수를 받는다. 그중 약한 과목이 있을지언정 낙제점을 받지는 않는다. 공부를 못하는 경우도 마찬가지다. 모든 과목의 점수가 고르게 낮다. 그중 강한 과목이 있을지언정 평균을 바꿀 만큼은 되지 않는다. 결과적으로 성적이 잘나올 수가 없다.

부동산도 마찬가지다. 한 과목만 잘한다면 시야가 좁아져 오판을 하고, 자신이 유리한 방향으로 시장을 예측하려는 관성이 강해지고, 결국 투자실패에 이르게 된다. 믿고 싶은 것만 믿고, 자신에게 유리한 정보만 선별하여 받아들이는 습관이 나도 모르게 몸에 배어든다.

예를 들어 아파트에만 투자하는 사람은 아파트 가격의 하락신호가 분명한데도 불구하고 아파트 가격이 오를 것이라는 전문가의 의견만 찾아보며, 그 말을 신뢰한다. 자신의 선택이 옳았음을 확인받고 싶은 심리가 강해지기 때문이다. 또한 아파트 가격이 떨어지면 손실에 대한 공포가 심해질 것을 알기 때문에 이를 회피하고 싶은 심리가 자신을 지배한다.

하지만 전체적인 부동산의 흐름과 맥만 읽을 줄 알면 아파트, 상가, 오피스텔, 토지 등을 놓고 각각의 투자 타이밍을 자유롭게 왕래할 수 있다. 사실 투자 타이밍이 크게 다르지 않기 때문이다.

 투자의 신, 허준열의 눈

빌라나 전원주택도 투자 타이밍이 존재한다. 빌라, 타운하우스, 전원주택은 공사비 외 토지가격이 가장 큰 비중을 차지하므로 토지가격이 상승했을 때보다 하락했을 때 분양받는 것이 투자자 입장에서는 당연히 유리할 것이다. 이때가 분양가격이 가장 저렴한 타이밍이기 때문이다.

빌라나 타운하우스 그리고 전원주택도 투자 타이밍이라는 맥과 흐름만 꿰뚫고 있으면 성공확률은 그만큼 높아진다. 투자 타이밍은 언제인가? 바로 토지가격이 하락할 때다.

21
—
토지 투자의
정석

토지 투자는 투자자들 사이에서 호불호가 가장 많이 갈리는 종목이다. 예전 기획부동산에게 피해를 본 사람들이 너무 많아 사회문제로 이슈가 된 적도 있었다. 대한민국이 땅은 좁고 인구는 많아서일까. 토지 투자는 많은 사람들이 여전히 큰 관심을 갖고 있는 부동산이다. 또한 신화처럼 내려오는 부동산 성공 사례가 가장 많은 곳이기도 하다. 아파트가 2배, 3배만 올라도 '대박'이라는 말이 나오는 마당에, 땅에서는 수십 배에서 수백 배, 수천 배의 '대박' 이야기가 심심찮게 회자된다. 땅 투자 고수들 사이에서는 "2배 수익은 수익도 아니다"는 우스갯소리가 나올 정도다.

또한 땅은 투자자가 지지고 볶아 새로운 음식으로 요리할 수 있어서 가치 상승이 드라마틱해지기도 한다. 전설로 내려오는 이야기 몇 토막을 살펴보자.

쓸모없는 땅이라며 아무도 관심 갖지 않은 자갈이 무성한 불모지를 사서, 자갈은 시장에 내다팔아 이익을 챙기고, 자갈을 파낸 땅은 훌륭한 대지가 되어 비싼 가격에 수용이 되었다. 도로보다 낮아 가치가 떨어지는 땅을 싸게 매입하여 도로와 같은 높이로 땅을 메웠더니 일시에 주변 땅과 시세가 비슷해졌다. 길이 없는 맹지를 사서 길을 냈더니 땅값이 폭등하였다. 군데군데 묘지가 있어 활용도가 떨어지는 땅을 사서 이장을 한 후 보기도 좋고 팔기에도 좋은 땅으로 탈바꿈하였다. 햇볕이 잘 들지 않는 음지를 사서 음지에 잘 자라는 약초를 심어 약초로 돈도 벌고, 약초가 무성하니 좋은 땅으로 보여 땅값도 올랐다.

이처럼 땅을 잘 요리해서 땅값을 올린 사례도 있지만, 대대손손 내려오는 땅이 어느 날 재개발지역으로 수용이 되어 자고 일어나니 수십 배가 폭등했다는 이야기, 그 유명한 인천 영종도에 공항과 신도시가 들어서면서 일개 농부가 수십 억대 부자가 되었다는 이야기 등 다양하면서도 놀랄 만한 이야기들이 많다. 특히 도시가 늘어나고 공단이 들어서던 경제개발 시기에 이러한 이야기들이 많이 양산되었다.

토지 투자를 잘하려면 무조건 싸게 매입하는 것이 정답이다. 땅은 정해진 가격이 없기 때문에 나의 노력과 정보의 여하에 따라 시세보다 싸게 사는 것이 가능하다. 반대로 가격이 없기 때문에 비싸게 파는 것도 가능하다는 얘기가 된다. 또한 여기에는 함정이 숨어 있는데, 시세보다 비싸게 사서, 시세보다 싸게 팔 수도 있다. 공산품이야 바코드에 찍힌 가격대로 사고팔면 되지만, 땅은 내가 어떻게 흥정하느냐에 따라 가격이 달라지는 속성이 있다.

흥정 실력을 떠나 그렇다면 땅을 언제 사야 하는가? 부동산 경기가 좋을 때일까, 나쁠 때일까? 투자자들이 항상 혼란스러워 하는 대목이다. 하지만 현장에서 목격한 바로는 언제나 부동산 경기가 좋을 때 땅을 사려는 사람들이 많다. 경기가 좋지 않으면 그 많던 땅을 사려는 사람들도 어느새 종적이 묘연해진다.

결국 토지도 앞서 언급한 투자 타이밍과 다를 바가 없다. 가장 좋은 토지 매입 시기는 부동산 경기가 나빠져 더 이상 더 떨어질 것이 없다고 생각될 때이다. 사려는 사람들이 자취를 감춘 한적한 시기에 땅을 사야 한다. 사람들이 땅 투자의 매력이 '형편없다'고 느껴야만 비로소 살 타이밍이라는 것이다.

반대로 토지를 매도하는 타이밍은 언제인가? 정답은 이미 당신이 알고 있는 그대로다. 부동산 건설경기가 호황기일 때 매도하는 것이 가장 효과적인 투자 전략이다. 건설경기가 호황기라는 것은 건축을 많이 한다는 얘기인데, 이는 곧 토지 매입이 활발히 이루어지는 시기라는 의미다. 수요공급의 법칙에 따라 매수가 활발해지면 가격은 자연히 오르게 되어 있다. 사고자 하는 사람의 '매수심리'가 극에 달해 있는 상태다. 따라서 파는 사람은 갑의 입장에서 살 사람을 고를 수 있다. 얼마든지 가격 흥정이 쉬워진다는 의미가 아니겠는가.

참고로 토지에 투자하기 전에는 맹지(도로가 없는 토지), 임야(숲, 습지, 황무지), 전(곡물, 작물을 재배하는 토지), 답(식물을 재배하는 토지) 또는 대지(집을 건축할 수 있는 토지)인지 지목을 확인하고 매입해야 한다.

토지 투자는 지금까지 얘기했던 부동산 투자와는 다르게 매입한 후 많은 시간을 기다려야 한다. 부동산 자체의 속성이기도 하지만 토지는 그 특성이 더욱 강하다. 일례로 수십 년 전에 공부 잘하는 자식이 대학에 붙어 신이 난 부모는 자식의 등록금을 마련하느라 논밭을 팔아 돈을 마련했다. 반대로 대학을 가지 못해 부모의 농사를 도왔던 자식은 땅을 팔 일도 없었고 딱히 할 일도 없어 시골에 남아 농사를 지었다. 그런데 수십 년이 흘러 농사를 짓던 땅에 아파트가 들어서면서 일약 땅 부자가 되었다.

인생사 새옹지마라고 했던가. 학창시절 공부를 잘하던 친구들은 서울로 유학을 가서 대기업에 들어가 안정된 직장생활을 한다. 반면 공부를 못하던 친구들은 시골에 그대로 남아 힘든 농사일을 한다. 얼굴을 새까맣게 태워가면서.

30년 후 동창회에서 만난 친구들의 모습은 어떻게 변해 있을까? 대기업에 들어간 친구는 좁디좁은 승진의 문을 통과하기 위해 여전히 주말이면 도서관에 가야 한다. 또한 계속되는 물가 상승으로 점심값도 올라 7천 원도 부담이다. 아파트를 사느라 은행에서 대출받은 원리금을 아직도 갚아야 하고, 아이들 교육비 등 가정경제가 흑자로 돌아선 기억이 없다. 언제나 허리띠를 졸라매지만 언제쯤이나 쓸 돈을 다 쓰고도 돈이 남는 인생이 될지 기약이 없다. 물론 노후는 준비를 생각할 겨를도 없다.

반면 시골에 남아 있던 친구는 평생 재테크라는 것도 모르고 땅만 일구며 살아왔는데, 어느 날 땅이 인근 신도시로 수용이 되면서 대박을 맞았다. 논밭을 모두 비싼 값에 처분하고 지금은 농장을 운영하며 여유로운 삶을 만끽하고 있다. 차는 외제차에, 농장 일은 직원들이 척척 해낸다. 은퇴는 걱정할 일도 아니며, 동창회를 하면 한턱내는 일은 항상 이 친구의 몫이다.

물론 이런 극적인 이야기는 상징적인 비유지만 전혀 없는 이야기를 꾸며낸 게 아니다. 사실 비일비재한 일이다. 경기도 파주, 용인, 김포지역에서는 토지 보상금이 풀려 수입차 계약률이 타 지역보다 월등히 높았다는 자동차 딜러들의 후문도 있다.

그럼 토지로 재테크에 성공하고 싶으면 아무 토지나 사놓고 오래도록 묵히고 있으면 되는 것일까? 물론 절대로 그렇지 않다. 사회 문제로 이슈가 됐으며, 개그 프로에 소재가 됐을 만큼 기획부동산들의 토지 매매의 함정은 특히 조심해야 된다. 기획부동산은 전망이 좋은 토지를 만 평에서 수 만평을 헐값에 사들여 백 평씩 분할하여, "이 지역에 신도시나 공단이 들어 설 것이고 곧 개발될 것이다"고 거짓 정보를 흘려 순진한 사람들에게 열 배 이상의 가격으로 부풀려 되판다. 대부분 한 번 정도쯤은 "좋은 땅이 있으니 땅을 사라"는 기획부동산의 전화를 받아 본 적이 있을 것이다.

땅을 사라고 전화를 걸었던 텔레마케터 대부분은 40대에서 60대 여성들이다. 토지에 대해 잘 모르는 이들은 기본급 100만원+@의 임금을 받아 경제적으로 가정에 보탬이 되고자 판매전선에 나섰던 것이다. 결론만 얘기하면 땅을 사라고 전화했던 사람들도 기획부동산 임원들로부터 철저하게 그 땅이 곧 개발될 것이라는 거짓을 진실인 것처럼 세뇌를 당한 상태였다는 사실이다.

기획부동산 피해자 중에는 무작위 전화로 피해를 본 당사자도 있지만, '좋은 땅이 있다'며 주변 지인들에게 권하거나 되파는 바람에 2차, 3차 피해까지 발생하였다. 또는 땅을 판매했던 사람들이 직접 자신이 그 땅을 구매해 낭패를 본 경우도 많았다.

물론 기획부동산 간부들의 말은 모두 거짓이었다. 상식적으로 곧 개발이 되면 엄청난 수익을 거둘 수 있는데 그 땅을 팔 사람이 어디 있겠는가? 땅뿐만 아니라 세상 모든 이치가 다 그렇다.

이처럼 토지 투자에 있어서는 건물도 없고 상권도 없기 때문에 각별히 유의해야 한다. 토지가격, 토지지목을 잘 살펴봐야 하고, 맹지인지 아닌지 그리고 인접 도로와 얼마나 떨어져 있는지 점검해야 할 목록들이 수십 가지나 된다. 그런데도 항상 변수가 생긴다는 사실을 염두에 두고 토지 투자에 접근해야 된다.

토지는 내가 매입하려고 할 때는 항상 비싸고, 매도하려고 할 때는 싸다. 토지를 사거나 팔려는 마음이 들 때 항상 시세와 반대라는 의미다. 또 토지를 사려는 수요자가 아파트나 오피스텔처럼 많지가 않기 때문에 가격을 낮춰서라도 팔아야 하는 경우가 생긴다. 그래도 토지 가격에도 시세가 있으니 매매할 때 꼭 참고하길 바란다.

 투자의 신, 허준열의 눈

토지 투자에 성공하려면 첫째도, 둘째도 토지를 싸게 매입해야 한다. 건설경기가 최악의 상황으로 치달을 때가 바로 그 타이밍이다.

흐름을 알면
돈이 보이기 시작한다

22

부동산을 사랑하면,
돈 되는 부동산이 보인다

갤러리에 방문하여 피카소의 게르니카 명화를 본다고 가정해 보자. 만약 이 그림의 배경을 모른 채 감상을 한다면 그 그림은 단지 선과 면이 만나는 그저 그런 추상화에 지나지 않게 느껴질 것이 분명하다.

그러나 이 그림이 스페인이 파시즘체제인 프랑크 독재정권 시절에 중앙정부에 의해서 저질러진 소수민족 바스크 분리 독립 세력을 무참하게 공격하는 과정을 재연한 그림이라는 사실을 안다면, 무심코 지나쳤던 그림의 선 하나하나가 새로운 의미로 다가올 것이다.

부동산 투자도 마찬가지다. 투자정보를 한 귀로 흘려듣고 주마간산 식으로 보면 그게 그것 같고 어느 것이 경제성이 있는지 알 수 없다. 그러나 그 지역에 직접 가서 해당 물건을 살피며 샅샅이 조사하다 보면 보이지 않던 것이 눈에 들어오고, 남들이 보지 못하는 정보를 얻을 수 있게 된다. 이를 '임장' 이라는 말로 표현하는데, 투자에서 생각보다 그 가치는 높다고 할 수 있다. 비전문가와 전문가는 같은 물건을 보더라도 그 가치를 바라보는 눈에서 큰 차이를 보인다. 이러한 눈은 어느 날 갑자기 생기는 것이 아니라 노력한 만큼의 결실로 다가오는 것이다.

서울에서 청년들이 가장 많이 집단으로 거주하는 지역들을 걷다 보면, 인구절벽 현상이 뚜렷하게 나타나고 있다는 대한민국에서 지역 간 인구의 비대칭성이 우리나라 부동산 시장에 얼마나 큰 영향을 미치고 있는지를 몸소 체험할 수 있다. 가보지 않고는 그 분위기를 제대로 알 수 없다. 이를 모르고 부동산 시장을 대하는 것과 인구변화와 내수경기 침체가 계속되고 있는 이 시대에 실제 현장에서는 어떤 변화가 일어나고 있는지 알고 투자하는 것에는 많은 차이가 날 수밖에 없다. 선무당이 사람 잡는다고, 현장 한 번 가보지 않고 서민경기가 좋지 않고 부동산은 그 시세가 다했다고 믿으며 시장을 재단하는 사람들이 참 많다. 지금이 부동산을 떠날 때인지 아니면 기다리면서 일생일대의 기회를 잡아야 할 때인지 책상에 앉아서는 결코 알 수 없는 것이다.

그렇다. 투자는 관심이다. 내가 투자할 물건을 지독하게 사랑하다 보면 그동안 보이지 않던 곳까지 볼 수가 있다. 우리가 단순히 부동산 투자를 한다 해도 매일매일 경제신문을 읽고, 주식, 금융 시장의 변화를 전반적으로 체크하는 이유는 무엇인가. 부동산 투자를 좀 더 잘하기 위해서다. 조선 후기 학자 정암 선생의 문집에 나오는 글처럼 '무엇이든 간에 사랑하면 알게 되고, 알게 되면 그 대상이 이전보다 더 잘 보인다.' 투자 역시 그런 것이다.

관심은 좋은 것이고 꼭 필요하지만 욕심이 실린 관심은 금물이다. 인간이란 우주가 지어준 세트장에서 잠시 머물다가 언젠가는 그 자리를 비워줘야 하는 존재다. 부동산 투자가 아무리 중요하다고 해도 인생의 전부라는 생각이 드는 순간 탐욕에 사로잡혀 절제력을 잃고 만다. 과도한 욕심은 언제나 화를 부르는 법이다. 지금도 과도한 빚을 내서 투자를 계획하는 사람들이 많다.

부동산 투자에서는 단 한 번의 실패로 인생 전체가 망가질 수도 있다. 따라서 항상 자신을 성찰하고 좋은 인간관계를 유지하기 위해 노력해야 한다. 투자 과정에서 만나는 모든 이해관계자들에게 일기일회의 마음으로 정성을 다하라. 투자 결심은 혼자 하는 것이지만 결심 과정에 이르기까지는 여러 사람이 함께하는 것이다.

부동산에 투자하는 사람들의 태도가 예전과 변함없는 이유는, 예나 지금이나 시장의 흐름에는 큰 관심이 없고, 아무리 알려줘도 들으려고 하지 않기 때문이다. 부동산 투자에서 진화된 인간의 모습이라는 것은 어떤 것일까. 부동산 시장을 둘러싸고 있는 외부환경을 부정적이든 긍정적이든 간에 있는 그대로 받아들이고, 앞으로의 투자방향을 데이터 중심으로 과학화하는 것이다. 그리고 부동산과 금융이 흡사 물고기와 물의 관계처럼 하나의 고리로 이어져 있다는 사실을 잊지 않는 것이다.

　부동산 투자에 올인하는 사람과 대화를 나눠보면 상당수가 자신의 신념에 사로잡혀 자신의 의견만 피력하고 남의 의견은 무시하는 경향을 보인다. 부동산 투자로 돈을 버는 것도 중요하지만, 그 이전에 투자를 객관화하여 실패를 방지하는 것이 우선이다. 실패하지 않으면 결국 성공은 따라오게 되어 있다.

　'나는 부동산에 해박한 지식을 갖고 있기 때문에 금융지식은 필요하지 않다' 는 식의 논리는 자신을 좁은 우물에 가두는 꼴이다. 좁은 우물에 갇혀 자그만 구멍을 통해 보이는 하늘과 몇몇 나뭇가지만 보며 세상을 판단할 것인가. 투자라는 것은 나무만 보는 것이 아니라 경제라는 큰 틀, 즉 숲을 봐야 한다.

　부동산이라는 나무가 얼마나 잘 자랄 것인지를 판단하려면 그 주변을 구성하고 있는 숲을 보아야 한다. 공기와 물과 햇볕이 잘 공급되는 환경인지 알아야 한다. 나무 하나만 보고는 미래의 크기를 제대로 짐작할 수 없다. 금리가 상승하는데, 과연 부동산 시장이 자체적인 힘만으로 오를 수 있을까? 호재가 있다고 하여 경제여건과 상관없이 나홀로 상승이 가능할까? 이렇게 따져봐야 한다.

모든 투자상품은 서로 연결되어 있다. 요즘처럼 글로벌화가 급속히 진행되는 시기에는 더더욱 그렇다. 상품의 상대성이 있을 뿐 그 어떤 대상에도 절대적 가치를 부여할 수 없다. 그래서 "무조건", "반드시"라는 말을 함부로 해서는 안 된다.

투자상품에 경계를 나누어서는 안 된다. 부동산은 소액으로 투자하기가 어렵다. 따라서 목돈을 모을 때까지는 전술적으로 금융을 활용해야 한다. 부동산을 팔고 다음 부동산을 사기까지도 간극이 존재한다. 이 시간을 잘 보내려면 금융투자에 결정적인 영향을 미치는 기준금리 동향을 월초마다 체크하고, 실시간으로 변하는 증권시장 내에서의 시장금리 동향에 관심을 가져야 한다.

부동산 투자를 잘하기 위해서라도 경제흐름에 관심을 갖고 공부하라고 말하고 싶다. 부동산이라는 것도 거시경제에 종속되어 가격이 움직이는 상품이다. 부동산 시장에서 크게 변동될 정도의 변화는 대부분 경제흐름의 변화에서 오는 것임을 잊지 말기 바란다.

 투자의 신, 허준열의 눈

투자는 관심이다. 무엇이든 간에 사랑하면 알게 되고, 알게 되면 그 대상이 이전보다 더 잘 보인다.

23

인구절벽 시대의
대한민국 부동산

우리나라의 인구구조에 큰 변화가 감지되고 있다. 초고령 사회로 진입이 가시화되면서 호리병 모양의 인구구조가 항아리 모양으로 진행되는 중이다.

투자자의 입장에서 적극적인 매수 세력의 약화는 간과할 수 없는 악재다. 2018년은 우리나라가 인구절벽 시대로 진입하는 첫 해가 된다. 유아 출생률은 20년 전의 딱 절반 수준으로 줄어들었다.

이제 우리 경제는 인구절벽이라는 보이지 않는 적과의 싸움이 본격적으로 시작되었다. 인구절벽 현상은 청년 생산인구의 감소, 고령화 사회로의 진입, 성장 동력의 상실 등 내수경기의 침체를 전제로 한다는 점에서 경제흐름과 밀접한 관계를 갖는 부동산에 악영향을 미칠 수밖에 없다.

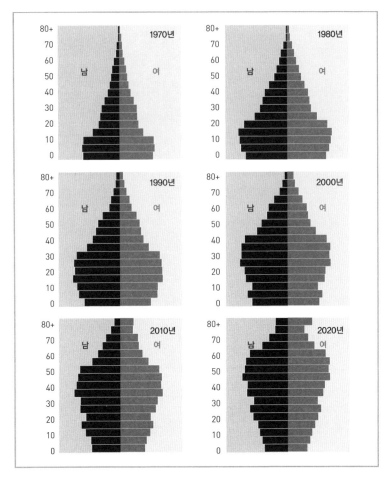

출처: 통계청

일본의 소위 '잃어버린 20년'도 근본 원인은 인구절벽에 의한 것이었다. 이 기간 동안 일본은 경기불황의 길고긴 터널을 견뎌야 했다.

이처럼 인구감소 현상이 내수경제에 미치는 영향이 엄청난 것인데도 불구하고 현실적으로 인구절벽을 해결하려는 획기적인 정부 정책은 전무하다. 이 사안의 중요성에 비해 언론의 보도도 미약한 수준이다. 언론의 광고 수주와 이해관계에 있는 건설회사의 눈치를 보기 때문인지 모르겠다.

우리의 경제 시스템은 흡사 악어와 악어새처럼 서로 공생의 관계를 형성하고 있는 집단이 많다. 언론과 금융, 건설회사의 관계가 우선 그러하다. 이를 가리켜 노엄 촘스키는 "그들은 공생의 관계에 있으며 그들에 의해 조작되는 정보로 개인은 피해를 볼 수밖에 없다"고 말했다.

애널리스트들이 작성하고 발표하는 증권사 정보지를 보라. 장이 급락하고 있는 마당에도 그들은 주가가 오를 것이라는 대담한 리포트를 내놓는다. 그들의 수익이 개인투자자보다는 그들이 분석하는 기업과의 공생관계에서 나오기 때문이다. 그래서 증권사 정보지의 내용 중 틀린 전망보고서를 내놓는 비율이 80%에 이르는 것이다. 그래서 리포트의 이면을 분석하는 능력 없이는 항상 시장의 꽁무니를 따라다닐 수밖에 없다.

한국경제는 해방 이후 60년간 성장만 해왔다. 그러나 이제 인구절벽으로 그 흐름이 지속되기는 어려운 상황이다. 이제 우리는 이 세대가 한 번도 경험하지 못한, 알 수 없는 안개 속을 통과해야 한다.

인구절벽으로 인한 일본의 잃어버린 20년의 결과는 매우 심각한 것이었다. 인구증가, 경제성장으로 급격하게 지어진 신도시의 상당수가 유령도시처럼 변했다. 대규모 단지들의 거주인구가 크게 줄어들면서 아파트 관리비마저 내지 못하는 가구가 증가했고 엘리베이터마저 가동이 중단되는 곳도 있었다. 또한 일자리를 찾아 젊은 층은 대도시로 나가고 단지에는 노인들만 덩그러니 남아 요양원을 방불케 하는 곳도 등장했다. 또한 일본이 자랑하던 1억명 중산층의 시대가 마감되고, 중산층의 상당수가 빈곤층으로 전락하면서 사회의 안전망마저 흔들리는 결과를 초래하였다. 극우인 아베정권이 소위 '아베노믹스'로 표현되는 국가 주도형경제로 전환하면서 서서히 일본경제가 기지개를 펴는 모습을 보이고는 있지만 이것이 연속성을 가질 것인지 일시적 흐름으로 끝날 것인지는 장담할 수 없는 상황이다.

우리나라는 어떤가? 중소도시의 인구는 매년 감소하고 있다. 인구절벽에 인구의 비대칭성 현상까지 겹쳐 부동산 시장의 양극화는 깊어만 가고 있다. 현재 우리나라의 아파트는 인구절벽 현상에 비추어봐서 고평가 되어 있는 것이 사실이다. 오랜 저금리 정책으로 인해 버블이 잔뜩 끼어 있는 것도 사실이다. 버블이 꺼진다면 불황은 지속될 것이며 한국경제의 뇌관으로까지 지목되는 가계부채 문제가 일시에 터진다면, 과도하게 빚을 내서 집을 산 사람들부터 파산의 도미노가 시작될 가능성이 점차 높아지고 있다.

인구절벽 현상의 이면인 '인구의 비대칭성'을 주목하라

현재 대한민국은 인구절벽 현상에도 불구하고 인구의 지역 간 비대칭성이 진행 중이다. 지방은 점차 비어 가는데 서울과 수도권은 오히려 젊은 층으로 북적거린다. 이러니 부동산은 이제 끝났다고 하는 순간에도 수익성 부동산으로 돈이 몰리고 있는 것이다. 하지만 문제는 이러한 비대칭성이 일시적인 현상이 아니라는 데 있다. 오히려 수도권과 비수도권 간의 양극화 현상은 도를 넘을 정도로 확대될 것으로 보인다. 대한민국의 미래를 걱정하는 마음이야 누구나 똑같지만, 투자자의 입장에서는 이 현상을 어떻게 기회로 활용할 것인지 고민하지 않을 수 없다.

사실 인구의 수도권 집중현상은 최근 갑자기 발생한 현상이 아니다. 대한민국이 해결해야 할 오래된 숙제 가운데 하나다. 과거 노무현정부는 국토의 균형개발을 위해 전국 곳곳에 혁신도시, 기업도시를 건설하고 서울에 몰려 있는 공공기관을 지방으로 분산시키는 정책을 썼다. 하지만 부동산 시장의 수도권 집중현상은 변하지 않고 있다. 현재 서울인구 1,000만 명, 경기도 1,300만 명, 인천시 300만 명 등 전체 인구의 절반 이상이 수도권에 살고 있는 실정이다. 경기도 5대 도시 중 비교적 최근에 건설된 고양시와 용인시의 인구는 빠르게 늘어나 이미 100만 인구시대를 열었다.

수도권에 인구가 증가한다는 말은 곧 그들이 거주할 공간이 필요하다는 의미이고, 이는 수도권 부동산 시장에 긍정적 영향을 미칠 수밖에 없다.

인구의 수도권 집중 현상 못지않게 눈여겨봐야 할 대목은 1,2인 가구의 증가 속도다. 우리나라 독신가구는 4가구당 1가구일 정도로 급증하고 있다. 선진국의 독신가구 비율 40%와 비교한다면 아직 갈 길이 멀지만 그 속도는 매우 빠르게 진행될 것이다. 부동산 시장에서 임대주택 시장을 긍정적으로 평가하는 이유는, 인구절벽과 상관없이 독신가구는 증가한다는 사실에 기초한다. 앞으로 금리가 오르겠지만 과거처럼 크게 오르지는 않을 것이다. 반드시 자신이 감당할 수 있는 범위 내에서 은행자금을 활용한다면 큰 문제로 이어지지는 않을 것이다.

 투자의 신, 허준열의 눈

인구절벽 현상에도 불구하고 인구의 지역 간 비대칭성이 진행 중이다. 지방은 점차 비어 가는데 서울과 수도권은 오히려 젊은 층으로 북적거린다. 인구의 수도권 집중 현상 못지않게 눈여겨봐야 할 대목은 1,2인 가구의 증가 속도다. 투자자라면 위기 속에 어떤 기회가 있는지 찾을 수 있어야 한다.

은퇴자의 노후 생활비 마련, 월급쟁이들의 가처분소득의 확장이라는 측면에서도 투자자는 가성비가 높은 부동산에 더 많은 관심을 가져야 한다.

24

소형 아파트의 약진,
대형 아파트는 관망

최근 들어 투자자들에게 가장 자주 듣는 질문 중 하나는 "과연 소형 아파트의 공급량이 크게 늘어나는 상황에서 여전히 유력한 부동산인가?"이다. 나는 이 질문에 명확한 답을 주고 싶다. 앞으로도 아파트 시장은 소형 아파트 공급량이 크게 늘고 대형 아파트의 공급량은 축소될 것이며, 소형 아파트의 약진은 일부 시기에 가격 조정은 받을 수 있어도 미분양이 발생하기 전까지는 계속 이어질 것이다. 다만 소형 아파트의 판세도 지역 간 그 차이가 더 벌어질 것임을 감안할 때 대규모 아파트 투자지역으로 선택해야 한다고 말이다.

사람들은 아파트 시장에서 소형 아파트의 경제성을 인정하면서도, 2019년부터 본격화 될 소형 아파트의 과도한 입주 물량으로 인해 소형 아파트의 인기가 과거만 못할 것이라고 한다. 분명 일리 있는 말이다. 그럼에도 불구하고 나는 앞으로도 소형 아파트가 아파트 시장을 주도할 것이라고 생각한다. 소형 아파트가 단지 지나친 입주물량으로 인하여 경제성 부분이 약화될 것이라는 논리는 부동산 시장의 변화를 깊게 인식하고 있지 못하기 때문이다. 이러한 논리보다는 앞으로 소형 아파트도 지역에 따라 실제 가치 이상으로 고평가되어 있는 지역과 여전히 경제성이 담보되어 있는 지역을 차등화하여 지켜보는 것이 아파트 시장을 바로 보는 시각이라고 하겠다.

소형 아파트의 몰락을 예견하기 전에 우리가 우선적으로 생각할 부분은 대형 아파트가 정말 이대로 몰락할 것인가의 문제다. 근래 들어 소형 아파트는 전성기를 구가하는 반면 상대적으로 대형 아파트의 몰락현상은 계속되고 있다. 오죽하면 대형 아파트를 가리켜서 고정비 덩어리에 불과하다고 비하하는 말까지 생겼겠는가. 나는 이 말이 70%는 맞고 30%는 틀리다는 생각을 가지고 있다.

아파트의 가격이라는 것은 금리, 유동성, 공급물량에 절대적인 영향을 받는다. 이 중에서 부동산 시장에서 직간접적으로 가장 영향을 많이 받는 요인은 공급량이 될 것이다. 현재의 상황에서는 대형 아파트가 홀대를 받고 있는 것이 분명한 사실이지만, 건설사가 대형 아파트 공급을 절대적으로 줄이고 있는 상황이 지속된다면 대형 아파트가 재평가될 소지도 있을 것이다. 이는 절대적으로 공급 측면에서 시장을 판단하는 것으로 다른 외부 요인, 즉 급격하게 진행되고 있는 전통적인 가족의 해체와 1, 2인가구의 급증, 잠재수요층의 소득 감소 등의 중요한 사회적 현상에 비추어 볼 때, 소형 아파트가 득세하는 것은 시대적 흐름과도 부합한다고 할 수 있다.

이러한 측면을 감안해 아파트 시장을 평가한다면 공급량이 줄어든다 해도 대형 아파트의 가격이 전 고점을 회복할 가능성은 희박해 보인다. 외부적 요인에 관계없이 대형 아파트의 가격이 오를 가능성이 있는 지역도 제한되어 있는 것이 현실이다. 소위 한강개발의 핵심구역으로 평가받는 용산, 이촌, 한남, 성수지구. 강남권에서 새로 개발된 내곡 지구, 수서역세권 개발호재의 수혜지역으로 떠오르고 있는 자곡, 세곡, 위례신도시. 준 강남권으로 평가받고 있는 하남미사, 판교, 과천시를 제외하면 대형 아파트의 가격이 오를 가능성이 큰 지역은 전국적으로 몇 곳이 되지 않는다.

대형 아파트와 소형 아파트의 가격 역전현상이 가시화되기 시작한 시점은 부동산 버블이 꺼지고 금융위기가 시작되던 때부터다. 이 현상은 고착화되는 것으로 보이며 그래서 이 현상을 가리켜 사람들은 패러다임이라고 표현한다. 패러다임이란 한마디로 정의하면 무엇을 뜻하는가. 변하지 않으면 도태된다는 의미다.

물론 시장의 변덕은 누구도 예상할 수 없는 것이다. 특정 상품이 대세 상승기에 진입하면 사람들의 생각이라는 것은 한쪽으로만 쏠리기 마련이다. 다른 경우의 수는 무시해 버린다.

2000대 초반에서 중반까지 대형 아파트가 시장을 주도하던 시기에 시장의 주류를 형성하던 논리는 무엇이었는가. 그 당시의 논리로 아파트의 대다수를 차지하는 구형 아파트는 70년대 초반 정부정책에 의해서 국민주택 규모로 지어진 것으로 개인소득의 증가, 1인 주거면적의 확대, 쾌적한 주거환경에서 살고 싶어 하는 인간의 기본적인 욕구를 반영하지 못하고 있다. 반면 신축 아파트의 탁 트인 4베이 구조는 개인의 삶의 질을 높인다는 측면에서 앞으로 대형 아파트가 시장을 주도할 것이라고 하였다. 이 말이 당시에는 아파트 시장을 지배하는 논리로 작용해 누구나, 아무런 생각 없이 대세적 흐름에 편승해 수도권 변방의 나 홀로 아파트단지까지 투자자가 몰려들었던 것이다.

현재 이곳들의 실정이 어떠한가는 모두들 알 것이다. 아마도 이 시기에 대형 아파트 단지에 묻지마 식 투자를 한 사람의 상당수는 지금도 고통의 나날을 보낼 것이 분명하다. 대표적으로 단기간에 대형 아파트의 공급량이 최대치를 기록했던 용인시를 제외하고도 이 시기에 개발된 일산의 덕이, 식사, 파주 운정, 금촌 신도시, 남양주의 호평, 평내, 덕소지구 등은 아직까지도 대형 아파트의 무덤으로까지 평가받고 있다.

이제 대형 아파트는 시장 전체를 한 묶음으로 해서, 지역적 고려 없이 대형 아파트 시장 전체를 예상하는 것은 의미가 없다. 부동산 시장의 변화와 무관하게 앞으로 대형 아파트가 통할 곳이 있고 그렇지 않은 곳이 있으니 실수요자나 투자자는 이를 구별해 투자전략을 세우는 것이 필요하다.

부동산이 서울에 있다는 사실만으로 호재가 되는 세상에서 서울 25개 구 중에서 서초구만 간신히 대형 아파트가 전 고점을 넘겼으며 소위 강남 3구로 불리는 강남구, 송파구도 대형 아파트의 가격은 여전이 전 고점을 밑돌고 있다. 이것이 현재 대형 아파트의 현실이다.

앞으로 수도권 대형 아파트의 관전 포인트는 1기 신도시 전체에서 본격적으로 시작될 고층의 대형 아파트 재건축이 어느 방향에서 다뤄질 것인가 하는 문제다. 수도권 거의 전 지역에서 아파트 투

 투자의 신, 허준열의 눈

공급 측면에서 소형아파트의 공급량은 늘고 대형아파트의 공급량은 줄어들 것이다. 그리고 소형아파트의 약진은 당분간 지속될 가능성이 높다. 하지만 대형아파트의 공급과 인기가 시들해지면서 오히려 재평가가 될 수도 있으니, 지역별로 차등화 해서 시장을 관찰해야 할 것이다.

자를 계획하고 있는 사람들은 이미 현실화된 팩트를 중심으로 시장의 변수상황을 하나 둘 더해가면서 최종적인 투자계획을 세워야 한다.

투자결정이 어려운 이유는, 투자는 결국 자신의 책임 하에 하는 것이기 때문이며 피 같은 돈의 문제이기 때문이다. 투자의 결과는 누구도 책임져 주지 않는다. 투자자 본인이 결정해야 한다. 그래서 투자는 쉽지 않은 것이다.

25

미국의 양적완화 축소,
금리 인상으로 이어질 것인가

미국의 통화정책이 양적완화 축소에 무게를 두고 있기 때문에 금리 인상은 피해 갈 수 없는 사실로 보인다. 세계 금융시장에서 금리 동조화 현상이 뚜렷해진 상황에서 우리나라만 그 대열에서 이탈할 수도 없는 문제다. 다만 그 시기와 인상폭을 두고 국내에서도 통화당국의 고민이 깊어지고 있는 형국이다. 이미 한 차례 기준금리를 인상했고, 향후 금리 역전현상을 막기 위해서라도 추가적인 인상 시나리오가 현실이 될 것이다.

현재 우리나라의 가계부채는 1,400조원으로 추정되고 있다. 만약 집을 장만하기 위해 3억 원의 빚을 낸 사람은 금리가 1%만 올라도 1년에 내야 하는 이자 부담금액이 300만 원으로 늘어난다. 개인의 소득이 정체되어 있는 상황이라면 여간 부담이 되지 않을 수 없다. 가계부채 전체로 봤을 때는 연간 14조 원이라는 새롭게 추가된 부담이 서민경제를 짓누를 것이다. 이는 그렇지 않아도 무거운 짐을 지고 있어 속도가 느려진 사람에게 더 많은 짐을 지우는 형국이다. 더 이상 버티지 못하고 길바닥에 주저앉아 버리는 사람들이 속출하지 않을까 하는 우려가 있다.

미국의 양적완화 축소로 미국의 재정정책 방향의 기조가 완전히 바뀌었다. 이러한 정책은 한번 방향이 정해지면 한동안 지속되는 측면이 있다. 오르기 시작한 금리가 갑자기 소폭 조정되었다가 다시 오르거나 하는 일은 일어나지 않는다. 한번 오르기 시작하면 그 정책의 수명이 다할 때까지 계속해서 오른다는 의미다. 물론 금리 인하도 마찬가지다.

금리가 과거처럼 급격하게 오른다고 장담할 수는 없다. 아마도 과거 같지는 않을 것이라는 게 지금의 판단이다. 하지만 앞에서의 사례에서 보듯이 금리 1%의 인상만으로도 가계가 받는 이자부담은 크게 느껴지는 것이 사실이다. 부동산이라는 것은 시장 자체의 내부적 기초여건이나 정부의 정책 이상으로 그 상위개념일 수 있는 금리, 시장의 유동성에 의해서 상대적 가치가 크게 달라진다고 생각한다.

오래 전부터 이어진 금융권의 격언 중에 "시장에서 정말로 큰 장은 저금리로 인해 상대적으로 풍부해진 시장의 자금들이 부동산, 주식으로 몰려 자산의 가격이 상승하는 금융장세"라는 말이 있다. 이렇듯 부동산 규제 완화정책과 저금리로 상대적으로 완화된 주택담보대출까지, 이 모든 요인이 부동산 가격 상승을 견인해 온 것이지 특정 조건, 하나의 팩트만으로 부동산 시장의 가격이 변동됐다고 볼 수는 없을 것이다.

어쨌든 현재의 상황이 결코 녹녹치 않은 것만은 사실이다. 서브프라임 모기지 금융위기 이후 미국에 의해서 주도되어 왔던 양적완화 정책은 정부가 직접 시장에 개입해 국채를 매입하는 방향으로 적극적으로 시장의 통화량을 인위적으로 조작하는 정책이었다.

그런데 그 큰 물줄기가 서서히 방향을 선회하고 있는 것이다. 양적완화와 저금리 운용기조라는 정책의 방향이 이제는 큰 틀에서 전환되는 양적완화 축소 정책이 현실의 얘기가 됐으며, 금리역시 국가적으로도 더 이상 방치해서는 안 되는 상황에 직면해 있다. 한국은행장, 부총리까지 나서서 금리 인상의 불가피성을 피력하는 것을 보면, 금리가 오르는 것은 이제 현실의 문제이며, 시장도 금리 인상을 기정사실로 받아들이면서 그 인상 폭을 두고 관심이 지대한 것이 현실이다. 정부의 입장에서는 실제 소득에 비해 과도하게 금융부채가 많은 소위 대출 한계가구를 염려해서 가계대출의 연착륙을 모색하고는 있지만 금리 인상의 폭 이상으로, 금리 인상이 주는 부동산 시장의 충격은 매우 클 것으로 예상된다.

지금 당장 금리가 3% 이상 오르면 어떠한 결과가 발생할까? 나는 정부의 부동산 대책이라는 것은 시장의 상황을 봐가면서 냉탕과 온탕을 오고 갈 것이기 때문에 장기적으로 봤을 때 시장에서 상수는 되지 못한다고 생각한다. 그러나 금리가 오르는 경우 대출한계가구부터 가계파산이 서서히 진행될 것이며, 개인에 따라 받는 충격파가 감당하기 어려운 수준일 수도 있다. 혹은 감당할 수준이기는 하겠으나 매우 힘들게 악전고투를 해야 할 수도 있다. 뿐만 아니라 국가경제 전체를 조율하는 정부도 여간 부담스럽지 않을 수 없는 문제다.

그나마 다행스러운 부분은 미국을 제외한 유럽, 일본 등의 주요 경제국들은 여전히 저금리 정책을 지속하고 있다는 사실이다. 따라서 금리인상 폭이 잘해야 1% 내외에서 결정될 것이라는 점에서 최악의 상황은 피할 것으로 보인다.

다만 기준금리가 인상도 되기 전에 은행의 주택담보대출 금리가 2% 이상 상승했고, 새로운 주택담보대출 제도, 즉 LTV와 DTI가 단순히 개인이 갖고 있는 은행의 주담대출을 규제하는 것이었다면, 새로 도입되는 대출규제 제도는 개인 은행 주택담보대출을 포함해 2금융권 대출, 대부업체 대출, 현금서비스, 할부금융, 카드론 등 금융권 전체의 대출을 총량제로 관리하는 총부채 상환비율 제도인 DSR이라는 점이다. 이 제도가 도입되면 담보대출을 통한 대출한도가 줄어들기 때문에 부동산 시장의 위축은 불 보듯 뻔하다. 투자자 입장에서는 금리 인상보다 무서운 것이 대출규제를 통해 유동성의 고리가 끊기는 일이다.

자본의 경계가 사라진 신자유주의 시대에는 금리 동조화현상의 특징으로 주요 선진국들이 자국경제의 활성화를 위해 자국통화의 가치를 낮추고 저금리 정책을 고수한다. 무엇이든 지나치면 독이 되듯이, 선진국의 지나친 양적완화 정책은 인플레이션을 불러오고 불공정무역에 대한 비난의 목소리가 커지면서 한쪽에서는 양적완화 축소에 대한 여론이 비등하고 있다. 그럼에도 불구하고 아직까지 큰 틀에서의 방향성은 변하지 않고 있다.

세계적으로 저금리 기조가 크게 흔들리지 않고 있는 상황에서 금리가 크게 오를 것이라고 걱정할 필요는 없다. 그러나 기준금리 인상폭이 적더라도 정부의 주택담보대출 규제는 강화되고 있고, 이것이 부동산 투자의 큰 물줄기를 바꿔 놓을 수 있기 때문에 향후 추이를 면밀히 점검해야 한다.

금리인상에 대한 SWOT 분석

S(strength)

금리 인상은 양면성이 있다. 투자자의 입장에서는 금리 인상으로 당장 은행권의 예금, 채권금리가 오르니 나쁠 것이 없다. 운용자 산의 상당 부분을 채권으로 운용하는 국민연금, 민간금융회사의 연금 상품은 금리인상으로 운용 수익률이 증가할 것이다. 운용수익률이 증가한다는 것은 연금 지급액이 늘어나는 것을 의미한다. 그러나 대출과다 채무자는 금리 인상으로 대출이자가 늘어드니 부담이 되지 않을 수가 없다. 현재 우리나라의 가계부채 총액은 1,400조원에 이르고 있다. 금리가 1%만 올라도 이자 총액은 14조 원이 늘어난다. 문제는 기준금리 인상 속도에 비해서 대출이자의 상승 속도가 빠르다는 점이다. 과도한 빚이 있는 투자자는 이제 빚을 통제하고 조정해야 한다.

W(weakness)

금리 인상은 우리 제조업의 국가 경쟁력을 약화시켜 수출 감소를 불러온다. 기업이 제조하는 상품은 생산요소에 국가의 환율, 금리 정책 등의 간접 생산요소가 더해져 세계경쟁력이 정해진다. 세상은 이미 글로벌화 되었고, 외풍이 국내경제를 좌우하는 시대다. 여기에 부동산도 예외는 아니다. 이명박정부 시절, 정부가 대기업에 대한 법인세 감면 혜택, 고환율제도를 유지함으로써 삼성 같은 대기업은 그들이 만든 제품의 30% 이상 가격 우위 요소를 확보했다. 국내 제조업이 죽을 쓰고 있는 마당에 대기업이 매년 사상 최고의 영업이익을 달성하고 있는 것은 이 같은 정책에 힘입은 바

크다. 금융위기 이후 선진국들이 앞 다투어 시장의 국채를 직접 매입하여 통화량을 늘리는 양적완화 정책을 쓰는 이유도 이렇게 해서 낮아진 금리와 고환율로 자국의 경제를 살리기 위해서다.

O(opportunity)

금리인상은 이미 시작되었다. 그 첫 단추가 이미 채워졌고, 다음 단추를 언제 끼울 것인가 그리고 몇 개의 단추까지 끼울지도 시장의 관심사다. 그렇다고 겁먹을 필요는 없다. 여전히 선진국들의 양적완화 정책기조는 변한 것이 없고, 금리 인상폭도 미약할 것이기 때문이다. 시장이 겁을 먹고 투매에 나설 때가 오히려 투자의 기회다. 우량 물건을 싼 값에 살 수 있는 기회가 되기 때문이다. 금융위기 당시 시장의 모든 사람들이 우량자산마저 투매에 나섰다. 그러니 이 시기에 집단동조화의 최면에 걸리지 않고 그들과 반대의 포지션에서 투자한 사람들은 우량물건을 헐값에 주워 담아 인생에서 한번 올까 말까한 투자수익을 올렸다. 그래서 금융위기가 오면 부의 재편이 시작된다고 하는 것이다. 부자들은 항상 위기라고 불리는 경제의 변곡점에서 탄생한다는 사실을 기억하기 바란다.

T(threat)

금리 인상은 부동산 투자를 하는 사람에게는 분명히 악재다. 그러나 금리 인상보다 더 큰 악재는 정부의 강화된 부동산 대출 규제 정책으로 대출을 통한 투자의 유동성 고리가 끊긴다는 데서 문제가 발생한다. 그리고 대출금리가 기준금리 인상 속도보다 빠르다는 점을 주목할 필요가 있다. 따라서 과도하게 빚을 내어 투자한 사람들은 더 이상 욕심 부리지 말고 갖고 있는 자산의 구조조정이 필요한 시점이다.

26

다시 그려지는 수도권 교통지도, 어떻게 현실화 될 것인가

수도권 교통지도가 완전히 새롭게 그려지고 있다. 나는 부동산의 가격을 결정하는 여러 가지 요소들이 있지만 그중 하나가 입지라고 생각한다. 입지라는 것에는 많은 부연 설명이 필요하지만 한마디로 정리해 수도권 부동산에서의 입지라는 것은 서울 중심권으로의 이동시간, 이동거리이다. 수도권에서 신규 개발된 곳은 어디를 가나 입주 후 3~5년이 지나면 자족기능이 생긴다. 사는 데 전혀 불편함이 없다. 그런데 부동산 가격대 차이는 천차만별이다. 바로 이 가격을 결정하는 것이 서울 중심권으로의 이동거리, 이동시간이다. 이를 입지라는 말로 대신할 수 있다.

특히 입지가 수도권 아파트 가격에 미치는 영향은 가히 절대적이다. 신분당선 강남?광교신도시 간의 연장구간이 개통되면서 성복역 일대의 신규 분양된 30평대 아파트의 프리미엄이 1억 원 올랐다고 한다.

아무것도 변한 것이 없는데 단지 역이 하나 생겨 서울로의 이동시간이 편리해진 것만으로 이렇게 가격이 오른 것이다. 서울 중심권으로의 이동시간 단축은 삶의 질이 높아진다는 측면에서 돈으로만 계산될 문제는 아니다.

그런데 수도권 교통망이 일대 전환기를 맞고 있다. 우리는 교통망의 개선으로 앞으로 오를 가능성이 큰 아파트를 주목해서 봐야 한다.

좋은 아파트의 기준은 무엇인가? 주거공간으로써의 쾌적성, 자연친화적인 환경, 편의시설이 완비되고 사교육 환경까지 갖춘 곳인가? 물론 좋은 아파트의 기준에 해당된다. 하지만 투자측면에서 좋은 아파트란 지금 시세보다 잠재가치가 높아 훗날에 나에게 시세차익이라는 달콤한 열매를 안겨주는 곳이다. 이를 부정할 사람은 많지 않을 것이다.

우리에게 아파트란 여전히 거주하는 곳(living)이 아니고 사는 것(buying), 즉 투자의 대상이다. 핵심권역으로 부상하는 지역의 아파트를 남보다 일찍 선점해 월급쟁이가 10년을 일해도 벌 수 없는 돈을 단 한 번의 아파트 투자로 번 사람이 우리 주변만 해도 과거에 얼마나 많았는가? 서민들의 부자 스토리를 보면서 아파트를 있는 그대로 보기가 쉽지 않다. 없던 욕심도 생기기 마련이다.

90년대 말로 기억한다. 당시에는 한창 주상복합 아파트 붐이 일었다. 지금에는 주상복합이 동형의 아파트와 비교해 낮은 대지지분, 분양면적, 입구에서 지하주차장까지의 길고 긴 이동시간, 높은 평당 관리비, 커튼 홀 방식의 평면구조로 냉난방 시의 불편함, 높은 전기료 등의 이유로 선호도가 줄어들었지만, 그 당시에는 초고층주상복합 아파트에 대한 인기가 대단했다.

이런 분위기에서 90년대 말 분양이 된 도곡동 타워팰리스는 높은 인기에도 불구하고 막상 분양하고 보니 미분양이 속출했다. 당시 분양가가 평형에 따라 차이가 있었지만 평균 900만 원 수준이었다. 그리고 몇 년이 지난 2000년대 초 평당 분양가는 그 4배인 3,500만 원에서 4000만 원을 훌쩍 넘었다. 도대체 아파트 투자로 몇 년 만에 투자금의 몇 배의 이익을 남긴 것인가. 이런 사례는 수도 없이 많았다. 자신이 직접 투자는 하지 않았어도 이런 사례를 보다 보면 자신도 모르게 아파트는 여전히 거주하는 곳이라고 생각하기 전에 사는 것, 즉 투자의 대상이라는 생각이 들기 마련인 것이다.

앞으로 이런 사례는 과거보다는 확연히 줄어들 것이다. 그렇다고 이런 투자흐름이 멈추었다고 생각되지는 않는다. 투자세계의 미래는 누구도 확정적으로 점칠 수 없는 것이다.

투자의 관점에서 좋은 아파트로 평가하기 위해서는 역세권에서 가깝고 대지지분이 동형의 아파트보다 많은 곳, 도시의 인프라는 물론이고 생활편의시설, 학군, 교통망까지 완벽하게 갖춘 곳이다. 사람들이 투자의 대상으로 삼고 있는 아파트를 보는 안목은 누구나 같다. 다만 이 조건들을 다 갖춘 아파트를 상대적으로 싼 가격에 매입하는 것이 어려운 일이다. 이런 조건을 다 갖춘 아파트는 이미 가격이 다 반영이 되어 있기 때문에 눈 씻고 찾아봐도 매력적인 가격대가 보이지 않는다.

따라서 매력적인 아파트를 찾고 싶다면, 지금은 눈에 보이지 않지만 언젠가는 현실로 나타날 일들에 관심을 가져야 한다. 그중 수도권 아파트에서 미래가치가 상승할 곳은 새로운 길이 열려 서울 중심권으로의 이동시간, 이동거리가 크게 단축되는 지역일 것이다.

수도권에 지어진 수많은 아파트는 어느 곳을 가더라도 외형은 비슷하다. 대량으로 생산되는 공산품과 크게 다르지 않아 보인다. 아파트 건축은 하나의 종합건설회사가 정해지면 실제 공사에서는 각각 시공 단계별로 설계, 토목공사, 철근콘크리트, 전기, 설비, 보링 그라우팅 등을 전문적으로 시공하는 단종 건설사에 의해 진행된다. 건설사의 브랜드는 달라도 아파트의 구조가 비슷한 이유도 여기에 있다. 건설사의 브랜드에 따라서 프리미엄이 붙는다고는 하나 어떤 건설사가 시공하든 간에 아파트의 외형과 내부구조는 유행처럼 비슷하다.

아파트의 가격은 품질로 결정되는 구조가 아니다. 다시 말하면 수도권 아파트의 가격이라는 것은 토지 가격과 서울 중심부로의 이동거리, 이동시간 순번에 따라 가격이 결정된다. 서울 남동권의 아파트 단지들은 강남역세권을 기준으로 이동시간과 비례해 가격이 정해진다. 이상하리만치 그렇다.

수원시 영통구 이의동에 지어진 광교신도시가 한때 '천당 아래 분당'이라는 소리까지 들었던 분당 시세에 버금가는 가격을 형성한 이유는 무엇인가? 광교신도시의 자족기능과 광교산, 원천 저수지라는 산과 물이 공존하는 뛰어난 자연환경에도 있겠지만, 그 이상으로 신분당선의 개통으로 서울 강남권으로의 진입시간이 크게 단축된 결과에 의한 것이다. 최근 신분당선이 통과하는 용인시의 동천, 수지, 성복, 상현지구 등이 그동안의 침체에서 벗어나 소형 아파트를 중심으로 가격이 급등한 것도 다 신분당선 연장 덕분이다.

현재 기존의 전철망 연장을 포함해서 수도권 교통지도를 완전히 바꿔 놓을 정도의 대공사 사업인 수도권 광역교통망 사업이 본격화되면 그 파급효과는 대단히 클 것이다.

수도권 광역교통망 확장의 중심에 서 있는 GTX(Great Train Express)는 수도권 급행열차를 말한다. GTX는 수도권의 심각한 교통문제를 근본적으로 해결하겠다는 의지를 갖고 경기도가 국토교통부에 제안해 이뤄지는 사업으로 김현미 교통부장관도 이 사업을 차질 없이 진행하겠노라고 여러 차례 인터뷰를 통해 밝혔다.

GTX는 지하 40m에서 50m에 터널을 뚫어 전 구간을 직선화함으로써 기존 운행되는 전철보다 3배 이상 빠르게 움직인다. GTX가 계획대로 추진된다면 GTX 통과 지역 내의 아파트단지들의 서울 중심권으로의 이동시간은 기존에 비해 획기적으로 단축된다.

앞서 지적한 대로 부동산 시장에서 이만한 호재가 어디 있겠는가. GTX가 완공되면 GTX A노선 동탄에서 강남 삼성역까지는 기존 77분에서 19분으로, B노선 송도 국제도시에서 서울역까지는 82분에서 27분으로, C노선 의정부에서 강남 삼성역까지는 73분에서 13분으로 출퇴근 시간이 3배나 단축된다.

GTX개발이 계획대로 진행된다면 이는 수도권 전 지역에서 서울 진입시간이 크게 단축되는 효과가 있다. GTX A노선은 2018년 착공을 시작으로 2025년 완공을 목표로 3개 구간에 걸쳐서 사업이 추진 중이다.

개발호재의 가격 사이클은 발표 시점에 한 번 들썩이고, 그러다가 다시 수면 아래에 있다가 공사 완공 시점에 가서 다시 오른다.

만약 장기간의 관점에서 투자를 모색하는 실수요자라면 GTX 이외에도 수도권의 기존 전철망 연장선의 호재가 있는 4호선 연장구간의 진접지구, 5호선 연장구간인 하남선의 하남미사 신도시, 7호선 연장구간인 청라선의 청라신도시, 8호선 연장구간 별내선,

강경선 전철 구간인 판교?여주구간이 통과하는 경기 광주시, 이천시, 여주시, 김포도시철도 개통으로 재평가 받고 있는 김포 신도시를 주목해 볼 필요가 있다.

GTX와 관련해서 투자자들이 가장 많이 묻는 질문은, 과연 어느 곳이 대표적 수혜지역인가이다. 나는 신도시로써의 자족기능은 잘 완비되어 있으나 단지 서울 이동시간이 길어 제대로 평가 받지 못했던 파주 운정, 금촌신도시, 식사지구, 풍동지구, 송도신도시, 남양주의 별내지구, 평내지구, 마석지구, 송도신도시 등이 될 것으로 예상하고 있다.

GTX A노선이 시작되는 일산 킨텍스 주변의 소형 아파트는 호재가 겹쳐 저점 대비 가격이 많이 오른 상태다. 이와 비교해 식사지구, 풍동지구는 여전히 바닥을 탈출하지 못하고 있어 지역 내의 아파트 풍선효과의 수혜 지역이 될 수도 있을 것이다.

인천시 행정 중심의 서부권 이동이 확실시되고 있다. 그동안 도시의 자족기능에 비해 서울로의 이동거리가 40분 이상 소요되는 한계로 저평가되어 왔던 이 지역의 아파트들은 새로운 전기를 마련하게 될 것이다.

또 수도권 북동부 지역에서는 대표적인 교통 오지로 평가되는 남양주시의 별내, 다산, 호평, 평내, 마석 지구 등은 GTX와 7호선 연장선이 완공되면 교통지도가 완전히 새롭게 다시 쓰여질 것이다. 따라서 가격 상승의 여지가 크다고 할 수 있다.

　수도권 남부지역에서는 동탄 신도시를 주목해서 봐야 한다. 동탄 신도시는 기존의 수도권 전철 1호선이 운행되고 있고, 여기에 수서 SRT 호재와 더불어 GTX까지 완공되면 수도권 남부의 중심도시로 부각될 것이다. 동탄 신도시는 미래가 밝은 대표적인 곳이다. 현재 신규물량이 많아 가격이 조정을 받고는 있지만, 가격조정이 끝나면 신고가를 계속 다시 쓸 대표적인 지역 중 하나가 될 것이므로 눈여겨봐야 한다.

교통호재 지역에 해당된다고 해서 무조건 가격이 오르는 것은 아니다. 무조건 오른다면 투자가 얼마나 쉽겠는가. 쉽지 않기 때문에 발품을 팔아야 하고, 정보를 분석해야 한다. 따라서 교통호재 지역에 투자하고 싶다면 반드시 현장 방문을 통해서 지속적인 관심을 갖고 투자대상 물건을 모색해야만 한다.

　부동산 투자는 어느 현장을 가나 여성들이 주도한다. 거기에는 이유가 있다. 여성들은 남성과 비교해 유전적으로 감성의 지배를 더 받는다. 남성들이 머리를 이리 굴리고 저리 굴리는 동안 여성들은 투자를 결정한다. 남성의 투자가 이성적이긴 해도 순간적인 결정을 해야 하는 경우 여성이 남성보다 더 과감해진다.

　투자는 그것이 무엇이든 간에 잠재가치에 비해 가격이 저평가되었을 때 투자기회를 선점해야만 돈을 벌 수 있다. 오를 대로 오르고, 가격이 반영될 만큼 반영된 곳에서 뒷북을 치는 사람들이 투자로 돈을 벌겠는가. 조용할 때 들어가서 시끄러울 때 나와야 돈이 된다.

부동산 시장은 돈 되는 물건과 돈 안 되는 물건 간의 경계가 점점 확실시되고 있다. 일종의 패러다임 현상이라고 할 정도다. 패러다임이란 새로운 변화를 요구하는 것이다. 투자라고 다르겠는가. 수익성부동산의 패러다임이 바뀌었는데 엉뚱한 부동산만 고집한다고 해서 투자수익이 나겠는가.

부동산 시장에서 소형 아파트는 대세이고 대형 아파트는 가라앉고 있다. 그렇다면 대형 아파트는 이대로 끝나는 것일까. 쉽게 몰락을 단언하는 것은 위험한 생각이다. 소형 아파트의 공급량이 크게 늘어나고 대형 아파트의 공급이 크게 줄게 된다면 대형 아파트가 다시 상승할 여지가 생길 수 있다. 이처럼 시장은 유연하게 움직인다. 경직된 마인드로는 절대 따라잡을 수 없다.

우리가 아파트에만 신경을 집중하는 동안, 부동산 시장이 새롭게 변하는 사실을 알지 못했다. 지금도 그렇다는 것이 문제다. 부동산 투자 선수들은 말만 번지르르한 강연자나 이론가가 아니다. 그들은 항상 현장에서 시장의 모습을 지켜보기 때문에 부동산의 변화를 누구보다 정확하게 읽는다.

시장의 변화를 단정하지 않고, 남들보다 반 발이라도 앞서가며,

과거를 통해 미래를 예측하고, 자신이 노리던 기회가 오면 과감하게 투자한다면 아무리 어려운 상황에서도 당신도 부동산 선수들만큼 투자실력을 뽐낼 수 있을 것이다.

 투자의 신, 허준열의 눈

매력적인 아파트를 찾고 싶다면, 지금은 눈에 보이지 않지만 언젠가는 현실로 나타날 일들에 관심을 가져야 한다. 그중 수도권 아파트에서 미래가치가 상승할 곳은 새로운 길이 열려 서울 중심권으로의 이동시간, 이동거리가 크게 단축되는 지역이다.

27

금리 인상의 파고,
월세가 나오는 부동산으로 뛰어넘어라

알에서 바로 부화한 오리새끼를 물가에 풀어 놓으면 어미 오리가 가르쳐주지도 않았건만 유유히 물가를 헤엄쳐나간다. 태생적으로 경제동물의 유전자를 갖고 태어난 인간 역시 누가 가르쳐준 것이 아님에도 불구하고 경제적 선택을 하는 일에 있어서 기회비용을 생각하고 선택하는 존재다.

경제적 부분에서의 기회비용이란, 단순한 예로 우리에게 똑같은 돈이 주어졌다고 가정해 보았을 때, 각각 다른 자산을 선택하는 경우에 일정 기간이 지난 후 어느 선택의 효용이 높을 것인가를 판단하는 것이라고 말할 수 있다.

금리가 오르면 예금, 채권에 대한 시장의 선호도가 높아지겠지만,

금리 인상이 있다고 해도 1%~2% 오르는 정도의 수준에서 금리가 결정된다면 시중유동성이 금융시장으로 회귀할 것 같지는 않다. 우리나라의 투자자들은 워낙 고금리 시대를 살아왔기 때문에 5%~7% 정도의 금리도 낮다고 생각한다. 금리가 오른다고 하는데도 주가가 연일 상승 랠리를 이어가는 모습을 보라. 금리 인상, 대출규제 강화로 부동산 시장이 관망하고 있는 반면에 주식시장은 그 반사이익을 톡톡히 누리고 있다.

우리나라 사람들은 최근 한국은행의 기준금리 인상도 크게 신경 쓰지 않는다. 다만 부동산 시장에서 금리 인상이 투자자를 위축시키는 이유는, 대출규제 강화로 대출금리가 기준금리 이상으로 오르고, DSR제도의 도입으로 유동성의 고리가 단절됐기 때문이다.

현재 당신의 지갑에는 천만 원이라는 돈이 들어 있으며, 아래와 같은 선택지가 놓여 있다. 과연 어느 것을 선택해야 일정 시간이 지난 후 경제적 기회이익이 높아지겠는가.

- 1번, 은행권의 고유계정상품인 복리정기예금, 자유적립예금
- 2번, 종금사의 단기 실세금리형상품의 대표주자격인 CP(자유금리 기업어음), 표지어음, 발행어음, CMA
- 3번, 시장금리 지표상품인 국고채 3년물

- 4번 기업, 금융회사가 주체가 돼서 발행하는 −BBB등급의 회사채, 카드채

위에서 예로 든 상품은 기준금리 1%시대에 확정금리를 지급하는 상품 중에서는 그나마 가장 수익률이 높은 상품이다.

위에서 예로 든 상품 중에서 예금보험공사의 원리금 지급보장 상품은 아니지만 신용평가기관의 엄중한 평가를 거쳐 증권시장, 증권사 금융몰에서 유통되는 기업, 금융회사가 자금조달을 위해 발행하는 회사채와 카드채가 전체적으로 수익률이 가장 높다. 회사채는 발행기업의 신용등급에 따라서 크레딧 스프레드가 적용되기 때문에 시장금리 지표상품인 국고채 3년물과 비교해 6% 이상 금리가 높게 형성되어 있다.

즉 국고채 3년물의 유통금리가 2%라고 가정하면 −BBB등급의 회사채와, 카드채의 금리는 8% 수준에서 거래되고, 실제 부정기적이긴 하지만 증권사가 장외시장에서 매입한 회사채, 카드채, 유동화증권을 증권사 금융몰을 통하면 소액으로도 투자가 가능하다.

은행이 개인의 신용등급에 따라서 개인에게 차별적인 신용대출 금리를 적용하는 것처럼, 기준금리 1%시대에 회사채, CP에 투자하면 8% 이상의 수익률도 가능하다는 얘기가 나오는 것이다.

현재 은행권의 고유계정상품인 복리예금, 자유적립예금에 투자

한다면 이자에 대한 세금 15.4%를 공제한 후 받게 되는 이자는 천만 원 투자 시 1년 후 받는 세금공제 후의 이자는 10만 원이 겨우 넘는 정도다. 고수익 회사채나 카드채, 유동화증권, CP투자의 문제는 수익률은 상대적으로 높지만 투자위험이 높고, 투자가 상시적으로 이뤄지지 않아 투자상품으로는 한계가 있다는 점이다. 또 금융 초보자가 투자하기에는 낯선 상품으로 대중적인 상품이 되지 못한다.

그럼에도 불구하고 주가는 2017년 초부터 계속 오르기만 하여, 우리나라에 주식시장이 생겨난 이래 최고의 주가를 연일 갱신하고 있다. 주가는 국가경제의 펀더멘털을 반영하는 것이라는데 주가는 왜 계속 오르기만 하는 것인가. 전체적으로는 아니더라도 낮은 금리 그리고 상대적으로 풍부해진 유동성이 투자할 곳을 찾지 못해 주식시장에 돈이 몰려들어 주가를 끌어올리는 전형적인 금융장세의 모습이 재연되고 있기 때문이다.

투자 상담으로 만나는 다주택자들이 이구동성으로 묻는 말이 있다. "양도세 인상을 앞두고 팔아야 하나 가지고 있어야 하나"의 문제다. 그때마다 나는 그들에게 역으로 질문을 한다. 갖고 있는 주택이 무엇이냐고. 그것이 다가구주택 등의 임대 수익이 나오는 주택이라면 되도록 갖고 있으라고 말을 한다. 투자는 세금 낼 것을 내고도, 수익이 발생하면 투자를 하는 것이기 때문이다. 특히 월세 수익이 나오는 주택은 효자 부동산이므로 금리가 인상된다고 해도 레버리지 효과가 발생하는 부동산을 갑자기 돈 쓸 일이 생겨서가 아니라면 굳이 팔 필요가 없다.

따라서 금리가 오른다는 사실에만 매몰되어 '이제 어쩌지' 하고 부화뇌동할 것이 아니라, 구체적으로 나에게 오는 피해는 어느 정도이며, 내가 감당할 수 있는 수준인지 따져보는 것이 훨씬 더 현명하다. 그래서 이자보다 수익이 더 많다면 포지션을 바꿀 이유가 없다. 그렇지 않고 '자라 보고 놀란 가슴 솥뚜껑 보고 놀란다'고 이자가 오르면 세상이 절단날 것처럼 호들갑 떨 것이 아니라 투자자로서 어떤 기회가 사라지고, 반면 어떤 기회가 새로 오는지 유심히 지켜봐야 한다. 즉, 이자가 월세수익을 추월하지 않는 한 월세가 나오는 부동산을 팔 이유도 없는 것이다.

 투자의 신, 허준열의 눈

금리가 올라도 시장의 유동성이 금융시장으로 회귀할 가능성은 높지 않다. 금리 인상에 놀라 부화뇌동할 것이 아니라, 내가 감당할 수 있는 수준인지 가늠해 보는 것이 더 중요하다. 이자가 월세수익을 추월하지 않는 한 월세가 나오는 부동산을 팔 이유도 없다.

28

원룸의 바다에서
생존하는 법

부동산 시장과 투자자는 물과 물고기의 관계다. 시장의 흐름을 놓치면 부동산 시장에 투자자의 존재감은 사라지고 만다. 과거 나는 현장조사를 할 경우에는 대중교통을 이용하고 현장에 도착하면 그때부터는 해당 지역을 되도록 걸어 다녔다. 미련한 방법이지만 그렇게 해야만 현장을 주마간산 식으로 둘러보고 끝나는 우를 범하지 않는다.

 서울대 정문 앞에서 시작해 도림천을 끼고 형성되어 있는 우리나라에서 가장 독신가구가 많이 거주한다는 흔히 대학동이라고 부르는 신림2동~9동까지부터 관악구 동작구 일대의 노량진, 사당동, 신대방동, 신길동 일대, 건대역 주변 화양, 자양동 일대의 허름하고 낡은, 무엇보다 너무 비좁아 흡사 쪽방촌을 연상하게 하는 곳까지 전국의 대규모 원룸단지가 형성된 지역을 현장 조사해 보았다.

천안권의 백석대, 단국대, 호서대 천안캠퍼스, 상명대 등의 캠퍼스가 있는 안서동 일대의 원룸단지들을 보면 깜짝 놀라게 된다. 대학이 없었으면 오지에 불과한 곳에 엄청나게 큰 원룸촌이 형성되어 있다. 대전시의 대학가인 홍도동, 용전동, 용운동, 대동, 자양동, 도마동 일대의 대학가 원룸촌도 비슷한 그림이다.

전국으로 손에 꼽히는 원룸단지들을 둘러보다 보면 이곳의 엄청난 규모가 흡사 바다와 같다는 생각이 든다. 수도권에서 비교적 저가의 원룸촌들이 집중되어 있는 지역에서 전국을 돌아다니다 보면 조금 과장해서 지역 전체가 원룸의 바다처럼 느껴진다. 바다는 지구 표면의 70.8%를 차지하고 있다. 원룸 밀집지역을 가보면 전체 주택에서 원룸의 비율이 이보다 더하면 더했지 덜하지는 않는다.

미국에서는 방 한 칸에 부엌, 화장실, 거실이 함께 있는 주거형태를 스튜디오 주거형태라 한다. 스튜디오 주택은 우리나라로 치면 원룸이다. 우리나라에서 원룸의 카테고리에 들어가는 주택은 집주인 한 명이 건물 전체를 소유하는 단독주택 중에서 다가구주택, 다중주택(기숙사처럼 공동주택 형태로 1인 1실) 등으로, 부엌과 화장실을 같이 쓰며 비교적 소득이 적은 학생들이 주로 거주하는 대학가 원룸촌에서 많이 볼 수 있는 주거형태다.

원룸단지들을 굳이 원룸의 바다라고 표현한 데에는 또 다른 이유가 있다. 바다는 우리 인간들에게 끊임없이 생존에 필요한 먹거리를 제공한다. 원룸투자로 발생하는 임대료로 안정적인 노후생활이 가능해지고, 예금이자에 대한 갈증을 느끼는 사람에게는 상대적으로 높은 수익을 안겨주기에 감히 바다에 비견할 수 있다.

투자상품에는 절대적 가치가 없다. 투자상품의 가치라는 것은 투자시점에서 경제환경의 변화에 의해서 결정되는 것이다. 금리가 오르면 시장금리를 즉각 반영하는 CP, 회사채의 가치가 상승하고, 반대로 금리가 떨어지면 주식, 부동산 시장에서 유동장세가 연출되는 식이다.

한때 재개발시장이 미쳐 돌아가던 시절에 성황을 이뤘던 지분 쪼개기가 원룸에서는 가구 쪼개기로 변질되기도 했었다. 언론에서 나온 이야기로는 4가구가 있는 다가구주택을 22가구로 쪼개 월세를 놓는 곳까지 있었다고 한다.

통계청 자료에 따르면 2016년 기준 모든 업종 중에서 성장세가 가장 높았던 사업부분이 부동산 임대업이라고 한다. 시장에서는 수익이 많이 나는 곳으로 돈이 움직이는 법이다. 청와대 공직자 재산신고 내용을 보니 청와대 수석비서관 15명 중에서 다주택보유자가 8명으로 절반이 넘는다고 한다. 그들도 공직과 투자라는 공간 속에서 많은 생각을 할 것이다. 인간은 항상 이성과 감성 사이에서 고민하고 갈등을 겪는 존재다.

임대주택도 진화를 계속하고 있는 중이다. 투자형태는 다르지만 일종의 기숙사, 다중주택 형태인 셰어하우스, 레지던스가 최근 사람들의 관심권으로 부각되고 있다. 셰어하우스, 레지던스 등 원룸의 형태가 중요한 것이 아니다. 투자상품의 비교우위는 항상 그렇듯이 무엇에 투자하든 수익성, 안정성, 환금성 등 투자의 3요소를 가지고 논해야 한다.

사업이나 부동산 투자는 비슷한 양상을 보인다. 사전의 수익성 분석이 사후에도 가능한 일치시키기 위해 비용통제를 잘해야 하고, 원룸투자의 경우에는 수익률에 바로 직결되는 임대회전율을 높이기 위해 노력해야 한다. 시장에 참여자가 늘고 있다는 것은 그만큼 경쟁이 치열해지고 있음을 증명하는 것으로, 과거의 관행대로 하다가는 실패의 가능성이 점차 높아질 수밖에 없다. 경쟁자가 많을 때와 적을 때 어떤 차이가 발생하는지 생각해 보면 답은 금방 나온다. 가장 훌륭한 사냥꾼은 토끼 한 마리 잡는 일에도 자신의 최선을 다한다.

원룸투자가 다른 사업에 비해 사업의 난이도가 크게 떨어지는 것은 사실이다. 그러나 훌륭한 사냥꾼이 토끼 한 마리를 잡는 일에도 최선을 다하듯이 자신이 할 수 있는 역량을 다해야 원룸투자도 성공할 수 있다.

원룸의 수요자들인 청년, 학생, 일반직장인의 니즈는 계속 변한다. 원룸주택 시장이 성장하고 투자자들도 증가함에 따라 이들이 선택할 수 있는 선택지도 그만큼 다양해졌다. 이들은 기본적으로 현대판 노마드형 인간이므로 공부를 위해서, 좋은 직장을 찾아서 언제든 이동하는 것에 주저하지 않는다. 언제라도 앉은 자리를 털고 떠날 준비가 되어 있는 새로운 인간형들이다. 그래서 이들은 가격이 조금은 비싸도 풀옵션이 되어 있는 원룸을 선호한다. 이제는 투자자들도 풀옵션은 미래를 위한 투자라는 생각으로 접근해야 한다. 상대를 우물 안 개구리로 보고 말로 설득하려고 해서는 통하지 않는다. 그들의 정보력을 간과하지 말라.

당장의 이익만 생각하고 미래를 위한 투자를 하지 않는다면 시장에서 도태되는 것은 시간문제다. 애써 투자해 놓은 가게에 파리

 투자의 신, 허준열의 눈

대한민국에 원룸이 바다를 이루고 있다고 하여 전략 없이 승리할 수 있는 것은 아니다. 수요자의 니즈를 정확히 파악해야만 경쟁에서 살아남을 수 있다. 다행인지는 모르겠으나, 아직도 많은 원룸 임대업자들은 과거의 모습을 답습하고 있다. 그 말은 곧 전략에서 앞서면 다른 이들보다 우위에 설 수 있다는 의미이기도 하다.

가 날리지 않도록 고민하고 또 고민하는 자세가 필요하다. 원룸주택 투자는 단순한 것 같지만 투자로 성공하기 위해서는 남과 다른 고객 유인 전략을 짜야만 한다. 그것이 원룸의 바다에서 생존하는 길이다.

29
—

대한민국
부동산의 미래

한국경제는 해방 후 본격적으로 경제개발이 시작되면서 지금까지 GDP 대비 약 60배 이상 성장했다. 경제성장은 필연적으로 부동산 개발을 필요로 한다. 그래서 수요가 끊이지 않은 부동산 개발은 부동산 시장의 규모를 계속 키워왔다. 이 과정에서 탄생한 말이 부동산 불패신화다. 그래서 우리에게는 이런 믿음이 하나 생겼다. '대한민국에서 부동산은 사두면 언젠가는 오른다.' 신화를 넘어 불변의 진리로 통한다.

그러나 이 굳건한 믿음이 언제부터인가 흔들리기 시작했다. 정말 맹목적으로 믿어도 되는지 반신반의하는 사람들의 수가 점차 많아지고 있는 것이다. 현재 대한민국 경제는 이전의 역동적인 경제성장의 시대는 가고 감속경제의 시대로 진입해 있다. 수치상으로는 경제성장을 하고 있는 것처럼 보이지만 기업들은 생산 공장을 해외로 이전시키는 탈 한국화로 제조공장의 공동화 현상이 증가하고 있어 공장을 새로 짓는 곳보다 사라지는 공장이 더 많아졌다. 제조공장의 탈 한국화는 있던 일자리도 사라지게 만들고 있으며, 청년실업의 근본원인이 되고 있다.

미래의 성장 동력인 유아출생률은 1970년대와 비교해 절반 수준으로 주저앉았고, 인구의 절대 감소 현상으로 중소도시에는 인구가 매년 크게 줄고 있다. 인구가 감소하는 도시를 중심으로 행정구역을 단일화해야 한다는 목소리마저 나오는 실정이다. 어쩌면 우리 귀에 익숙한 도시명들을 하나씩 우리의 기억 속에서 지워야 할 날이 올지도 모른다. 이런 와중에 부동산 불패신화라는 옛날 버전에서 벗어나지 못한다면, 이는 곧 부동산 투자의 핵심 고리를 놓치는 것이다.

우리는 인구절벽 시대에 살고 있다. 그런데 인구의 특정지역 편중 현상으로 부동산 시장이 왜곡되고 있다. 전국토의 12%밖에 되지 않는 서울, 수도권에는 절반이 넘는 인구가 살고 있지만 전 국토 면적의 88%에 이르는 지방권 인구는 계속 줄어들고 있다. 인구절벽이라고는 하지만 어느 곳은 인구가 오히려 늘고 있다는 말이다.

이러한 왜곡된 변화는 필연적으로 부동산의 시장의 양극화 현상을 불러왔다. 현재는 사회영역의 모든 부분이 양극화 현상에 몰입되어 있다. 대기업 프랜차이즈와 자영업자 간의 양극화, 주가는 크게 올랐지만 종목 간 양극화는 더 심화되어 가고 있다. 버는 쪽은 계속해서 부를 축적해 가지만, 기회가 없는 쪽은 계속 제자리에 머물거나 오히려 퇴보만 있을 뿐이다.

부동산 시장이라고 하여 이 흐름을 피해갈 수는 없는 것이다. 현재 부동산 시장은 소형 아파트와 대형 아파트 간의 양극화, 인구절벽에도 불구하고 점점 도를 더해가는 지역 간 양극화 바람, 수익성부동산 시장에서의 상가와 오피스텔의 양극화 현상 등 모든 것이 양극화 현상으로 평가된다.

나는 이제부터라도 맹목적인 부동산 긍정론은 수정되어야 마땅하다고 생각한다. 부동산 시장에서 서울, 수도권 등 노른자위 지역은 확대가 되겠지만 양극화 현상은 심해질 것이다. 우리가 부동산 시장을 평가함에 있어서 서울 수도권을 위주로 말하는 것은 지방에서는 부산, 대구의 핵심지역을 제외하고는 부동산이 오를 만한 지역이 점차 줄고 있기 때문이다. 서울에서 KTX를 타면 1시간 이내에 도착 가능한 대전시의 구 도심권에 속하는 대전시 중구 문화동, 유천동, 산성동 일대의 거리를 가보라. 그곳의 많은 재래시장들은 조용해서 적막하기까지 하다. 대전의 대표적 모텔촌이 자리하고 있는 유촌동 일대에는 밤 8시 이후 거리를 지나다니는 사람조차 찾아보기 어렵다.

반면에 인천의 신흥 상권으로 떠오른 구월동거리를 가보라. 불과 몇 년 사이에 거리는 사람들로 매워지고 사람들끼리 부딪혀서 오고가는 것도 어렵다. 그러나 인천의 대표적 구상권지역인 동인천역 일대는 20년 전과 변함이 없고, 유동인구는 크게 줄어들었다. 서울과 가까운 인천의 구도심이 이런 지경에 이르렀는데 다른 지방도시는 오죽하겠는가.

우리가 부동산 시장을 평가할 때 주로 잘나가는 서울 수도권 일부를 대상으로 하기 때문에 전국의 부동산 시장이 다 좋은 것으로 인식한다. 하지만 꼭 그렇지가 않다. 이제 부동산 투자도 지역과 상품을 잘 선택해 전략적으로 해야 하는 시대다. 예전처럼 부동산은 사두기만 하면 무조건 오를 것이라는 생각은 대단히 위험하다.

앞으로 대한민국 부동산은 돈이 되는 부동산과 돈이 안 되는 부동산 간의 경계점이 점점 더 명확해질 것이다. 왜 사람들이 서울, 수도권 부동산을 선호하는지 아는가? 인구절벽 현상으로 말미암아 전국적으로 인구가 줄어들고 있지만, 전입신고를 하지 않아 통계에는 잡히지 않아서 그렇지, 청년인구가 계속 서울로 유입되고 있기 때문이다. 예전에는 서울 지역 간에도 가격의 양극화 현상이 절대적이었다. 그런데 지금은 강남권을 제외하고 많이 줄어들고 있다.

그리고 서울, 수도권 부동산은 그것이 어느 부동산이든 간에 서울, 수도권에 있다는 사실 자체만으로 호재가 되는 시대로 진입했다. 부동산은 월급쟁이들에게 일생일대에 걸쳐서 가처분소득을 늘릴 수 있는 절호의 기회다. 부동산 투자의 중요성에 비추어 충분히 심사숙고해서 투자를 하되 의사결정은 빨라야만 한다. 부동산은 움직이지 않는 동산으로, 한번 사면 다시 물릴 수도 없다. 그래서 정확한 판단과 신중한 결정이 동시에 이루어져야만 한다.

 투자의 신, 허준열의 눈

부동산 투자도 지역과 상품을 잘 선택해 전략적으로 해야 하는 시대다. 예전처럼 부동산은 사두기만 하면 무조건 오를 것이라는 생각은 대단히 위험하다.

30

강화된 부동산 대출에
대응하는 법

그동안 부동산 시장을 압박해 오던 금리 인상 문제의 실체가 서서히 수면 위로 떠오르고 있다. 가설이 결론에 이르고 있는 것이다. 항상 투자시장에서는 설만 무성하고 어떠한 가시적 조치가 없는 즉 실체가 구체화되지 않은 상황이 오히려 두려운 법이다. 막연하게 우리는 기준금리 인상이 가져올 부동산 시장에서의 악영향에 대해 실제 이상으로 걱정해 온 것이 사실이다. 그러나 기준금리 인상이 현실화되면서 오히려 시장에서의 기준금리 인상이 가져올 공포에 대해서는 서서히 진정되는 모습이다.

사실 기준금리가 인상된다고 해도 그 폭이 크지 않을 것이라는 것이 전문가들의 각종 리포트에도 잘 나와 있었다. 하지만 그동안 실체가 보이지도 않고, 수면 위로 떠오르지도 않았기에 우리는 보이지 않은 공포에 대해 실제 이상으로 두려워해 왔던 것이 사실이다.

문제인 정부의 부동산 대책 중에서 실질적으로 부동산 투자자에게 영향을 가장 많이 미치는 부분은 대출규제로 유동성의 고리가 끊어지는 일이다. 그동안 갭 투자, 레버리지 투자가 왕성하게 투자자들 사이에 번졌던 이유는 낮은 대출 금리에서도 이유를 찾을 수가 있겠으나, 그 이전에 전 정부의 대출완화 정책에 힘입은 것이 사실이다.

이처럼 과격한 레버리지 투자가 가능했던 이유는 돈 없는 사람들도 빚내서 투자할 수 있는 환경, 즉 유동성의 확대에 힘입은 바 크다.

양도세 인상 문제는 부동산을 팔지 않고 홀딩하고 있는 한 당장 내야 하는 돈이 아니다. 그러나 기존에 주택담보에 대해서만 적용하던 LTV, DTI 비율이 이제는 주택담보 대출을 포함해서 개인이 모든 금융권으로부터 대출받은 금액을 총량으로 계산해서 규제하는 DSR비율이 적용된다. 대출 규제 방식이 DSR로 전환되면 투자자가 가용할 수 있는 자금의 사이즈는 크게 줄어들게 된다. 이른바 유동성의 고리가 끊어지는 현상이 벌어지는 것이다.

투자자금은 내 지갑 속 현금만을 말하는 것이 아니다. 개인이 자기신용으로 자금을 조달하는 것, 자신이 보유하고 있는 부동산, 주식, 채권 등의 유가증권도 다 포함해서 투자자금이 되는 것이다. 그런데 이 고리가 일부 끊어졌다는 것은 개인의 투자 가능한 자금이 줄어들었다는 점에서 악재일 수밖에 없다.

금리 자유화 이전에 사회생활을 시작한 사람들은 잘 알 것이다. 그때는 관치금융의 시대로 국가가 시중은행의 금리까지 정해 주던 시대였다. 이렇게 정부가 은행, 제2금융권까지 그들이 판매하는 모든 계정상품에서 심지어 대출상품에 이르기까지 교통정리를 해주다 보니 금융권의 금리와 시장금리 간에는 미스매칭 현상이 벌어질 수밖에 없었으며, 그 역작용으로 은행금리와 시장금리와의 미스매칭에서 벌어지는 금리의 역마진을 커버하기 위해 소위 양건성 예금이라고 하는 꺾기가 관행이 되다시피 했다.

　꺾기는 은행이 대출할 때 은행의 대출금리와 시장금리와의 미스매칭으로 발생한 금리 역마진을 보전하기 위해 대출의 일정액을 저금리 예금상품이나 금리가 낮은 보통예금에 일정 기간 묶어 두어 손실을 보전하는 방식으로, 엄밀히 말하면 불법 행위에 해당된다. 수요자의 입장에서는 돈 한 푼이 아쉬워서 대출을 받는 것인데, 그중 일부 금액을 강제로 예치해야 하니 억울한 일을 당하는 것이다.

　우리나라 관료들의 벤치마킹 대상은 19세기 유럽의 후발 국가였던 독일의 관료들이다. 당시의 독일 관료들은 국가경제의 성장이라는 미션에 몰두한 나머지 민간부분의 경제까지 쥐고 흔드는 일을 당연시했다. 이 과정에서 파생된 것이 소위 정경유착의 기원이다. 19세기 유럽 후개발 국가들의 정경유착은 수출기업을 지원하는 과정에서 자연스럽게 탄생된 배경을 가지고 있다.

비교우위론에 입각해, 후개발 국가들이 선진국과의 경쟁에서 밀리지 않으려면 상품가격을 낮춰서 팔아야만 한다. 후개발 국가가 연필을 수출한다고 가정해 보자. 연필의 생산에 들어가는 요소에서 노동비가 전체의 70%라고 가정하면, 국가는 기업이 생산하는 연필의 가격경쟁력을 강화시키기 위해 노동비를 덤핑하듯 깎아서 생산가격을 낮춘다.

그래도 기업이 손해를 보면 국가는 각종 인센티브를 제공하고, 수출 쿼터량까지 정해준다. 우리나라에서도 이 같은 혜택을 집중해서 받은 기업이 예전의 대우를 포함한 대기업 집단이었다. 정부가 알아서 수출 쿼터량까지 정해주니 관료들에게만 잘 보이면 기업을 성장시키기는 식은 죽 먹기였을 것이다.

관료와 기업의 밀착관계, 우리나라에서도 개발독재 시대에 나타났던 전형적인 모습이었고, 그 잔재는 여전히 남아 있다. 이 과정에서 피해를 보는 것은 언제나 국민이었다. 그래서 국내 대기업은 국민의 희생 위에서 성장했다고 하는 말이 나오는 것이다.

지금이 개발독재 시대의 관치금융 시대도 아니고, 정부가 나서서 민간금융회사의 대출규제를 통제하고 금리 결정까지 관여한다는 것은 시대착오적인 행위라고 할 수 있다. 그리고 무엇보다 우리 경제의 수준이 과거와 달라 정부의 의도대로 되지도 않는다. 은행권의 대출은 은행권이 판단하여 그들의 이익에 부합하면 하는 것이지, 정부가 이래라 저래라 할 수는 없는 것이다.

시장에서 정부의 역할이라는 것은 공정한 심판자로서의 위치만 지키면 된다. 개인의 사적재산추구권은 헌법이 보장하는 국민의 권리 아니던가. 개인이 갭 투자를 하건 말건 법의 테두리 안에서 한다면 정부가 개입할 하등의 이유가 없다. 갭 투자로 돈을 버는 사람도 있겠지만 투자에 실패하는 사람들은 얼마나 많겠는가.

강화되고 있는 정부의 주택담보대출 규제의 영향으로 은행에서 주택담보대출을 받기가 점점 어려워지고 있다. 문제는 은행이 아니면 낮은 금리로 주택담보대출을 받을 곳이 없다는 것이다.

우리가 은행을 이용하는 단 하나의 이유는 금리가 다른 곳보다 저렴하기 때문이다. 물론 세상에는 담보만 있으면 대출을 받을 수 있는 금융회사가 많다. 저축은행, 캐피탈, 카드회사 등이 얼마나 많은가. 그러나 은행처럼 장기간 저금리로 대출을 받을 수 있는 금융회사는 없다. 소위 마을금고라고 하는 새마을금고, 신협 등의 협동조합형 금융회사가 있다. 이들 금융회사는 지역별로 독립채산제 경영을 하기 때문에 여러 곳의 마을금고에 대출감정서를 의뢰하면 호조건으로 대출을 받을 수는 있지만, 이들 금융회사들이 은행 이상의 대출상품 경쟁력을 갖추고 있느냐에 대해서는 의문이 든다.

은행에서 가능한 한 저금리로 대출한도를 늘리는 방법은 무엇인가. 주거래 은행을 하나 정해서 그 은행과의 거래를 집중해 개인의 신용평가 등급을 높이는 수밖에 없다.

은행은 철저하리만큼 개인의 거래실적에 따라서 우대금리를 적용한다. 은행은 예금과 금융 서비스를 이용하기 위한 금융회사가 아니다. 대출을 잘 받기 위해 이용하는 것이다. 은행 예금이 경쟁력이 있는 것도 아니고 인터넷, SNS로 얼마든지 금융거래가 가능한 시대에 우리는 살고 있다.

예금으로 금리 1%를 더 받는 것보다 대출금리 1%를 낮추는 것이 더 경제적이다. 그렇기 때문에 은행 거래에 소홀하면 안 될 것이다.

 투자의 신, 허준열의 눈

문재인정부의 부동산 규제 정책 강화로 말미암아 투자자들이 그동안 누렸던 유동성의 고리가 점차 느슨해지고 있다. 이 고리가 완전히 끊어지지 않게 하는 방법은 개인의 신용관리다. 금융회사는 많다. 하지만 주거래 은행을 정해서 집중적으로 거래해야 신용관리가 된다. 가능한 한 저금리로 대출한도를 늘리는 유일한 방법이다.

시행, 시공, 분양을 알아야 부동산이 보인다

부동산의 복잡다단한 세계를 이해하려면 시행, 시공, 분양에 대한 정확한 이해가 선행되어야 한다. 시행회사, 시공회사, 분양회사가 하는 일들은 대부분의 투자자들도 한 번쯤 들어본 일들이다. 그럼에도 불구하고 여전히 시행회사와 시공회사를 구별하지 못하고 헷갈려 하는 사람들이 많다. 그들의 차이점이 무엇인지 살펴보자.

시행회사는 토지를 매입한 부동산 개발사업의 실질적인 사업 운영자를 말한다. 아파트라면 그 아파트 사업의 실질적인 운영자며 오피스텔이나 상가면 오피스텔이나 상가의 실질적인 운영자를 말한다. 계약자와의 계약에서부터 입주까지의 모든 과정을 관리하는 곳이 시행회사다. 또한 시행회사는 시공회사에게 도급 건설을 주어 건축을 완성한다.

시공회사는 시행회사로부터 발주를 받아서 공사를 하는 곳이다. 설계된 도면에 따라 현장에서 공사를 실시하는 건설회사다. 아파트를 예로 들면 아파트를 건설하는 업체로 우리가 흔히 알고 있는 삼성 래미안, 엘지 자이, 대우 푸르지오, 현대 힐스테이트 등이 있다. 이들은 1군 건설회사 중에서도 메이저급 시공회사에 해당한다.

그리고 분양회사가 있다. 분양회사는 시행회사 또는 시공회사와의 분양대행 계약을 체결하고 분양과 관련된 모든 업무를 대행하며 수수료를 받아 수익을 내는 회사다. 분양대행을 할 때 작성하는 계약서에는 분양회사들이 분양공탁금을 납부하는데 이는 분양 실적에 따라 돌려받는 내용을 기재한다. 분양공탁금(분양보증금)은 법적으로 모든 분양현장에 있는 것은 아니고 분양공탁금(분양보증금)이 없는 분양현장도 있다.

이것이 우리가 알고 있는 아파트나 오피스텔, 상가 등 건물이 완공되기까지의 시행회사, 시공회사, 분양회사의 역할이다. 일반적으로 투자자가 모델하우스나 샘플하우스에서 분양을 받을 때 분양회사의 분양 직원과 분양상담을 받는다. 이때 분양 직원은 분양회사에서 월급을 받는 대신 프리랜서로 일하면서 자신의 몫을 챙긴다.

시행회사, 시공회사, 분양회사가 하는 일이 대체적으로 세분화되어 있다. 대체로 홍보관에서 만나는 직원들이 모두 시행회사나 시공회사 직원인 줄 착각하는데, 그들은 분양회사 소속인 분양 직원이다. 그렇다고 월급 받는 정직원도 아니며, 분양 영업직원이라는 표현이 가장 정확하겠다. 분양 영업직원의 목적은 단 하나, 무조건 분양계약 체결을 많이 하는 것이다. 그래야 수당이 떨어지기 때문이다.

2부

실전투자
상위 1%만 아는
부동산
실전투자

부동산 투자 상담으로 본 투자 실패 사례들

31

상가로 단기투자를 노리는 것은 허황된 꿈에 불과하다

부동산 투자로 실패를 보는 사례는 너무나도 다양하다. 서울에 사는 38세 A씨(여)는 자본금 1억 5천만 원을 가지고 있었다. 단기투자를 찾고 있던 시기에 7억짜리 상가 1층에 계약금 20%만 내면 중도금 무이자로 잔금 납부 전까지 프리미엄 수천만 원을 받고 팔 수 있다는 제안에 덜컥 분양계약을 체결해 버렸다. 물론 혹시 못 팔면 어쩌나 하는 불안감은 있었으나 분양 상담사의 언변술과 그럴 듯한 설명을 믿고 계약을 결정한 것이다(참고로 모든 분양 상담사가 그런 것은 아니고 일부 분양 상담사 중에 간혹 있으니 오해가 없길 바란다).

그때만 해도 A씨는 프리미엄을 받고 팔 수 있다는 기대감에 모든 일들이 행복했다고 한다. 하지만 잔금일자가 지나도 A씨 상가는 팔리지 않았으며, 오히려 계약금 1억 4천만 원을 날리고 말았다. A씨가 순진한 건지 어리석은 건지는 모르겠지만, 중요한 점은 투자경험 치고는 너무나 비싼 대가를 치렀다는 점이다.

부동산 투자로 수익을 내기도 어렵지만, 단기간에 수익을 내려고 욕심을 부렸기에 스스로 화를 자초한 경우다. 그리고 부동산 투자 중 초보자에게 가장 어려운 분야가 바로 상가 투자다. A씨는 애초부터 첫 단추를 잘못 끼운 것이다.

투자상담을 하며 많은 사람들을 만나게 되는데, 그중 경험이 일천한 초보 투자자일수록 부동산 투자로 돈을 쉽게 벌 수 있다고 착각한다. 초보일수록 부동산 투자로 실패한다는 생각보다 프리미엄이 붙어 고수익이 생긴다는 흥분과 망상을 먼저 떠올린다. 부동산 투자의 명과 암을 제대로 알지 못한 채, 주위에서 부동산으로 돈을 벌었다더라 하는 장밋빛 희망에만 들떠 판단력이 흐려진 상태며, 자신도 그들처럼 할 수 있다는 근거 없는 자만심으로 가득하다. 마치 손을 대봐야 뜨거운 줄 아는 어린아이처럼 말이다. 일부 투자자들은 귀중한 자산을 잃기 전에는 그 어떤 충고도 들으려고 않는다. 무지에서 오는 자신감은 이토록 무서운 질병이다.

'하이 리스크 하이 리턴'은 진리에 가깝다. 그런데 여기서 하이 리스크를 빼고 하이 리턴만 바라본다면, 이게 바로 눈과 귀가 어두워진 게 아니고 무엇이겠는가.

자신하건데 단기투자로 돈을 벌었다는 사람들의 얘기 중 정작 최종 수익금을 자기 주머니에 적립한 경우는 고작 10% 내외일 뿐이다. 나머지는 믿거나 말거나일 경우가 대다수다.

다른 투자에서도 비슷한 양상이지만, 부동산에서도 가격이 오르면 자랑하고 싶어서 참지 못하는 사람들이 많다. 있는 사실을 액면 그대로 말하면 그나마 양반이다. 한껏 부풀려 미래에 올지도 모르는 기대수익까지 합해서 자랑하니 듣기에 따라서는 인생이 역전이라도 된 것처럼 보인다. 하지만 정작 가격이 떨어졌을 때는 모두가 침묵하기 바쁘다.

이렇게 하이 리스크가 빠지고, 하이 리턴만 곱게 포장된 소문이 말을 타고 빠른 속도로 퍼지니, 투자 경험이 없는 초보들이 그 말에 쉽게 현혹되는 것일 수도 있다.

사실 10년 전만 하더라도 상가에 투자해 단기간에 이익을 만드는 것이 어려운 일은 아니었다. 하지만 최근에는 대단히 위험한 생각이 되어버렸다. 따라서 한참 바뀌어버린 상가 투자의 지형도를 잘 이해해야 한다.

앞의 A씨는 분양상가에 대한 지식도 전무한 상태였다. 오로지 분양상가 계약금 20%만 가지고 프리미엄이 올라 돈을 벌수 있다는 환상만 꿈꿨지, 만약 프리미엄이 붙지 않거나 전매가 이루어지지 않는다면 다가오는 중도금, 잔금을 납부하지 못해 추후 어떻게 될 것인지는 심각하게 고민하지 않았다. 그가 이 점을 간과하지 않았더라면 이 지경까지 오지 않았을 것이다. 상가 투자를 많이 해본 선수들도 가지고 있는 여유자금 전체를 계약금 20%에 올인하고 프리미엄만 오르길 기대하지는 않는다. 이처럼 자신의 재산을 복불복식의 모험에 내맡겨서는 위험천만일 뿐이다.

초보인 A씨는 분양 상담사의 언변에 철저하게 농락당한 경우다. 아는가? A씨의 계약금 20% 속에는 분양 상담사의 수당이 포함되어 있었다. 그러므로 분양 상담사는 자신의 수당을 위해 직업적으로 최선을 다한다. 상대를 고려하기보다는 자신의 수입에 초점을 맞춘다. 그러니 어떻게 해서든 프리미엄이 붙는다는 말로 A씨를 설득하려고 한다. 때로는 환상을 갖도록 꿈을 불어넣어 주는 것이다. 그 꿈이 현실과 맞는지는 그 다음의 문제일 뿐이다.

여기서 나는 분명한 사실 하나를 말할 수 있다. 만약, 분양 상담사가 당신에게 프리미엄이 무조건 붙는 부동산이라며 단기투자를 권한다면 역으로 분양 상담사에게 '반반씩 투자하자'고 제안해보라. 그가 이 제안을 거절한다면 당장 자리를 박차고 나오는 것

 투자의 신, 허준열의 눈
성공 확률이 고작 10%인 상가로 단기투자를 하는 어리석은 행동은 본인뿐만 아니라 가족들에게도 크나큰 고통이 될 수 있다는 사실을 잊지 말자!

이 상책이다.

시행회사와 직접 이해관계가 있어 좋은 위치를 저렴하게 분양받을 수 있다면 당연히 분양을 받아야 한다. 하지만 그렇지 않고 일면식도 없는 상태에서 일반 투자자가 상가분양을 받아 단기에 수익을 거둘 수 있다는 생각은 도박이나 다름없다.

32

프리미엄이 오른 부동산을 매도할 때, 과도한 욕심은 금물

3년 전만 해도 대구지역의 아파트 가격 상승률은 전국 최고를 기록했다. 그때는 웬만한 신규 아파트에 당첨돼도 무조건 프리미엄이 붙을 정도로 기이한 상황이 연출되었다. 하지만 오르막이 있으면 반드시 내리막도 있다.

대구에 사는 50세 A씨(여)는 당시 아파트 2채를 분양받았다. 물론 A씨가 거주하고 있는 아파트까지 포함하면 3채다. 아파트 한 채당 7천만 원씩 프리미엄이 붙었다던 A씨가 나에게 투자 상담을 의뢰했을 때, 나는 "부동산 자금들이 갈 곳이 없어 아파트로 자금들이 몰렸기 때문에 거품이 많이 꼈다. 그러니 슬슬 아파트 매도를 준비하는 것이 좋겠다"고 조언해 주었다.

하지만 A씨의 지인들은 "대구 아파트가 좀 더 오를 것 같으니 계속 가지고 있으라”고 조언했다고 한다. 그로부터 7~8개월이 지난 후 A씨는 아파트 한 채당 1억씩, 두 채니까 합 2억 원이 빠졌다고 연락이 왔다. 그러면서 당시 나의 조언대로 아파트 매도를 하지 않은 것에 대해 뒤늦은 후회를 하고 있었다.

부동산 투자는 분양을 받는 것도 중요하지만 매도 타이밍 역시 매우 중요하다. A씨는 아파트 분양 선택은 잘했지만, 매도 타이밍은 본인의 과한 욕심으로 인해 화를 자초한 꼴이 되어버렸다.

프리미엄을 사람의 몸에 비유한다면, 프리미엄이 어깨까지 올라왔을 때 매도해도 성공한 투자라 할 수 있다. 하지만 대부분의 사람들은 프리미엄이 머리끝까지 오를 때까지 기다리려고 한다. 하지만 문제는 그 욕심 때문에 결국 머리에서 팔지도 못할 뿐더러 허리, 무릎까지 가격이 내려가는 상황을 하염없이 지켜만 보게 된다는 데 있다. 혹은 프리미엄이 다 빠진 후에 본전이나 원가 이하로 울며 겨자 먹기 식으로 매도를 한다. 끝내 욕심이 화를 부르는 것이다.

초보들이 왜 머리에서 매도를 못하는지 아는가? 머리가 어디인지 모르기 때문이다. 시간이 지난 후에야 무릎을 치며 “아! 그때가 머리였구나” 하고 깨달을 뿐이다. 그러니 사실 어깨도 어디인지는 정확히 알기 어렵다. 다만 적당히 오르면 더 이상 욕심 부리지 말고 팔아야 한다는 의미로 받아들였으면 한다. 그러면 나중에 ‘아

머리에 팔지는 못했지만 그래도 적당히 수익 잘 내고 빠져 나왔구나' 하고 안도의 한숨을 내쉴 수 있는 것이다. 많은 투자자들이 이 원칙을 지키지 않기 때문에 머리에 팔려다가 어깨 아래에서 매도한다는 사실을 잊지 말기 바란다.

위의 사례는 비단 A씨에게만 국한되어 발생하는 문제가 아니다. 투자자에게 아주 흔하게 일어나는 일들이다. 우선 본인이 매수한 부동산에 프리미엄이 붙었다면 이는 대단한 일이다. 하지만 더 대단한 일은 내 호주머니에 정말 돈이 들어왔을 때이다. 그러나 현실은 그렇지 않은 경우가 많다. 내가 투자상담을 하면서 가장 안타깝게 느끼는 부분이 바로 이 지점이다. 그물을 던져 어느 정도 물고기가 걸려들었으면 만족하고 수확의 기쁨을 누려야 하는데, 사람들은 거기에 만족하지 않고 더 많은 물고기를 잡으려다가 결국 그물 안의 물고기를 모두 놓치는 우를 범하고 만다. 부동산을 매도한 금액이 내 통장에 찍혀야 비로소 투자가 완성되고, 물고기를 건져 올려야 비로소 낚시도 마무리가 된다. 그 전에는 잡았다고 생각했던 물고기를 다시 놓칠 가능성은 항상 열려 있다고 보아야 한다.

부동산 매도를 잘하려면 마인드 컨트롤을 잘해야 한다. 급해서도 안 되고 너무 느긋해도 안 된다. 항상 약간 모자라는 느낌이 나의 부동산 투자 경험상 안전성 부분에서는 매우 유리했었다. 부동산 투자를 할 때는 약간의 모험은 반드시 필요하지만 부동산 매도 때에는 굳이 모험을 하지 않는 것이 좋다. 모험을 하고 싶으면 완벽한 전문가가 됐을 때 하라. 그 전에는 안전운행이 최우선이다.

 투자의 신, 허준열의 눈

부동산에서 매도 타이밍을 놓치는 이유는, 어깨가 아닌 꼭대기, 즉 머리 끝 상투에서 매도하겠다는 과한 욕심 때문이다.

33

아파트 매도 타이밍은
따로 있다

부동산 투자는 아이러니하게도 배짱을 담보로 하는 '모험심'이 필요하며, '무모한 도전'보다는 '안전성'이 요구되는 서로 어울리지 않는 단어들의 조합이다. 부동산 시장은 대단히 탄력적이므로 모험심과 안전성이 필요하며, 어느 곳에 치우치지 않는 적절한 균형이 필요하다.

서울에 사는 K씨는 부동산 초보 투자자며, 부동산 투자에 대한 공부만 3년 동안 열심히 했다고 한다. 내가 본 K씨는 다른 사람들보다 꼼꼼하며 남의 말에 쉽게 흔들리지 않는 나름 주관이 뚜렷한 남성이었다.

3년간의 피나는 노력 끝에 K씨는 경기도 지역의 아파트에 처음 투자를 하였다. 투자하게 된 이유는 다른 사람들의 조언이나 근거 없는 소문 때문이 아니었다. 어느 날 TV뉴스에서 우연히 청약하려는 사람들의 줄이 끊이지 않고 ○○지역의 아파트 열기가 뜨겁다는 내용을 보게 되었다. 그 방송을 본 K씨는 뉴스에서 나온 언론보도니까 안전한 투자라고 생각하고 그 지역에 프리미엄을 주고 30평대 아파트 한 채를 매입했다는 것이다. K씨는 너무 안전한 부동산 투자에만 치중한 나머지 부동산 전체의 흐름을 보지 못해 큰 실수를 범했다.

내가 K씨라면 여지없이 반대로 행동할 것이다. 사람들이 부동산에 몰려들면 이는 매입 타이밍이 아니라 매도 타이밍이다. 그러니 K씨는 투자를 거꾸로 실행한 것이다.

결국 얼마 지나지 않아 K씨가 구입한 아파트 가격은 프리미엄 없이도 거래가 되지 않는 부동산으로 전락해 버렸다. 또한 K씨 아파트는 세대 수도 많지 않고 교통도 좋지 않아 다른 지역 아파트보다 부동산 가치가 더 떨어졌다. 3년 동안 공부한 시간도 아깝지만 손실까지 봤으니 이래저래 안타까운 사연이 아닐 수 없다.

특히 아파트는 부동산 시장 분위기에 굉장히 민감하다. 아파트가 과열됐다는 언론 보도로 사람들이 몰리는 시기가 곧 아파트를 매도하는 시기다. 반대로 미분양 아파트가 넘쳐나고, 아파트 시장이 불경기로 더 이상 아파트를 찾는 사람들이 없으며, 사람들이 이구동성으로 아파트 시장은 끝났다고 외칠 때, 그때가 바로 투자자에게는 좋은 지역과 좋은 위치 아파트를 매수자 입맛대로 싸게 매입할 수 있는 절호의 기회다. 이것은 나의 생각과 노하우며, 지금까지 아파트 시장의 패턴을 분석해 봐도 틀림없는 사실이었다.

그러므로 아파트에 투자해서 상투 잡았다는 얘기는, 부동산 패턴을 전혀 모르는 사람이나 안전한 부동산 투자만 하고 싶은 사람들의 입에서 나오는 단골 멘트다. 사실(fact)만 전하는 언론, 뉴스에서 ○○지역 아파트에 투기꾼들이 몰리고 있다는 얘기는 사실이다. 그러나 투기꾼들은 언론 보도가 나가면 더 이상 부동산을 매입하러 몰리지 않는다. 오히려 가지고 있던 부동산을 초보 투자자에게 떠넘기고 유유히 현장을 빠져나간다. 경험적으로 그때가 부동산을 정리하고 빠져 나가는, 매도에 있어 좋은 타이밍이라는 사실을 알 기 때문이다. 그러나 아무것도 모르는 초보 투자자들은 언론이 설마 거짓말을 하겠느냐며, 언론 보도가 나가는 시점이 부동산을 안전하게 매입하는 적기라고 착각한다. 그래서 통 크게 프리미엄까지 주고 부동산을 매입하는 것이다.

그런데 바로 이때가 아파트를 상투 잡고 사는 시기의 절정이다. 가장 많은 사람들이 부동산 투자로 손해를 보는 시기이기도 하다.

누구나 안전한 부동산 투자를 원한다. 아파트 매입 때 안전한 투자를 원한다는 것은 아파트를 비싸게 사겠다는 말과 같다. 결국 이것은 안전한 투자가 아니라, 바가지 쓰고 부동산을 구매하는 결과를 초래한다.

부동산 매입에 있어 안전한 투자는, 좋은 지역의 부동산을 싸게 매입하는 것뿐이다. 그럼 과연 이때가 언제이겠는가? 사람들이 거들떠보지 않을 때가 당연히 부동산 가격이 싸지 않겠는가?

흙속의 진주를 찾는 것처럼, 지금은 사람들이 쉽게 찾는 부동산이 아니지만 훗날 부동산 시장이 좋을 때 빛이 날 부동산에 투자를 하는 것이 우리가 원하는 '최고의 안전한 부동산 투자'임을 잊지 말아야 할 것이다.

 투자의 신, **허준열의 눈**

언론보도 및 뉴스에서 아파트 열기가 뜨겁다고 연일 보도될 때 우리는 그때가 안전한 투자시기라고 잘못 알고 투자를 한다. 그때가 바로 상투 잡고 투자하는 어리석은 때인지도 모르고 말이다. 오히려 안전한 투자는 대다수 사람들이 거들떠보지 않는 때, 즉 부동산이 떨어져 갑의 입장에서 골라 살 수 있을 때이다. 이는 흙속에서 진주를 찾는 이치와 같다.

34

오피스텔은 단기투자보다
월세를 꼬박꼬박 받는 부동산이다

지금까지의 추세로 봤을 때 경기에 큰 영향을 받지 않았던 부동산으로 오피스텔을 꼽을 수 있다. 오피스텔은 소액으로 투자하기에는 많은 장점을 가진 부동산이다. 다른 부동산보다 낮은 분양가격 그리고 높은 대출율과 전매가 가능한 주거용 부동산이라는 장점이 그것이다. 이러한 장점 때문에 많은 사람들이 꾸준하게 오피스텔 투자에 쉽게 다가갈 수 있었으며, 최근 오피스텔에 투자하는 연령대가 부쩍 낮아지고 있는 이유도 같은 맥락으로 볼 수 있다.

경기도에 사는 34세 여성 C씨는 3년 전 가지고 있던 여유자금과 직장인 대출을 받아 오피스텔 2채를 투자하기로 마음을 먹었다. 목적은 누구나 그렇듯 월세를 꼬박꼬박 받기 위한 것이었다. C씨는 오피스텔을 계약하러 서울 마곡 신도시 오피스텔 모델하우스에 들어가서 상담을 받았다. 하지만 여기서부터 일이 꼬이기 시작했다. 3년 전 마곡 신도시는 오피스텔 분양이 한창 잘되고 있는 시점이었다. 분양 상담사가 C씨에게 "오피스텔은 처음에 계약금 10%만 들어가고 오피스텔 공사 기간 동안에는 중도금이 무이자이니, 4채를 분양받아 2채는 중간에 프리미엄 붙여서 팔고 나머지 2채를 완공 때까지 가지고 가라"고 했다고 한다. 얼핏 상담사 말만 들었을 때는 솔깃한 얘기였다. 이는 C씨뿐만 아니라 초보 투자자들에게 많이 일어날 수 있는 상황이며, 또한 심적으로 많이 동요되고 흔들리는 부분이다.

이후 C씨는 어떻게 되었을까? 1년이 지나 오피스텔이 완공이 되었지만 단 한 채도 프리미엄을 받지 못했다. 프리미엄은 고사하고 원금에도 팔지 못했다. 오히려 마이너스가 되어 매매로 나온 물건들이 많았지만 그마저도 거래가 되지 않았다.

한때 서울의 마곡신도시 오피스텔 공급량은 어마어마하게 많았다. 인근 공인중개사들도 오피스텔에 프리미엄이 붙을 것으로 예상하고 일명 오피스텔 찍기 작업을 하는 떴다방도 많이 생겼었다. 그 덕에 시행회사와 시공회사는 분양이 잘돼서 콧노래를 부르며 순조로운 사업을 할 수 있었지만 C씨와 같은 개미 투자자는 프리미엄을 받고 팔면 이익이 생긴다는 잘못된 판단으로 무리한 투자를 하여 잔금을 납부할 수가 없었다. 게다가 납부한 계약금 10%마저 떼이는 경제적 손해를 입었다.

오피스텔 투자에서 프리미엄을 받고 파는 단기투자를 목적으로 하는 사람들이 많은데 이는 대단히 위험하다. 오피스텔은 월세를 받기 위한 목적으로 접근하는 것이 올바른 투자이며, 월세가 올라야 부동산 가치도 오르기 때문에 그때 매매가격이 상승하는 것이다. 그리고 최초 입주 때에는 세입자를 찾는 오피스텔 공급물량이 많기 때문에 임대료가 낮을 수도 있다. 하지만 이는 일시적인 현상일 때가 많으며, 좋은 위치의 역세권을 끼고 있는 오피스텔이라면 결국 이 오피스텔을 찾는 수요자, 즉 세입자가 많아지면서 당연히 구분소유주들의 월세는 오를 수밖에 없다.

오피스텔 투자를 너무 쉽게 생각하는 사람들이 많다. 쉽게 생각하고 투자했다가 큰 코 다친 후에야 오피스텔 투자도 만만한 것이 아니라는 사실을 뒤늦게 깨닫는다. 쓰라린 경험을 해야 더욱 강해진다는 얘기가 있지만 적어도 부동산 투자에서만큼은 그러한 경험을 피해야 한다는 것이 나의 생각이다. 직접 경험하여 내 것으로 만들어야 할 것이 있고, 최대한 간접 경험을 통해야 할 것이 있다. 부동산 투자에서 손해를 보는 금액은 최하 단위가 수천만 원에서 시작하기 때문에 쓰라린 경험을 통하여 내 것으로 만들어서는 금전적으로 출혈이 너무 클 수밖에 없다. 소 잃고 외양간 고치는 일을 반복했다가는 외양간에 단 한 마리의 소도 남아나지 못할 것이다.

모든 부동산 투자가 그러하겠지만 오피스텔은 특히 은행 금리보다는 높은 수익을 창출한다는 가벼운 생각으로 투자에 임해야 한다. 로또처럼 위험과 엄청난 수익이 동반되는 부동산이 아니라는 점을 깨달아야 한다.

 투자의 신, 허준열의 눈

오피스텔은 프리미엄을 목적으로 하는 투자보다 월세를 받기 위한 투자다. 섣부른 지식과 과한 욕심으로 하는 오피스텔 단기투자는 잊지 못할 쓰라린 경험을 안겨줄 뿐이다.

35

분양광고는 투자자를 끌어들이기 위한 마케팅일 뿐이다

시간이 흐를수록 더욱 복잡해지는 정보화시대에 유독 부동산 분양광고들은 홍수처럼 쏟아지고 있다. 아파트, 상가, 오피스텔 분양광고부터 빌라, 타운하우스 등이 정신이 없을 정도로 인터넷이나 신문광고 또는 전단지, 현수막에 부문별하게 도배되고 있다. 시행회사나 시공회사는 당연히 분양률을 높이려고 분양광고를 할 수밖에 없다. 투자자들은 그들의 달콤한 사탕발림에 속아 넘어가서는 안 된다. 이럴 때일수록 자세를 고쳐 잡고 옥석을 가리는 신중함이 필요하다.

부동산 분양광고는 부동산을 팔기 위한 광고다. 그러니 분양광고에서 그 물건의 단점은 거의 찾아볼 수 없으며, 오로지 장점들만 부풀려져서 소개된다. 더 나아가 확정되지 않는 내용도 마치 확정이 된 것처럼 과장하여 소비자를 현혹한다. 그러다 보니 공정 거래위원회로부터 경고조치를 받은 곳도 간혹 있다.

대구에 사는 J씨는 신문광고를 통해, 경기도에 위치한 수익형 호텔이 4천만 원 투자로 연 16%, 월 85만원 5년 확정보장, 수익증서 발행이라는 눈에 띄는 분양문구를 보았다. 은행금리보다 몇 배나 많이 준다는 말에 J씨는 그 자리에서 덜컥 계약금을 송금했다고 한다. J씨도 조금은 의심을 했지만, 5년 확정보장 수익증서 때문에 결국에는 믿을 수밖에 없었다고 한다. J씨가 구입한 경기도의 수익형 호텔은 운영회사의 저조한 영업 매출로 인해 구분소유주에게 약속한 월세를 지급하지 못했을 뿐만 아니라, 관광객을 상대로 하는 이 호텔은 지금은 아예 문을 닫은 상태다.

경기도에 사는 B씨는 경기도 신도시에 위치한 분양상가 광고를 처음 접했다. 머지않아 상가 앞에 지하철이 생길 예정이고, 유동인구가 많이 몰려 1층 상가 월세는 400만 원은 충분히 받을 수 있다는 분양 상담사의 설명에 B씨는 상가분양을 계약하였다. 하지만 완공이 된 지 6개월이 지나도록 지하철역 건설계획은 여전히 오리무중이고, 들어선다는 얘기도 점차 흐지부지됐고 없던 일처럼 되어갔다. 월세 400만 원을 받을 수 있다던 상가는 공실상태로 4개월이 지나서야 울며 겨자 먹기 식으로 시세보다 싼 가격인 250

만 원에 간신히 임대를 맞출 수 있었다.

J씨와 B씨는 대표적으로 과장 분양광고에 피해를 입은 사례다. 분양광고는 '어디에서 아파트 또는 오피스텔, 상가를 분양하고 있구나' 라는 간단한 정보만 습득하면 될 뿐이다. 분양광고의 부동산이 투자가치가 있고, 없고를 판단하는 것은 그 이후의 일이다.

하지만 대부분의 사람들이 저지르는 실수 중 하나는 바로 분양광고만 보고 부동산 투자를 결정하는 것이다. 분양광고만으로는 부동산 전문가인 나도 투자가치가 있는지, 없는지를 절대로 알 수 없다. 심미안이라도 가졌다는 말인가. 어떻게 재료도 보지 않고 어떤 음식이 만들어질지 척척 알 수 있겠는가.

과거만의 이야기가 아니다. 지금도 많은 사람들이 이런 기초적인 실수를 범한다. 도저히 결정할 수 없는 미량의 소스만을 가지고 덜컥 투자 결정을 하고 있다는 것이다. 전문가인 나는 이처럼 대담하고 과감한 결정이 이해되지 않는데, 정작 본인들은 무엇이 문제겠느냐는 생각이니 놀랍기도 하고 걱정이 되기도 한다.

반복되는 이야기지만 재테크는 돈의 문제다. 그 돈을 모으는 과정은 실로 힘들고 긴 시간이었다. 먹을 거 안 먹고, 쓸 거 안 써서 만든 돈, 인생의 한 부분인 행복을 담보로 만들어낸 피 같은 자금이다. 그 시간들을 떠올린다면 그렇게 쉽게 투자를 결정해서는 안 될 일이다. 혹여 로또로 생긴 돈이라 할지라도 그 노력을 배신해서는 안 된다.

아무리 부동산에 대한 지식이 없다 하더라도 분양광고 내용, 혹은 분양 상담사나 공인중개사의 설명만으로 부동산 투자를 결정하는 것은 너무 무모하다는 생각이 든다. 그들의 바탕을 이루는 '목적'을 생각한다면 말이다.

비단 이것은 J씨, B씨만의 사례가 아닌 대부분의 사람들에게 흔히 일어날 수 있는 일이기 때문에 매우 안타까울 뿐이다. 일반 사람들이 부동산 투자에 대해 알면 얼마나 알겠는가? 법을 모르면 변호사 사무실에 가서 자문을 구하면 되고, 세무 쪽에 의심이 생기면 세무사나 회계사를 찾아가서 자문을 구하면 된다. 하지만 부동산 투자로 재테크를 하려는 사람들은 어디에서 자문을 얻을 수 있는가?

동네 공인중개사에게 무료로 투자상담을 하거나 혼자서 발품을 팔며 공부를 한다. 인터넷 광고가 정보인지 광고인지 정확히 구분도 하지 않은 채 나름 열심히 공부를 한다. 과연 그렇게 노력해서 고생 끝에 낙이 올까? 그리고 자신이 원하는 답을 얻을 수 있을까?

조금 더 발전적인 사고를 하는 사람들은 간혹 더 큰 위험을 피하기 위해 그리고 더 꼼꼼한 투자를 위해 부동산 투자 강의를 듣기도 한다. 물론 이론적인 공부로는 충분히 도움이 된다. 하지만 수십 명 또는 수백 명 앞에서 일방적으로 설명하는 강의가 각기

다른 목적으로 투자를 하려는 각각의 사람들에게 얼마나 도움이 되겠는가? 각각의 자금 여력이나 투자의 선호도가 다른데 말이다. 맞춤형 컨설팅은 불가능에 가깝다.

혹은 강의가 끝나고 수백만 원 또는 일천만 원 이상을 내고 회원으로 가입하면 컨설팅이 가능하다고 하는데, 정말 확실한 노하우를 알려주는 것일까? 설령 그렇다고 하더라도 이것 또한 부담되는 금액이라 일반인에게는 회원가입이 그리 쉽지 않을 것이다.

이것이 대한민국 부동산 재테크의 현주소다. 왜 부동산 투자로 실패하는 사람들이 많이 생기는지 대충 짐작이 갈 것이다. 1970년 이후부터 1990년 초중반까지는 부동산 전문가가 필요 없었다. 하지만 2000년대 들어서면서 부동산 시장이 복잡해졌고 또한 부동산 시장이 안정화 되면서 부동산 투자는 아무나 하는 것이 아닌 것으로 바뀌었다. 전문적인 부동산 정보가 필요해졌고, 부동산 흐름과 투자 가치를 알 수 있는 기술도 필수조건이 되었다. 이렇게 급격하게 변한 대한민국 부동산 시장을 인지하지 못하고 복불복 식으로 투자해서는 필패의 비망록만 써내려갈 뿐이다.

내가 왜 그토록 J씨와 B씨의 사례를 안타까워했는지 이해할 것이다. 승산 없는 게임에서 애타게 결과를 기다리는 그들의 마음이 느껴진다. 여기서 다 소개할 수는 없지만 현장에서 들려오는 '절규' 가 더 이상 없었으면 하는 바람이다.

우리나라 사람들은 부동산에 대한 관심이 매우 높다. 그에 반해 투자자의 재산을 보호해 주는 시스템은 없으며, 법인 설립인가를 내고 조언해 주는 전문가나 전문가 집단도 전무하다. 때문에 대책 없이 부동산 투자를 하려고 맘만 앞서는 사람들에게 나는 차라리 은행에 저축하는 편이 낫다고 조언해 주고 싶다.

만약 신규로 분양하는 부동산에 투자를 하기로 마음을 굳힌 상태라면, 그것이 아파트이건 상가, 오피스텔, 빌라, 전원주택, 토지건 간에 가장 주된 관심은 투자가치가 있는지 또는 없는지일 것이다. 투자에서 그것보다 중요한 화두가 어디 있겠는가. 스스로 결정할 수 있으면 금상첨화다. 하지만 혼자서는 가야 할 길을 정할 수 없을 때는, 비용 지출을 감수하고서라도 부동산 회사에 시장조사를

 투자의 신, 허준열의 눈

분양광고는 부동산 정보가 아닌 단순한 광고일 뿐이다. 의심 없이 분양 광고만 믿고 투자했다간 낭패를 보기 쉽다. 1970년 초부터 1990년 초중 반까지는 어느 부동산에 투자하더라도 손해보다 이익을 보는 사례들이 훨씬 많았다. 하지만 지금의 부동산 시장은 복잡하고 다양해졌기 때문에 면밀히 검토하는 투자습관과 투자경험이 많은 전문가에게 조언을 구하는 것도 방법이라 하겠다.

의뢰하는 편이 좋다. 자동차를 살 때도 만일의 사태에 대비해 책임보험에 가입한다. 하물며 더 큰 자산이 투여되는 부동산이라면 이때 지출되는 비용은 투자금 중 일부로 감수할 만하다. 작은 것을 아끼려다 모두 잃을 수 있다. 소가 살아야 외양간 손질도 의미가 있지 않겠는가.

36

경매입찰로 초보자는
돈을 벌 수 없다

부동산 가격이 절정으로 치솟아서인지 최근 들어 경매를 배우고자 하는 사람들이 많이 늘고 있다. 직장인들을 비롯해 가정주부, 퇴직자를 가릴 것 없이 다시 경매 붐이 일어나고 있으며, 그 속도는 걷잡을 수 없을 정도로 빠르다. 경매의 장점은 두말 할 필요도 없이 시세보다 저렴하게 부동산을 살 수 있다는 것이다. 하지만 경매를 시작한 초보자들이 모르고 있는 중요한 사실이 있는데, 그건 바로 그렇게 많던 경매 선수들이 정작 경매 시장에서 손을 떼고 있다는 사실이다.

그 이유는, 경매시장에서 매우 대중적인 아파트, 빌라 등의 경매 가격이 일반 부동산 시장에서 나오는 급매물과 큰 차이가 없기 때문이다. 오히려 초보자들이 시세보다 더 비싼 가격으로 경매를 받다보니 경매의 장점인 부동산을 저렴하게 사는 메리트가 사라져버렸다.

초보자들은 경매를 통한다면 부동산을 무조건 싸게 매입을 할 수 있으며, 그렇기에 무난히 시세차익을 얻을 수 있다는 환상을 가지고 있다.

예를 들어 서울 목동에 사는 L씨(40세)가 서울 신월동에 있는 오피스텔을 경매가격 1억 원으로 낙찰 받았다. 기쁨도 잠시, 그는 이틀 뒤 바로 후회를 했다. 이유는 경매로 낙찰 받은 오피스텔이 9,000만원에 급매물로 여러 개 나와 있으며 심지어 8천 5백만 원에도 살 수 있었기 때문이다. 이러한 사실을 오피스텔 현장에 있는 공인중개사 사무실에서 들었으며, 공인중개사는 "누군가가 경매로 1억 원에 받았다는 얘기는 들었는데 낙찰 받은 사람이 바로 당신이군요"라고 안타깝다는 표정으로 정보를 알려준 것이었다.

하지만 놀라움은 여기서 그치지 않았다. L씨는 경매 초보였기 때문에 경매회사에 컨설팅을 의뢰했었다고 한다. 그래서 경매담당자가 그를 컨설팅 해주기 위해 경매 법원으로 두 번 데리고 가서 하는 말이 "우리는 낙찰을 받으면 수수료 1%를 받는다. 그러나 지금은 경매물건이 좋지 않으니 입찰을 하지 말자고 했다"는 것이다. 이러한 행동에 L씨는 경매담당자에 대한 믿음이 생겼다고 한다. 세 번째도 경매담당자가 그를 데려가 하는 말이 이번에는 물건이 좋으니 입찰을 하자는 것이었다. 그러면서 9,000만 원으로는 불안하니 1억 원으로 해야 낙찰을 받을 수 있다고 설득하여 결국 1억에 입찰하였고, 또 다른 입찰자는 9,700만 원에 입찰하여 L씨가 낙찰을 받았다. 그리고 약속대로 낙찰금액의 1%를 경매담당자에게 수수료로 주었다.

여기서 반전은 또 일어났다. 얼마 지나지 않아 알게 된 사실인데, 9,700만 원, 즉 2등으로 입찰한 사람이 다름 아닌 경매회사에 컨설팅을 의뢰한 경매담당자의 동료컨설팅 직원이었다는 사실이다. 높은 낙찰가를 따지러 갔다가 우연히 이 사실을 알게 된 것이다. 경매가 처음인 L씨는 실수를 하지 않으려고 컨설팅까지 받았건만 오히려 철저히 이용만 당한 꼴이었다.

왜 그랬을까? 당연히 수수료 1%를 받기 위해서다. 입찰이 아닌 낙찰이 됐을 때만 수수료 1%를 받기 때문에 L씨가 비싼 가격을 써야만 낙찰 받을 확률이 높아진다. 입찰이 낙찰로 이루어지지 않아 여러 번 떨어지게 된다면 거기에 들어가는 교통비, 밥값, 시간이 경매직원 입장에서 본다면 그냥 날아가는 것이다. 물론 전체가 아닌 일부 경매컨설팅 직원에 대한 얘기다.

경매 초보자는 경매 물건도 잘 볼 줄 모를 뿐더러 군중심리에 휩쓸려 입찰가를 높게 써서 제출한다. 때문에 입찰금을 포기한 초보자가 의외로 많다. 모든 부동산투자가 그러하듯 훈련과 전문지식 없이 하는 투자는 이익은커녕 손해로 끝나는 경우가 많다는 사실을 기억해야 한다.

부동산 투자 상담으로 본
투자 성공 사례들

37

직감은 부동산 투자 경험에서 나오는 노하우다

무엇이든 한 가지 일을 오래 한 사람, 즉 숙련공에게서는 직업에 따라 약간은 다르지만 하나같이 몸에서 저절로 배어나는 몸짓과 행동이 있다. 우리는 이를 두고 초보는 결코 따라갈 수 없는 노련미와 완성도라 일컫는다. 일각에서는 그들에게 '달인'이라는 칭호를 붙여 그동안의 시간과 노력을 인정하기도 한다.

부동산도 마찬가지다. 부동산 투자에서 숙련공이란 시장의 흐름을 잘 읽는 사람들이다. 비단 전문가뿐만 아니라 극히 드물기는 하지만 일반 사람에게도 흐름을 읽는 탁월한 안목이 목격되는데, 우리는 이를 두고 흔히 '직감'이라고 부른다.

흐름을 잘 읽는다는 의미는 미래의 부동산을 100% 완벽하게 예측한다는 말이 아니다. 애초에 그렇게 완벽한 사람은 존재하지 않는다. 그 수많은 변수들을 다 계산할 수도 없거니와, 천재적인 능력을 발휘해 완벽히 계산이 되었다 하더라도 부동산이 그대로 흘러간다는 보장도 없다. 예기치 않은 변수가 시시때때로 생겨나기 때문이다.

따라서 아무리 달인의 경지에 오른 투자자라 할지라도 한 번의 투자에 자신의 전 재산을 올인하지 않는다. 어차피 100%는 없다는 사실을 잘 알기 때문이다. 대신 여러 번의 시도에서 성공의 확률을 높여 종국에는 승리하는 투자자가 되고자 노력한다. 이것이 가장 바람직한 투자자의 자세다.

'경제'라는 큰 강물로 흘러들어오는 작은 물줄기들, 즉 갖가지 데이터를 분석하고, 과거에서 현재까지 변화해온 모습들을 종합하면 어느 정도 예측은 할 수 있다. 거기에 경험에서 얻어진 직감까지 더하면 정확성은 한층 높아진다. 때로는 정확하다는 데이터보다 직감이 더 정확할 때도 많다.

부동산 투자는 알 수 없는 앞날의 일을 적중시키는 것이 가장 중요한 관건이므로 데이터 분석이든, 정보든, 직감이든 모든 방법들을 총동원해서라도 예측한 대로 결과물에 도달해야 한다.

부동산 투자로 실패하는 사람들에게는 공통점이 있다. 지인의 권유로 의심 없이 투자를 결정하거나 인터넷 검색 등을 통해 얻은 정보, 즉 과대광고를 보고 투자를 결정한다는 것이다.

대한민국에서의 부동산 투자 열기나 투자총액에 비해 전문가는 의외로 많지 않다. 전문가라고 불리는 사람 가운데서도 많은 이들이 하나같이 상업적으로 투자자를 끌어 모은 다음 그들에게 부동산 상품을 팔거나 홍보하는 것이 목적일 때가 많다.

나의 고객 중에 전문가는 아니지만 전문가 이상으로 투자를 잘하는 사람이 있다. 서울에 사는 B씨다. B씨는 투자하기 전에 모델하우스나 공인중개소에 가지 않는 대신, 전국의 부동산 시장의 흐름을 먼저 읽고 커다란 맥을 보려고 한다. 어떤 부동산이 매수하는 때인지, 어떤 부동산이 매도하는 때인지를 말이다. 즉 부동산 투자를 하기 전에 나무를 보지 않고, 숲을 보려고 하는 것이다. 숲을 먼저 보지 않고는 도무지 나무를 판단할 수 없다는 사실을 잘 알고 있다.

　이는 웬만한 부동산 전문가도 놓치기 쉬운 중요한 포인트이며 핵심이다. 일반인이 그 정도의 경지가 됐다는 것은 정말 대단한 일이 아닐 수 없다. 아파트, 상가, 오피스텔 등에 할 것 없이 모든 부동산 시장에 적용되며, 부동산 투자에 있어서 가장 많은 사람들이 간과하는 부분이다. 이 점을 정확히 체크할 수 있다면 결코 후회스러운 선택을 하는 경우는 없을 것이다.

서울에 사는 30대 중반 L씨가 있다. L씨는 젊은 나이에도 불구하고 부동산 투자로 10여 곳에 투자를 하면, 9곳 정도는 성공을 거두는 거의 전문가 수준의 실력을 가지고 있다. L씨는 과거 주식에서 오랜 경험을 축적해 왔다.

주식이야말로 타이밍의 예술이다. 싸게 사서 비싸게 파는 일을 수시로 반복한다. 매번 성공할 수는 없지만 실패보다 성공의 횟수가 많을수록 자금이 쌓여가는 구조다. 물론 한 번에 올인하여 자산을 모두 잃지 않는다면 말이다. 아마도 L씨는 주식투자를 통하여 최소한 잃지 않으면서 어떻게 하면 평균적으로 수익을 낼 수 있는지 경험했을 터였다. '실패는 피해갈 수 없다. 늘 생기는 일이다. 하지만 성공이 더 많으면 살아남는다. 그러니 실패를 줄이기 위해, 성공을 늘리기 위해 노력한다.' 이것이 그가 가진 생각이다.

주식에서 매수와 매도를 밥 먹듯이 하다 보니 그는 자연스럽게 매수와 매도 타이밍이 투자에서 얼마나 중요한 일인지 깨달았다. 그래서 L씨는 어느 부동산을 매입해야 할지 피나는 학습으로 완벽에 가까운 이론을 습득하였으며, 십 수 번의 실전 경험으로 자신감도 나름 쌓았고 내가 중요하다고 얘기한 '직감' 도 상당한 수준까지 끌어올렸다. L씨 같은 경우에는 친한 친구들에게도 절대 노하우를 알려 주지 않는다고 한다. 이유는 친구에게 설명을 해주어도 '직감' 은 설명으로 이해하는 것이 아니고 경험으로 자기 자신이 터득해야 정확히 알 수 있기 때문이라고 한다. L씨의 말은 100% 맞는 말이다. 학생이 선생님한테 "어떻게 하면 공부를 잘해요?"라고 묻는 것과 같은 이치다.

대한민국에는 유독 부동산에 관심이 있는 사람들도 많고, 열심히 공부하는 사람들도 많다. 세계 어느 나라가 이 정도의 학구열을 따라올 것인가. 그리고 통계에 따르면 '만약 로또 1등에 당첨이 된다면 당첨금으로 어떤 계획을 세울 것인가?' 라는 질문에 십중 팔구는 부동산을 매입한다고 답한다.

그런데 관심과 학구열은 딱 여기까지다. 남들만큼에서 멈춘다는 것이다. 실제 투자에서 필요한 기술은 꼭 눈앞에 다가와야 그때서야 부랴부랴 서둘러서 알아보는 경우가 대부분이다.

부동산 재테크 실력 향상은 짧은 시간에 이루어지지 않는다. 나는 나이가 어리면 어릴수록 부동산 재테크에 관심을 가지는 것도 나쁘지 않다고 생각한다. 부동산 시장은 경제와 밀접한 관계를 형성하기 때문에 정치와 마찬가지로 어릴수록 더 많이 체득된다. 예체능에서 어릴 때 시작한 사람들이 늦게 시작한 사람들에 비해 '감'이 앞선다고 얘기하면 맞는 비유일지 모르겠다.

부동산 투자를 부정적인 시각으로 바라보는 편견도 있는데, 굳이 그런 편견과 맞서 싸울 이유도 없다. '투기'를 경계하고 멀리할지언정 '정당한 투자'를 부끄러워하거나 터부시할 이유는 어디에도 없다. 이제 우리는 '눈 감고도 성공'하던 재테크 호시절을 지나, 노력해야만 과실을 따먹을 수 있는 치열한 재테크 경쟁시대에 진입하였다. 100세 시대를 안전하고 행복하게 살아가려면 어쩌면 투자는 떼려야 뗄 수 없는 인생의 동반자가 되어야 할지도 모른다. 돈이 행복의 전부일 수는 없지만, 행복한 일상을 떠받치는 토대는 될 테니 말이다. 토대가 굳건할수록 우리의 삶도 더 안정적인 항해가 가능해질 것이다.

부동산 투자로 눈을 돌려, 내가 거주할 아파트를 살 때 또는 노후를 대비해서 상가나 오피스텔을 구입해 월세를 받으려 할 때, 그것은 투자 이전에 내 인생의 문제이기도 하다. 인생의 토대를 얼마나 든든히 세울 것인가의 문제라면 지나친 비약일까. 투자로 전 재산을 날리고 인생의 낙을, 아니 인생 자체를 잃어버린 사람들을 보면 돈=인생이라는 등호가 과장만은 아니라고 생각한다.

투자는 +를 목적으로 하지만, 먼저 −를 방지해야 하고, 자금이 0이 되지 않도록 위험요소를 제거해야 한다. 이유를 불문하고 인생은 지속되어야 하니 말이다. 그 어떤 투자에서도 평생 모은 돈이 한 번에 잘못되도록 방치해서는 안 된다. 평소 시장을 이해하려고 노력하고, 경제 전반의 상황을 부동산에 접목시키는 습관을 들이면 '직감'도 자연스럽게 익힐 수 있을 뿐만 아니라, 재테크가 생활의 일부가 되어 평생 가도 녹슬지 않고, 은퇴도 없는 강력한 평생 직업이 될 수 있다. 인간의 평균 수명이 구글에서 연구하는 것처럼 140세로 늘어난다고 해도 버틸 수 있는 든든한 버팀목 말이다.

이러한 진리를 깨달으면 굳이 위험을 감수하지 않고도 안전한 투자만으로 행복한 재테크 생활을 영위할 수 있다. 이는 자기 자신만을 위한 것이 아니라 나아가 가족의 삶까지도 연관되어 있다. 단기전이 아닌 장기전으로 봐야 할 것이다.

세상이 어떻게 돌아가는지도 돌아볼 틈이 없고, 쉬는 날도 없이 열심히 일한 것 외에는 아무것도 모르는 사람들이 새로 이사 갈 집을 찾거나 노후대책을 준비하기 위해 부동산 시장으로 진입한다. 일부 업자들은 이들을 애타게 기다렸다가, 레이더망에 걸려드는 순간 재빠르게 접근하여 좋은 부동산 투자처가 있다면서 투자를 권유한다. 수호천사처럼 행동하니, 정말 수호천사라도 나타난 것처럼 그들의 감언이설에 속아 순진한 투자를 결정한다.

결국 한순간의 잘못된 투자로 인해 집안이 풍비박산이 나서 가족 전체가 뿔뿔이 흩어지고 만다. 흔한 경우는 아니지만 그렇다고 무시할 정도로 가끔 일어나는 일도 아니다.

평생 일반 사람들이 몇 번이나 부동산을 사고팔까? 전문투자자가 아니라면 많지는 않다. 아마 한 번 있을까 말까 한 사람도 많을 것이다. 하지만 인생이 달린 문제이고 나아가 가족의 문제이며 한 번의 실패가 앞의 성공을 모조리 지워버릴 수 있는 큰 결정이므로, 평소에 관심을 가지고 공부해야 한다. 또한 유혹이나 꾐에 걸려들지 않도록 조심해야 한다. 몇 번 일어나지 않는 일이라고 하여 공부하지 않고, 누군가의 말에 의지해 결정하겠다면 분명히 말하지만 잘못된 인생의 자세다.

더 나아가 '직감'이라는 무기를 장착하고, 평생의 직업으로 삼기 위해 남들보다 한층 더 노력한다면 인생 100세가 고난의 길이 아닌, 풍요로운 여행이 될 것이다.

 투자의 신, 허준열의 눈

투자하기 전에 부동산 흐름을 읽으라. 나무를 보지 말고 숲을 보라. 내가 투자할 부동산 종목을 선택하고 빠짐없이 정보를 점검하라. 부동산 투자는 스스로가 판단하고 결정하는 것임을 명심하라!

부동산 투자를 잘하려면 경험에서 나오는 '직감'이 중요하다. 하지만 그 이전에 부동산 투자를 하지 않더라도 부동산 시장에 대한 관심을 가지는 것이 무엇보다 중요하다. 관심이 전혀 없다가, 발등에 불이 떨어진 사람처럼 부동산 투자를 하려고 여기 저기 알아보며 애쓰는 사람만큼 안타까운 사연은 없다.

100세 시대 부동산 투자 기술은 평생 직업이 될 수 있다.

38

씨앗을 뿌려야 하는 계절과
수확물을 거둬야 하는 계절

대한민국에서 가장 대표적인 재테크 수단은 역시나 부동산이다. 재테크가 내 돈을 불리기 위한 수단인 것은 분명하지만, '재테크= 돈 불리기' 라는 등식은 성립하지 않는다. 성공하면 이익이지만, 실패하면 경제적 손실을 감수해야 한다. 그래서 앞만 보고 달리는 재테커들은 손실은 계산에 넣지 않고 이익만 따져보기 바쁘다.

'올해는 20%만…, 그리고 내년엔 30%, 10년 후엔 10배…'

재테크로 불어나는 내 돈의 총량을 상상하는 것만큼 즐거운 일이 또 있을까?

'돈이 모이면 여기도 가고, 저기도 가고, 이것도 사고, 저것도 사야지…'

상상이 즐거운 이유는 돈으로 할 수 있는 일이 너무나 많기 때문이다. 그러다 보니 손실은 계산에 넣고 싶지도 않고, 손실 보는 상황을 굳이 상상하고 싶지도 않다.

또한 이런 상상이 무서운 이유는, 사람을 조급증의 노예로 몰아가기 때문이다. 상상하면 상상할수록 그 멋진 날을 앞당기고 싶어지는 것이 인간의 욕망이다. 빨리 투자를 하고 싶고, 빠른 시일 내에 좋은 결과를 보고 싶다. 그래야 내 삶이 조금이라도 빨리 나아질 테니 말이다. 어쩌면 당신도 이런 상상을 하며 이 책을 읽고 있는지도 모르겠다. 성공을 앞당겨줄 비책이 없나 하면서 말이다.

부동산 투자에서 성공하는 사람과 실패하는 사람의 차이를 아는가? 물건을 보는 안목의 차이일까? 물론 거기에서도 차이는 발생한다. 차이를 만들어내는 요소는 여러 가지이겠지만 가장 대표적인 이유는, 투자의 적기를 파악했느냐 파악하지 못했느냐이다. 다른 약한 실력을 다 뒤집을 만큼 '투자시기'는 매우 중요하다. 실력이 아예 없고, 부동산으로 돈을 벌 생각이 눈곱만큼도 없는 사람도 집을 사는 시기가 우연이라도 잘 맞아떨어지면 재테크에 성공할 수 있다. 주변에 실력은 보잘것없어 보이는데 부동산 투자에 성공한 사람들이 한둘은 있지 않은가?

맞다. 실력이 아니라 때를 잘 만났기 때문이다. 여기서는 때를 잘 골랐다는 말보다 잘 만났다는 표현이 더 정확할 것이다. 집을 살 자금이 생각보다 일찍(아니면 늦게) 만들어졌다면 얼마든지 실패로 뒤바뀔 수도 있는 경우 말이다.

서울에 사는 A씨와 B씨.

A씨가 노리는 부동산 투자 시기는 불경기가 왔을 때다. 그는 남들이 거들떠보지 않아야 움직인다. 남들이 관심도 두지 않는 부동산 중에서 투자가치가 있다고 생각하는 곳만 노리면서, 투자에 대한 결심이 서면 한 푼이라도 더 싸게 사려고 노력한다. 이런 시기에는 싸게 사려는 노력이 잘 먹히기도 하니 그의 투자는 항상 마음이 편하다. 자신이 계획한 그대로 투자할 수 있어서 그는 언제나 만족이다. 그렇지 않아도 싼 시기에 더 싸게 물건을 매입하니 투자금에 대한 부담도 크지 않다.

반면 B씨는 A씨와 같은 행동을 모험이라 생각한다. A씨의 마음이 그처럼 편안하리라는 생각은 한 치도 하지 못한다. B씨는 무조건 안전한 투자를 목표로 하기 때문에 이미 상권이나 주택들이 자리가 잡힌 곳 또는 부동산 투자자들이 몰린다는 방송이 나오는 곳, 가격이 한참 오르고 있는 곳을 선호한다. 그런 곳에 가면 마음이 편안하다. 동지들도 많아 진짜 투자하는 것처럼 느껴진다.

여기에서 A와 B씨 중 누구처럼 투자하겠느냐고 묻는다면 아마도 A씨라 답하겠지만, 막상 부동산 투자에 임하면 B씨처럼 행동하는 자신을 만나게 될 것이다. 이미 이 책을 읽는 도중이니 A씨가 안전하다는 사실도 알았을 것이다. 그런데 막상 현장에 가면 B씨 같은 사람들을 (많이) 만나야 안전하다고 느껴진다. 왜 우리는 항상 생각과 행동이 따로 노는가.

사실 국내의 부동산 투자자들만 이런 행동패턴을 보이는 것은 아니다. 주식에 투자하는 사람들도 그렇고, 금이나 원유 등 원자재에 투자하는 사람들, 달러 등의 환율에 투자하는 사람들도 다 그렇게 행동한다. 뿐만 아니라 외국 투자자들도 그처럼 행동한다. 이렇게 전 세계 대부분의 사람들이 약속이나 한 듯 비슷하게 행동하기 때문에, 이들과 반대로 행동하는 일부의 사람들이 돈을 쓸어 가는 것이다. 지금은 글로벌화가 잘되어 있어서 자국의 투자금뿐만 아니라 전 세계의 투자금을 빨아들인다.

그들에게 더 큰 호재는 이런 기회가 주기적으로 반복해서 찾아온다는 데 있다. 지난번 분명히 비슷한 패턴으로 돈을 쓸어 모았는데, 그 사실을 잊었는지, 아니면 새로운 재테커들이 대거 유입되었는지, 똑같은 패턴으로 겁을 주고 가격을 다운시켜 헐값에 주워 담고, 기다리다가 가격을 올려 팔면 수없이 많은 사람들이 줄을 서서 비싼 내 물건을 못 사서 안달이다.

대중이 다니지 않는 뒤안길로 걸어간다는 것은 대단한 용기가 필요하다. 나조차도 흔들리는 마음을 진정시키고 사고 싶은 마음을 억누르는 데 어려움을 겪는다. 사람들과 뒤섞여 살아가는 우리의 인생에서 나 홀로 길 없는 길을 간다는 게 얼마나 어려운 일인가.

하지만 그렇다 하더라도 돈을 벌기 위해 재테크를 시작했다면, 어떻게 행동해야 하는지 답은 나와 있다. 앞서 재테크=돈 불리기는 아니라고 했다. 재테크=돈 불리기가 반드시 성립해야 한다고 생각한다면, 방법은 원금이 보장되는 은행에 예금을 하는 길밖에 없다.

그렇지 않고 그보다는 공격적이고 적극적으로 돈을 불리겠다고 생각한다면 앞의 A씨처럼 행동하기 바란다. A와 B는 나의 지인들인데, 결과를 비교하기 어려울 정도로 A씨는 성공했으며 B씨는 어려운 지경에 빠져 있다.

A와 B의 투자 스타일을 조금 더 분석해 보면, 먼저 B씨는 안전한 부동산 투자에 너무 몰두한 나머지 상투 잡는 식의 투자만 반복한다. 호경기 때 매스컴에서 그 지역의 부동산에 사람들이 몰린다는 보도를 흘리면 그제야 부동산을 비싸게 주고 매입한다. 이 시기는 부동산 하락과 맞물려 있다. 산의 봉우리 즈음이다. 나는 그의 패턴이 안쓰러워 몇 번이고 투자를 그만두고 차라리 은행상품을 알아보라고 권유했지만 그는 끝내 말을 듣지 않았다. 결국 어려운 지경에 빠져 인간의 기본 욕구조차 해결하기 어려운 상황에 내몰리고 말았다.

반대로 A씨는 전문가들이 추천하는 방식을 그대로 실천한다. 사실 전문가들조차도 자신이 말해 놓고 지키지 못하는 방식이 비수기 때 부동산을 매입하는 일이다. A씨는 부동산에는 사이클이 있다는 사실을 믿고 있으며, 불경기 때 투자가치가 있는 부동산을 싸게 매입하여 시장이 호경기로 변화할 때를 기다린다. 계획한 그대로 뚝심 있게 밀고 나가는 것이다. 그는 이미 수차례 성공을 거두면서 성공의 선순환 사이클을 만들어가고 있다.

대부분의 사람들이 부동산에서 저지르는 실수는 2가지다.

첫째, 수개월 이내에 이익을 보려는 성급한 마음이고,

둘째, 군중심리에 이끌려 다른 사람들이 투자를 하지 않으면 나도 하지 않고, 반대로 다른 사람들이 부동산으로 몰려들면 그동안 관심도 없다가 뒤늦게 뛰어들어 막차를 탄다. 그것도 가격이 절정일 때 비싸게 부동산을 매입하니 한 아름의 리스크를 품에 안는다.

가격이 높다, 많이 올랐다는 사실은 그 자체로 리스크다. 반면 가격이 낮다, 많이 떨어졌다는 최소한의 안전판이다. 누구도 싸게 사는 사람을 이길 수 없다.

부동산 시장은 분명하게 불경기와 호경기가 존재한다. 이 차이를 이용해 낮은 가격으로 부동산을 매입할 시기와 높은 가격으로 부동산을 매도할 시기를 판단해야 한다. 부동산 투자에서 B씨처럼 확실하고 안전한 투자는 없다. 안전한 투자를 위해 확률이 높은 방향으로 가야 한다는 것이다. 부동산을 자주 사고파는 사람일수록 이 원칙을 지키면 결코 실패하지 않는다.

A씨와 B씨가 결코 다른 종류의 사람들은 아니다. 차이는 A씨는 불경기를 투자 적기로 보고, B씨는 호경기를 투자 적기로 본다는 것뿐이다. 이 세상에 A와 B라는 두 사람만 있다고 가정했을 때 서로 부동산을 사고파는데, A는 B로부터 쌀 때 사서 비쌀 때 다시 B에게 팔고, B는 A로부터 비쌀 때 사서 쌀 때 다시 A에게 판다. 거래가 늘 동등한 것처럼 보이지만, 결과는 하늘과 땅 차이다. 그들의 현재 모습이 이를 증명한다.

이 둘의 관계를 시장 전체로 확대하면, 지금 일어나는 일들이다. 소수의 A와 다수의 B의 대결이며, B의 재산이 A에게로 끊임없이 이동한다. B가 열심히 일해서 A의 배를 불려주는 구조다.

지인 중 C씨의 행동도 분석해 볼 만하다. 그가 투자를 시작하는 시기는 돈이 모였을 때이다. 돈이 모이면 당장 한다. 그리고 파는 시기는 따로 없다. 가격이 오른 후가 파는 시기라고 정해두었다. 그런데 C씨는 성공도 하고 실패도 한다. 시기를 잘 만나면 성공이고 잘못 만나면 실패다. 본인은 그 시기 때문에 성공과 실패가 나뉜다는 사실을 모른다. 아무리 말해 줘도 그렇지 않단다. 나름대로의 투자원칙이 있는 것은 분명하다.

C씨는 치과의사라는 전문직을 가지고 있어서 수입은 괜찮은 편이다. 공부도 남들보다 잘했으니 투자도 잘할 수 있다고 믿는다. 그래서 투자에 겁이 없는지는 모르겠으나 성공을 하다가도 크게 실패를 하니 자금이 리셋되기 일쑤다. 때로는 원금마저 손실을 보다 보니 원금을 잃고 나면 투자를 쉬면서 다시 돈을 모은다. 그래서 그가 투자를 시작하는 시기는 '돈이 모이면 당장' 인 것이다. 그의 목표는 부동산으로 돈을 벌어 강남에 100억짜리 빌딩을 사는 것이다. 그래서 월세를 받게 되면 의사직도 내던질 생각이다. 과연 그의 목표가 이뤄질지 궁금하다.

씨앗은 아무 때나 뿌리지 않는다. 농사에서 씨앗을 뿌리는 계절은 정해져 있다. 수확물을 거두는 계절도 마찬가지다. 이에 역행해서는 풍성한 결실을 맺을 수 없다. 먼저 씨앗을 잘 뿌려야 한다. 넓은 대지에 아무것도 심어져 있지 않은 계절에 유유히 씨앗을 뿌리

 투자의 신, 허준열의 눈

투자 후 수개월 이내에 수익을 챙기려는 성급한 마음을 버려야 한다. 또한 무엇보다 씨앗을 뿌리는 계절과 수확을 하는 계절이 따로 있다는 사실을 알고, 실천해야 한다. 누구나 A씨가 될 수도 있고, B씨가 될 수도 있다는 사실을 기억하라.

라. 그리고 점점 따뜻해지면 수확을 준비하고, 날이 너무 뜨거워 머리가 탈 것처럼 느껴질 때 수확물을 거둬들이라. 이렇게 반복하다 보면 때로는 갑자기 태풍이나 가뭄이 들어 낭패를 보기도 하겠지만, 결국 시간이 지나면 지날수록 부유한 농부가 될 수 있다.

39

어떻게 돈이 되는 취미를 만들 것인가

부동산 투자는 어려운 것이며, 어렵기 때문에 성공했을 때의 기쁨도 실패했을 때의 좌절도 크게 다가온다. 다른 재테크에 비해 수익률은 큰 차이가 없을지 모르나, 돈의 크기가 크기 때문에 충격과 환희가 남달리 큰 게 사실이다.

인디언 격언 중에 "물고기를 잡아 주기보다는 물고기 잡는 법을 알려줘라"라는 말이 있다. 투자에서 소위 떠먹여주면 한 번은 성공할 수 있지만, 스스로 계속 성공하려면 낚시를 하기 전 반드시 물고기 잡는 법을 알아야 한다.

물고기 잡는 법을 익히기 위해 여러 가지 노력을 하지만, 그중 핵심은 '부동산 움직임 파악'이다. 그 흐름을 잘 타고 가야 한다.

흐름을 읽으려면 아파트, 상가, 오피스텔 등 하나하나에 연연하지 말고 부동산 시장 전체 움직임을 관찰해야 한다. 숲을 먼저 보고 나무를 본다는 만고의 진리를 습관처럼 내 몸에 각인시켜야 한다.

경기도 평택에 사는 40대 후반의 P씨. 3년 전까지만 해도 그는 흔히 애기하는 왕초보였다. 하지만 지금의 P씨는 때론 나보다 부동산 흐름을 정확하고 예리하게 분석한다. 그때마다 깜짝 놀라곤 한다. P씨는 아파트, 상가, 토지를 넘나들며 머리 아프지 않게 즐기면서 투자를 하고 있다.

사람마다 취미는 제각각이다. 어떤 사람은 낚시를, 어떤 사람은 등산을, 또 어떤 사람은 수영이나 헬스, 독서, 여행 등 종류는 많다. 그런데 P씨는 독특하게도 임장이 취미다. 주말이면 아침 일찍 집을 나서 부동산 물건들을 보러 다닌다. 주말마다 지역을 정해 하루에 20~30건의 부동산을 직접 둘러보는 것이다. 현지 토박이들이 운영하는 공인중개사에 들러 그 지역의 과거부터 현재까지의 시세를 묻고 투자가치가 높은 부동산을 소개받기도 한다. 그리고 밤이 되면 집에 돌아온다. 아내는 주말만 되면 집을 나서는 P씨가 못마땅하다. 그래도 P씨는 이에 아랑곳하지 않고 자신의 취미생활을 즐긴다. 주중에는 부동산 관련 책이나 뉴스를 읽고, 주말에 다녀올 지역을 분석한다.

P씨는 독서와 여행이 원래 취미였다고 한다. 그런데 부동산을 만나면서 자신의 취미를 좀 더 발전적으로 개발, 접목시켰다. 책을 읽어도 부동산이나 경제경영서를 읽게 되었고, 물건을 보는 것 자체가 자신에게는 여행이나 다름없다고 한다. 현지 맛집 탐방도 즐거움 중에 하나다.

이렇듯 P씨에게 부동산 투자는 돈이 되는 취미가 되었다. 공자의 〈논어〉편을 보면 "아는 사람은 좋아하는 사람만 못하고, 좋아하는 사람은 즐기는 사람만 못하다"는 말이 나온다. 세간에는 이를 조금 바꾸어 "천재는 노력하는 사람을 이기지 못하고, 노력하는 사람은 즐기는 사람을 이기지 못한다"고 말한다. P씨가 3년이라는 짧은 시간 만에 전문가 못지않은 실력을 갖추게 된 비밀은 바로 노력을 뛰어넘는 '즐김'에 있었다. 본인이 즐거워서 공부하니 남들이 볼 때는 미친 사람처럼 보여도 당사자는 즐겁기만 하다. 힘도 들지 않는다. 힘이 들기는커녕 인생이 즐겁다고 말한다.

부동산이 어려운 것은 사실이지만, P씨처럼 즐기듯이 공부하면 어렵지 않게 느껴진다. 그리고 고기를 낚는 법을 가장 빨리 터득하는 방법이 바로 스스로 좋아서 달려들 때이다. 이때는 고도의 집중력이 발산되고 '감'을 익히는 습득력도 최고조에 달한다.

모두가 P씨처럼 될 수는 없겠지만, 그래도 비슷하게 따라가다 보면 돈으로는 환산하기 힘들 만큼의 실력을 갖출 수 있게 된다. 취미로 인생도 즐기고, 돈도 벌 수 있으니 얼마나 좋은가.

수명은 길어지고 은퇴는 빨라진 지금, 평생 은퇴걱정 없이 지속할 수 있는 이런 취미 하나쯤 가져보면 어떨까.

부동산 공부와 투자를 취미로 가진 사람들 중 이론까지만 도달하고 실행에 두려움을 갖는 사람들이 많다. 산 높은 곳의 약수터까지 잘 올라갔는데, 정작 약수의 성분이 무서워 마시지 않는다면 무슨 소용인가? 재테크는 학문을 쌓아가는 과정이 아니다. 실전을 위해 필요한 지식을 습득하는 과정이므로 이론이 완성된 후에는 실제 투자로 이어져야 한다.

10년 넘게 온갖 부동산 이론서를 열심히 읽었다고 하여 투자를 잘할 수는 없다. 예를 들어 골프 연습장에서 10년 동안 피나는 연습만 한 사람과 실제 잔디를 밟으며 1년 동안 꾸준히 필드에 나간 사람 중에 어느 쪽이 골프 스코어가 좋을까? 당연히 필드를 경험한 사람이다. 이론가는 실전경험이 풍부한 사람을 절대 이길 수 없다. 그만큼 실전에서 얻어지는 '내공'은 엄청난 것이다.

서울 용산구 동부이촌동에 사는 Y씨는 60세가 넘은 남성이다. Y씨는 부동산 용어를 잘 알지 못할 뿐더러 흔히 비유하는 가방끈도 길지 않다. 가난했던 어린 시절을 극복하기 위해 열심히 살아온 결과 홍대와 서교동에 두 채의 빌딩을 소유하게 되었다. 사업채를 운영하다가 지금은 정리하고 월세 수입으로 살아간다. 그는 직장

생활을 하면서도, 사업을 하면서도 부동산에 대한 관심을 놓지 않았다. 그가 처음 투자한 곳은 신림동이었다. 고시원을 운영했는데, 공실이 나지 않더라는 것이다. 게다가 건물 값도 뛰었다. 그는 이 경험을 바탕으로 젊은이들이 모이는 곳의 부동산만 집중 매입했다. 경희대와 외대가 위치한 이문동에 투자했고, 젊은이들의 성지 홍대에 투자했다. 서교동에 투자한 이유는 최근 근처 '망리단길'이 젊은이들의 새로운 핫플레이스로 떠오르자 젊은이들이 모이는 곳의 부동산은 반드시 오른다는 신념으로 100억짜리 빌딩을 매입한 것이다.

그가 비록 이론가는 아니지만 젊은 시절부터 부동산에 관심을 갖고 작은 것부터 시작해 꾸준히 투자를 병행해 왔다. 사업으로 돈을 벌면 부동산을 매입하는 식이었다. 그는 사업에서도 좋은 수완을 발휘했는데, 지금 돌이켜보면 사업보다 부동산이 벌어준 돈이 더 많다고 한다. 그리고 부동산이라는 믿는 구석이 있어서 사업도 더 잘할 수 있었다고 말한다.

그는 투자만 하는 전문투자자로 살기보다는 안정적인 직업을 바탕으로 투자는 취미처럼 해야 한다고 강조한다. 그래야만 정신건강에도 좋다는 이야기다. 일도 잘 풀리고, 부동산도 잘 풀려야 즐거운 인생 아니겠는가. 그가 바로 즐거운 인생의 표본이다. 자녀들에게도 이미 많은 재산을 넘겨준 상황이다. 하지만 아직도 그의 수중에는 각 100억이 넘는 빌딩이 2채나 남아 있다.

이론으로 먼저 무장하고 실전에 임하는 것이 최상이다. 하지만 Y 씨의 경우처럼 비록 이론은 약하더라도 무리하지 않는 선에서 부동산을 직접 매입해 보면서 배워가야 더 빨리 배울 수 있다. 이론만으로는 결코 얻을 수 없는 실전의 비밀이 많기 때문이다. 거래 방법이나 법률문제, 흐름 읽기 등도 실전을 해야 더 빨리 내 것이 된다.

또한 직장을 다니면서 투잡 형태로 부동산 투자를 하는 것도 추천한다. 혹여 부동산 투자에 실패해도 먹고살 길은 있어야 한다. 뿐만 아니라 월급이 따로 있어야 냉철하고 객관적인 투자가 가능해진다. 월급 없이 부동산 투자로 반드시 성공해야만 생계를 유지할 수 있다면 마음이야 훨씬 간절해지겠지만, 결과가 좋게 나오지는 않는다. 이런 투자에는 항상 무리수가 뒤따르기 마련이다.

 투자의 신, 허준열의 눈

부동산 투자를 취미처럼 즐길 수 있다면, 빠른 시간 안에 실력을 갖출 수 있고, 평생 돈이 되는 직업 하나를 더 얻은 효과가 생긴다. 시간을 쪼개 써야 하는 바쁜 사람이라면 굳이 빠른 시간 안에 끝내려고 할 필요는 없다. 부담되지 않는 선에서 작은 물건부터 실전경험을 쌓아 가면 된다.

무리하지 않고 작은 것부터 시작해 투자도 하고 부동산 공부도 한 다면, 점차 실력이 향상되면서 투자금액도 조금씩 늘려갈 수 있 다. 오랜 실전으로 다져지기 때문에 투자의 핵심인, 흐름을 읽는 눈도 서서히 뜨이게 된다.

앞서 P씨처럼 3년 만에 투자를 마스터하는 것도 좋지만, 어디 그게 쉬운가? 그리고 현대인들은 시간도 부족하다. 조금 여유를 가지고 길게 보고 조금씩 앞으로 나아가면 된다. 이론과 실전을 병행하면서 말이다.

돈 버는 부동산
실전 투자 전략

40

아파트
실전 투자전략

최근 들어 아파트 분양 관련 상담이 부쩍 늘었다. 분양은 받고 싶은데, 부동산 시장에 찬바람은 쌩쌩 불고 있어, 행여 분양을 받았다가 큰 손해라도 보지 않을까 망설이는 투자자들이 대부분이다.

많은 전문가들이 현재 주춤한 부동산 시장의 흐름은 향후 상당 기간 지속될 것으로 전망하고 있다. 나 또한 예외가 아니다.

문재인정부가 2017년 8월 2일 발표한 '부동산 8.2 대책'으로 대출 조건이 한층 까다로워졌고 여기에 은행 대출금리 상승 요인까지 악재로 작용하고 있다. 다가올 입주 때는 아파트 공급물량까지 넘쳐날 것이기에 앞으로의 부동산 시장은 결코 긍정적으로 보기 어렵다.

상황이 이러하니 아파트 분양 시장에서 멀찌감치 떨어져 관심도 두지 않는 것이 능사일까. 나는 아니라고 생각한다. 이런 와중에도 부동산 시장은 여건에 맞춰 움직이고 있고, 그 시장을 잘 이용하면 오히려 이익을 볼 구간이 보이기 때문이다. 특히 실 거주 목적으로 아파트를 매입하려는 사람에겐 좋은 기회가 될 수도 있다. 평소에는 없었던 아파트 분양가격 인하나 좋은 조건의 분양 상품 등이 나올 수 있기 때문이다. 앞서 여러 번 강조한 대로 시장이 불황일 때 오히려 부동산 투자로 고수익을 내는 이들이 탄생한다.

아파트 분양과 관련해서는 분양 받기 전에 기본적으로 알아둬야 할 사항들이 있다. '아파트 투자 시 체크해야 할 목록들'을 정리하면 다음과 같다.

첫째, 적절한 분양가인지 체크하라

지금처럼 아파트 가격이 떨어지는 상황에서는 어느 때보다도 분양가격 체크가 중요하다. 저렴하게 매입하는 것이 성공 투자의 지름길이기 때문이다.

둘째, 세대수를 체크하라

아파트 세대수가 곧 아파트 주민 편의시설과 직결되기 때문에 훗날 아파트를 매도할 때에도 중요한 영향을 미친다. 이왕이면 중소

단지보다 대단지가 아파트 가격 상승에 유리하다.

셋째, 인지도 있는 시공사인지 체크하라

아직까지도 많은 사람들이 인지도가 높은 아파트 브랜드를 선호한다. 그러므로 인지도가 높은 브랜드를 가진 아파트에 투자하는 것이 유리하다고 볼 수 있다.

넷째, 미래의 집값 상승을 고려한다면 편리한 교통보다 교육열이 높은 학군이 유리하다

과거에는 지하철역과 버스정거장에서 몇 분 거리인지가 아파트 가격 형성에 중요한 부분을 차지하였다. 하지만 최근에는 좋은 학군이 아파트 가격 형성에 더욱 중요한 부분을 차지한다. 과거엔 중, 고등학교 학군으로 국한됐다면, 최근에는 초등학교 학군까지도 그 영역이 확대되었다. 밀집된 학원가 역시 두말할 필요가 없다.

다섯째, 로열층을 공략하라

저층 아파트보다는 상층 아파트가 가격형성에 유리하다는 사실은 알고 있으리라 짐작된다. 분양 초기에는 층별로 가격 차이가 크지 않지만, 나중에는 분양 당시보다 크게 날 수도 있다는 점을 유의하자. 또한 매매 거래도 로열층이 저층보다 더욱 활발하게 일어난다.

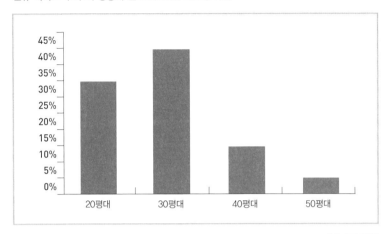

신규 아파트 투자 시 평형대 선호도(2016년 2000명 기준)

출처: 투자코리아

여섯째, 아파트는 부동산 경기가 좋을 때 투자하는 것이 아니다

부동산 경기가 좋을 때 아파트에 투자해야 한다고 착각하는 경우가 많다. 거래량만 봐도 확연히 드러나는 사실이다. 하지만 부동산 경기가 좋을 때는 가지고 있는 아파트를 매도하는 타이밍이고, 부동산 경기가 좋지 않을 때에는 반대로 매입하는 타이밍이란 점을 기억하기 바란다.

위에 정리한 내용들은 투자 비법이라기보다는 누구나 알 만한 내용들이다. 하지만 대부분의 사람들이 이러한 체크 목록을 소홀히 해서 손해를 보는 경우가 다반사다.

한번 저질러 버리면 그 누구도 해결해 줄 수 없다. 해결방법은 시간을 거슬러 올라가 계약서에 도장을 찍지 않는 것뿐이다. 따라서 투자를 할 때는 빠뜨린 부분이 없었는지 항상 체크포인트를 만들어 꼼꼼히 따져보기 바란다.

 투자의 신, 허준열의 눈

아파트 매입 시 빠뜨린 부분이 없는지 '체크할 목록들'을 점검해 보라. 아파트도 부동산 성수기가 아닌 비수기에 매입해야 성공할 수 있다.

41

오피스텔
실전 투자전략

서울과 수도권 지역 오피스텔에 투자하려는 사람들이 점차 증가 추세에 있다. 이유는 두 가지로 압축할 수 있는데, 첫째는 소액으로 투자가 가능하다는 점과 둘째, 나 홀로 세대가 증가하고 있기 때문이다.

오피스텔 투자의 경우 소위 '묻지마 식 투자'가 성행한다. 초보자들이 단기간에 수익을 노리고 접근하는 경우가 많아 실패 사례도 많은 편이다. 오피스텔은 월세 수익을 목적으로 하는 경우도 많은데, 이때도 공실의 위험을 간과하여 낭패를 보는 투자자들이 간혹 발생한다.

오피스텔 투자가 상대적으로 쉬워 보일 수는 있으나, 그렇다고 사전지식 없이 접근하거나 초보가 경험 없이 투자해도 될 만큼 만만히 봐서는 안 된다. 또한 월세를 목적으로 한다면 투자 전에 반드시 공실 리스크가 발생하지 않도록 체크해야 한다.

오피스텔에 투자하려는 사람들은 다음의 6가지 원칙을 참고하면 도움이 될 것이다. 원칙의 핵심은 철저한 시장분석으로 요약할 수 있다. 소중한 나의 자산을 지키고 더 많은 수익을 기대한다면 최소한 이 정도 체크는 선택이 아닌 필수라고 하겠다.

첫째, 교통편을 체크하라

기본으로 꼭 검토해야 할 사항이다. 아파트가 학군이 우선시된다면, 오피스텔은 대중교통의 편리성을 먼저 살펴봐야 한다.

둘째, 시공사를 체크하라

상가 투자와 달리 오피스텔 투자는 시공사 브랜드가 중요한 역할을 한다. 상가는 시공사 브랜드보다 유동인구에 의해 좋은 상권과 나쁜 상권으로 나뉘지만, 오피스텔은 아파트와 마찬가지로 시공사의 브랜드 영향을 많이 받는다. 이유는 편의시설의 편리함과 외부인 침입을 막는 보안시설 그리고 시공사 브랜드 가치를 따지는 임차인들이 많기 때문이다.

신규 분양 부동산 투자 선호도(2016년 1000명 기준)

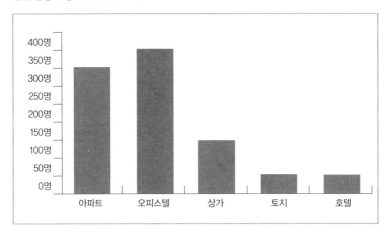

출처: 투자코리아

셋째, 세대수를 체크하라

요즘 오피스텔 트렌드는 아파트처럼 세대수가 많으면 많을수록 선호도가 높은 것으로 나타난다. 물론 아파트처럼 세대수가 많지는 않겠지만 그래도 세대수를 따져봐야 한다. 과거에는 오피스텔이 사무용 공간으로 많이 활용되었지만, 지금은 아파트처럼 점차 주거용으로 변모하고 있다.

넷째, 훗날 준공될 오피스텔 임대 수요층과 연령층을 예측하라

현재 공사 중인 오피스텔의 겉모습에만 치중해서는 안 된다. 미래에 그려질 모습을 예측할 수 있어야 한다. 오피스텔 수요층이 어떤 직업을 가지고 있는 사람들인지, 또한 연령층은 젊은 세대인지 노년층 위주인지 등 수요자 목표 타깃을 파악해야 한다. 예를 들어 수도권보다는 서울 강남, 신림, 홍대는 실 평수 5~7평 소형 오피스텔의 임차인 대부분이 젊은 세대다. 그렇기 때문에 다른 지역보다 임대율이 높은 반면에 임차해서 거주하는 기간이 상당히 짧은 편이다.

다섯째, 로열층을 공략하라

주거형 오피스텔은 아파트처럼 로열층의 인기가 높다. 미래의 가치와 환금성 그리고 임차인의 수요를 높이기 위해 반드시 점검해야 할 부분이다. 아파트와 비슷한 이유라 생각하면 된다.

여섯째, 공인중개사보다 신뢰성 있는 분양 상담사와 친해져라

오피스텔 분양은 공인중개사가 전문으로 하고 있는 매매, 전세, 월세와 다른 특성을 지녔기 때문에 신뢰할 수 있는 분양 상담사나 투자 전문가와 상의하는 것이 유리하다.

 투자의 신, 허준열의 눈

오피스텔 투자는 아파트와 비슷한 면도 많지만 결과적으로는 많은 차이가 있다. 오피스텔 투자를 만만히 봤다가 큰 코 다치는 수가 있으니 꼼꼼히 체크한 후 투자하도록 하자.

42

상가
실전 투자전략

상가 분양을 잘 받아 '월세를 월급처럼' 받기를 바라는 투자자들이 적지 않다. 노후대책 수단으로 이만한 물건도 많지 않다는 사실을 잘 알기 때문이다. 로망을 실현시켜줄 상가를 소유할 수만 있다면야 빚을 내서라도 사야 한다. 수입에 대한 걱정, 노동에 대한 부담을 줄여주는 상가는 '이보다 좋을 수 없다.' 하지만 문제는 장밋빛 희망에만 들떠 상가 투자의 리스크를 간과한다는 데 있다. 신도시 상가의 구조적 문제, 상권 이동 등 상가 투자의 위험성을 체크하지 않고 투자했다가는 큰 후회로 남을 것이 자명하다. 상가 투자에서 주의해야 할 6가지를 정리했으니 분양 전에 체크해 보기 바란다.

첫째, 상가는 위치 선점이 중요하다

만약 1층 상가를 분양받을 예정이라면 '1층에는 어떤 업종이 좋을 지' 고민해야 한다. 업종은 상가 투자에서 가장 중요한 부분이다. 직접 발품을 팔아 시장조사를 하거나 아니면 인근 상가에 입점한 업종과 상권의 유동인구를 철저히 분석해야 한다. 2층, 3층, 4층 이상 상위 층 상가도 마찬가지다. 상가는 층에 따른 업종이 대부분 정형화되어 있기 때문에 어떤 업종들이 입점할 수 있는지 예측하는 것은 그리 어렵지 않다.

둘째, 분양가를 체크하라

분양받으려는 상가의 분양가격이 높게 책정됐는지, 낮게 책정됐는지를 꼼꼼히 체크해야 한다. 월세 수익은 무조건 분양가격 대비 수익률로 나타내기 때문이다. 또한 적절한 월세가 아닌 높은 월세는 임차인들로부터 외면당한다는 사실을 기억하라.

셋째, 상가 공실이 생길 수도 있다는 최악의 상황을 생각하라

모든 부동산 투자는 어느 정도 위험부담이 항상 동반된다. 그러므로 언제라도 예기치 못한 상황에 탄력적으로 대비하는 습관을 갖는 것이 중요하다. 공실을 미연에 방지하는 것이 가장 좋지만, 만약 공실이 나더라도 생존할 수 있는 길을 미리 생각해 두어야 한다.

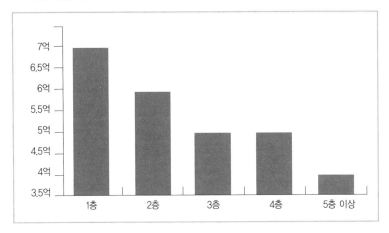

상가 분양 층별 평균 가격(2016년~2017년 기준)

출처: 투자코리아

넷째, 친구 따라 강남 가려고 하지 말라

'남이 하니까 나도 상가 하나 분양 받아야지'라는 생각이 가장 위험하다. 상가 투자는 철저한 분석과 경험에서 나오는 감이 무엇보다 중요하다. 상가 투자란 곧, 어느 정도 내공을 갖춘 사람들 틈에 진입하는 것인데, 실력도 갖추지 않은 상태에서 친구 따라 강남 가는 식의 투자를 했다가는 길을 잃고 만다. 나의 투자상담 경험상 섣불리 투자를 했다가는 열에 여덟은 식음을 전폐할 정도의 큰 스트레스를 받는다. '행복 끝, 불행 시작'이 되지 않으려면 잘 따져보고 투자하던가 아예 투자를 하지 말던가, 둘 중 하나를 택해야 한다.

다섯째, 나무는 나중에 보고, 숲을 먼저 보는 습관을 가지라

내가 분양 받을 상가 호수만 보지 말고 1층에서 최상위 층 상가 전체를 보라. 더 나아가 바로 옆 또는 인근에 들어서는 상가의 업종, 흐름, 동향까지도 살펴보는 신중함이 필요하다. 상가는 습관처럼 분석하는 능력을 키우다 보면 넓게 보는 식견이 생기고, 부동산을 객관적으로 바라보는 안목이 자신도 모르는 사이에 길러진다.

여섯째, 분양가가 비싸더라도 A급의 좋은 위치를 공략하라

적절한 분양가격으로 A급의 좋은 위치 상가에 투자할 수 있다면, 투자자들이 두려움을 갖는 공실의 위험에서 해방될 수 있다. 공실이 없으니 당연히 안정적인 월세 수익을 얻을 수 있다. 임차인이 서로 입점하려고 하는 상가를 찾는 것이야말로 상가 투자의 핵심이자 최종 목표라 할 수 있다. 여기에 장사를 잘하는 임차인까지

 투자의 신, 허준열의 눈

상가 투자에는 많은 투자금이 들어간다. 상가는 주거가 아닌 영업이 목적이다. 이 말은 곧 주로 생계를 목적으로 하는 사람이 세입자이기 때문에 상가의 몫이 좋은지, 나쁜지를 세입자들이 더 잘 보고 더 잘 따진다는 뜻이다. 그러므로 세입자가 들어오지 않는 상가는 가격이 싸더라도 투자를 해서는 안 된다. 또한 A급 상가라 하더라도 지나치게 비싸게 분양을 받으면 계륵이 될 수 있음을 명심하라.

입점한다면 금상첨화가 아닐 수 없다. 다리 쭉 뻗고 잘 수 있으며, 미래 가치에 대한 기대감도 높아질 수 있다. 단, 아무리 A급 위치의 상가라 하더라도 분양가가 지나치게 비싸다면 수지타산이 맞지 않아 빛 좋은 개살구가 될 수도 있다.

43

벤처타워
실전 투자전략

'벤처타워'라고 하면 생소하게 들릴 수도 있다. '지식산업센터'로도 불리는데, 이전에는 '공장형아파트'라고 불렀다. 여러 기업이 건물을 나눠 쓰는 공간으로 이해하면 된다.

벤처타워(지식산업센터)는 아파트, 상가, 오피스텔처럼 순식간에 뜨거워졌다가 한순간에 거짓말처럼 식는 부동산은 아니다. 큰 기복 없이 일정한 수요층이 지속적으로 생겨나고 있다. 벤처타워는 투자자들 사이에서 마니아층이 생겼을 정도로 재테크로써 인기가 높다. 대표적인 단지로는 가산디지털단지(구 구로공단 지역)와 판교 테크노밸리 등이 있다.

부동산 투자에도 패션처럼 유행이 존재한다. 이 유행이 단지 유행으로 끝날지, 새로운 부동산으로 정착될지 관심을 두고 눈여겨 볼 필요가 있다. 예를 들어 십 수 년 전에 서울만 하더라도 명동, 이대, 광명, 부천, 영등포 등 좋은 위치에 동대문 쇼핑센터를 벤치마킹한 복합쇼핑센터가 우후죽순 생겼지만 일부 몇 곳을 제외하고 지금은 약속이나 한 듯 대다수는 문을 닫았다. 그 때 당시 분양 붐이 엄청나게 대단했음에도 말이다.

그리고 불과 수년 전에 수익형 호텔이 유행처럼 생겨났다. 수익형 호텔도 분양 당시의 분위기는 매우 뜨거웠다. 일부는 공정거래위원회로부터 징계를 받았을 정도로 경쟁적으로 생겨났으나, 수익형 호텔이 높은 매출을 올리기 위해서는 호텔을 잘 운영해야 한다는 현실적인 문제들이 도마 위에 오르면서 풀어야 할 과제로 남아 있다.

그리고 최근에는 경기도 가평, 양평, 제주도, 강원도에 풀빌라가 생겨나고 있다. 전원주택 단지로 개발해서 구분소유주에게 월세를 지급하는 방식으로 수익형 호텔과 운영 방식은 비슷하나 다른 점은 풀빌라는 펜션과 전원주택의 결합체로 주로 한적하고 공기가 좋은 곳에 위치하고 있다는 것이다. 풀빌라의 유행은 좀 더 질 높은 여행을 즐기고자 하는 욕구와 맞물려 있다. 해외여행을 다녀온 사람들이 증가하면서, 국내에서도 풀빌라를 찾는 사람들이 늘어나고 있다. 분명 수요가 증가하는 것은 사실이지만 향후 어떤 방식으로 발전해 갈지는 두고 보아야 한다.

이처럼 부동산 시장에도 새로운 부동산 상품이 출시되면서 새로

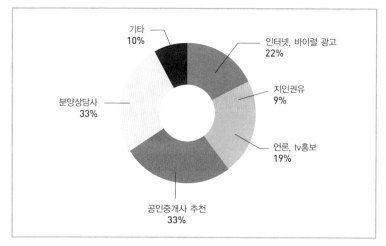

부동산 투자 시 투자 결정 요인(2017년 5000명 기준)

기타
10%

인터넷, 바이럴 광고
22%

지인권유
9%

분양상담사
33%

언론, tv홍보
19%

공인중개사 추천
33%

출처: 투자코리아

운 유행이 일어난다. 투자자로서 관심 있게 봐야 할 대목은 그 유행이 지속될 것인지, 아니면 잠시 머물렀다가 사라질 것인지이다. 한때의 유행으로 끝난다면 시행회사나 시공회사 배만 불려주는 꼴이 될 것이다.

'유행이 지속될 것인가' 라는 측면에서 벤처타워는 유리한 입장이라고 생각한다. 벤처타워는 입주자 성향이나 목적이 일반 부동산과는 다르다. IT 벤처기업이나 일반 회사들이 사무실 용도로 활용하는 곳으로, 유행에 민감한 여가방식이나 소비 관련 부동산이 아니다.

벤처타워는 기존 부동산과 비교해 세입자에게 월세를 받는 대상만 다를 뿐 구분소주유와 세입자의 관계는 같다. 아파트나 오피스텔에 투자한 구분소유주는 주로 개인에게 임대를 놓고 월세를 받을 것이다. 또한 근린 상가나 단지 내 상가에 투자한 구분소유주는 주로 장사가 목적인 세입자에게 월세를 받는다. 마찬가지로 벤처타워에 투자한 구분소유주는 주로 사무실용도로 사용하는 개인회사 또는 법인회사에게 임대를 놓고 월세를 받는 것이다.

어느 세입자는 교통이 편리한 사무실을 필요로 할 것이며, 어느 세입자는 교통의 편리성도 중요하지만 그보다 건물의 규모가 크고, 시설이 깨끗한 곳을 필요로 할 수 있다. 혹은 사무실이 모여 있는 장소를 필요로 하는 세입자들도 있을 것이다. 주로 벤처타워는 규모나 시설 등을 우선시한다. 그래서 벤처타워 투자 시에는 사업규모가 크고 메인이 될 수 있는 위치를 선택해야 한다.

하지만 벤처타워 역시 위치와 교통, 접근성, 분양가격 등을 모두 따져봐야 한다. 이는 부동산 투자의 기본이므로 어떤 부동산에도 해당되는 투자요소다.

짧은 유행으로 끝나지 않을 새로운 부동산 투자처를 찾고 있다면, 벤처타워로 틈새시장을 노려볼 만하다.

 투자의 신, **허준열의 눈**

부동산 시장에도 유행은 존재한다. 반짝했다가 없어지는 부동산인지, 신규 틈새시장으로 정착될 것인지 면밀히 검토해 봐야 한다. 그런 의미에서 벤처타워는 투자할 만하다.

44

빌라, 타운하우스
실전 투자전략

빌라나 타운하우스는 아파트 시장과 밀접한 관계가 있다. 아파트 시장이 호경기면 빌라나 타운하우스도 가격이 동반 상승하며, 아파트 시장이 불경기면 마찬가지로 빌라나 타운하우스 가격이 떨어지는 경향이 있다. 가장 큰 이유는 아파트, 빌라, 타운하우스가 모두 주거가 목적이기 때문이다. 빌라나 타운하우스가 아파트를 대체하는 주거용 부동산이라는 인식도 강하다.

빌라나 타운하우스는 아파트보다 훨씬 고가가 있는 반면 저렴한 곳도 있다. 이 두 상품은 가격 차이가 많이 나기 때문에 묶어서 설명하기에는 한계가 있다. 서울 용산구에 있는 UN 빌라와 강남구, 서초구에 있는 빌라나 타운하우스는 답답한 아파트보다 조용하고 사생활에 방해를 받지 않으며 보안 시설이 비교적 잘되어 있

부동산 투자를 실패했던 이유(2017년 1000명 기준)

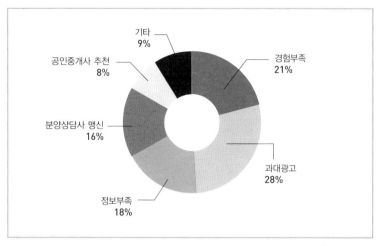

출처: 투자코리아

어 경제적으로 여유 있는 사람들이 선호한다.

반면 서울의 다세대 주택 밀집지역에 있는 소형 빌라는 높은 아파트 가격이 부담되어 실 거주를 목적으로 선택한 경우가 있고, 오래된 빌라를 재건축을 목적으로 투자한 경우가 있다. 또한 수도권 외곽에 있는 타운하우스는 아파트 생활보다 한적한 삶을 누리려는 목적이 대다수다.

재건축을 위해 오래된 빌라를 매입하는 한정된 사람들을 제외하고는 대다수가 실 거주를 목적으로 한다. 즉 빌라나 타운하우스는 투자 상품으로 보기에는 한계가 있다.

하지만 그럼에도 불구하고 꼭 투자가 아닌 경제적인 합리성을 위해, 이왕이면 싸게 사는 목적이라면 의미가 있다. 싸게 매입하는 것이 부동산 투자의 기본이며 이는 곧 비용을 줄이는 효과가 있기 때문이다.

그러면 빌라나 타운하우스 투자 전략을 간단히 살펴보자. 실 거주가 목적일 때 다른 것은 나중에 보더라도 자신이 살고 싶은 지역을 선택해야 올바른 결정이다. 그런 다음 언제, 어떻게 매입할 것인가를 결정해야 한다.

　우선 아파트 시장을 지켜보자. 서두에 언급했던 것처럼 빌라나 타운하우스는 아파트 시장과 밀접한 관계가 있다. 급하게 서두르지 않고 시간적 여유를 가진다면, 부동산 시장이 불경기로 바뀔 때까지 기다리는 편이 좋다. 그러면 매매 가격은 떨어질 것이 분명하기 때문에 자신이 원하는 금액에 따라 살 곳을 결정하면 된다.

　신규 분양시장도 기다려야 한다. 빌라나 타운하우스가 미분양으로 나올 때까지 말이다. 또는 회사 보유분이라는 현수막이 걸릴 때까지 기다린다면, 기다린 보상을 충분히 받을 수 있다. 그만큼

 투자의 신, 허준열의 눈

빌라나 타운하우스는 아파트 시장과 밀접한 관계를 갖고 있다. 아파트 가격이 떨어지면 빌라나 타운하우스 가격도 떨어진다. 이때를 노려 되도록 싸게 매입하는 것이 포인트다.

싸게 살 테니 말이다.

만약 당장 빌라나 타운하우스를 매입해야만 하는 상황이라면, 부동산 투자를 전문으로 하는 믿을 수 있는 컨설팅회사에 도움을 요청하라. 약간의 비용은 지출될 수 있겠지만 지출한 비용 이상으로 분양가격을 깎을 수 있다.

45

토지
실전 투자전략

인구밀도가 높은 대한민국은 땅이 항상 부족한 나라다. 그렇기 때문에 예나 지금이나 토지에 투자하려는 사람들이 의외로 많다.

토지는 다른 부동산보다 투자하고 기다리는 기간이 길지만, 그럼에도 불구하고 토지로 재미를 본 사람들은 꾸준히 토지만 찾는 중독성이 있는 부동산이다. 전국의 아파트나 상가 그리고 오피스텔 등의 신규 분양가격이 해마다 상승하는 이유는 무엇인가? 공사 자재비 상승요인도 있겠지만 근본적으로는 토지가격의 상승 때문이다.

토지는 건물이 들어서 있는 부동산보다 아무것도 없는 나대지가 대부분이다. 그래서 토지에 투자를 하려는 사람들은 토지를 매입하기 전에 토지의 현재 상황, 이용 형태, 이용 목적, 건축 여부,

도로 여부를 필히 체크해야 한다.

토지의 종류에는 나대지, 부지, 공지, 대지, 맹지 등이 있다.

나대지는 대지에 건물, 공작물 등이 존재하지 않는 상태를 말한다. 건축허가를 받아 토목공사를 하였지만 아직 건축이 되어 있지 않는 땅들도 나대지에 해당한다.

부지는 사용목적이 있거나 사용할 목적이 정해진 토지다. 예를 들어 전원주택 부지나 도로부지, 주택단지 부지가 여기에 해당된다.

공지는 비어 있는 토지로 목적을 위해서나 혹은 일부러 남겨 놓은 땅이다.

그 용도를 많이들 알고 있는 대지는 건축물이 들어선 토지로, 주택이 준공되면 지목은 당연히 대지로 변경된다.

마지막으로 맹지는 도로가 접해 있지 않은 땅이다. 맹지는 도로가 없기 때문에 건축허가가 나오지 않는다고 생각하면 된다.

토지에서는 지목이 중요한데, 지목의 종류는 전, 답, 과수원, 목장용지, 임야, 광천지, 염전, 대, 공장용지, 학교용지, 주차장, 유수용지, 창고용지, 도로, 철도용지, 제방, 하천, 구거, 유지, 양어장, 수도용지, 공원, 체육용지, 유원지, 종교용지, 사적지, 묘지, 잡종지 등 총 28개로 나뉜다. 토지마다 사용목적에 따라 지목의

부동산 투자 시 투자할 수 있는 자금(2017년 5000명 기준)

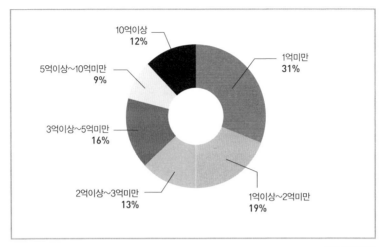

10억이상
12%

5억이상~10억미만
9%

1억미만
31%

3억이상~5억미만
16%

2억이상~3억미만
13%

1억이상~2억미만
19%

출처: 투자코리아

종류가 부여되니 토지 투자를 하기 전에 반드시 지목을 확인해야
한다.

지목도 확인하지 않고 투자하는 사람들이 의외로 많은 게 현실
이다. 지목을 확인하지 않는 투자자 대부분은 기획부동산에게 토
지를 매입한 사람들이다. 기획부동산의 전형적인 사기 유형은 다
음과 같다.

● 개발 예정지역으로 개발이 곧 확정될 것이라고 한다.
● 용도변경이 가능하다고 한다.
● 과대광고 또는 허위정보로 투자가치를 포장한다.
● 지분 등기 토지를 계약 후 분할해 주겠다고 안심시킨다.

- 거래가격을 심하게 부풀려 판다.

- 남아 있는 토지가 얼마 없다고 계약금 입금을 재촉한다.

- 현장 방문 시 다른 토지로 속여 실제와 다른 토지를 보여준 후 판다.

- 원 주인에게 기획부동산이 계약금만 주고 투자자에게 팔기 때 문에 등기부등본을 떼면 제3자 인 경우가 많다.

위의 8가지 외에도 기획부동산의 사기 유형이 다양하다는 사실을 인지하고, 그들의 유혹에 넘어가지 않도록 유의하기 바란다. 꼼꼼한 서류 확인과 현장조사 그리고 정확한 토지 시세파악은 필수다. 토지는 건설경기가 나쁠 때 가장 싸게 매입할 수 있는 좋은 시기다. 어느 부동산도 마찬가지다. 매수자의 발길이 뚝 끊길 때 홀로 조용히 가서 매입하면 된다.

토지 매입에서의 한 가지 팁은, 토지를 사고자 하는 당신의 마음을 상대에게 들키지 말라는 것이다. 토지는 아파트나 빌라, 오

 투자의 신, 허준열의 눈

토지 투자로 흥하려면 밀당의 고수가 되어야 한다. 때로는 가격을 흥정하는 자리에서 박차고 일어나는 액션이 백 마디 말보다 효과적일 때가 많다.

피스텔처럼 가격이 정해져 있지 않다. 사는 사람이나 파는 사람이나 인정할 만한 가격이라는 것이 존재하지 않는다. 흥정의 영역으로 싸게 살 수도 있고, 비싸게 살 수도 있다. 따라서 그 땅을 사고 싶은 마음을 상대에게 내색하는 순간, 토지 가격은 올라가기 시작한다. 자신의 수(手)를 완전히 보여주지 않으면서 밀고 당기는 심리전에 강해야 토지로 성공할 수 있음을 기억하라.

투자의 신,
허준열의 1% 투자 전략

46

신규 분양물건을 '남들보다 싸게' 분양 받는 법

대한민국은 부동산 투자자들의 왕국이다. 그만큼 부동산에 투자하는 사람들이 많고, 재테크에서 부동산이 차지하는 비중도 높다. 그래서 부동산은 언제나 우리 서민들의 최대 관심거리다. 누군가를 만나보라. '부동산'이라는 단어만 꺼내도 할 말이 산더미다. 거리를 나가보라. 온통 분양광고 현수막이 걸려 있고, 마트 주차장이나 등산로 입구까지 분양 전단지를 나눠주는 사람들이 진을 치고 있다. TV를 보려고 해도, 인터넷을 하려고 해도 반드시 분양광고나 건설사 광고를 만날 수밖에 없다. 이처럼 우리는 부동산의 과다홍보에 둘러싸인 포로들이다. 수많은 사람들이 열심히 일해서 은행 좋은 일을 시켜주고 있으니 포로라는 말이 결코 과장은 아닐 터이다.

물론 광고가 나쁜 것은 아니다. 부동산이 아닌 다른 상품이라도 광고를 해야 소비자가 정보를 취득할 수 있다. 오히려 상품을 잘 만들어놓고 홍보와 마케팅이 부족하다면 사람들이 그 상품의 가치를 어떻게 알겠는가? 문제는 그 광고 속에 '사실'이 아닌 '허위와 과장'이 섞여 있다는 점이다. 소비자들은 무엇이 사실이고 무엇이 과장인지 구별하는 데 어려움을 겪는다. 그리고 시장을 오판하는 계기가 되기도 한다. 물론 고수들은 광고가 넘치면 보유한 부동산을 팔아야 한다고 생각하지만 말이다.

분양에 대해 본격적으로 얘기해 보자면, 서울, 경기, 대구, 부산, 강원도뿐만 아니라 제주도까지 대한민국 전역에서 분양이 이뤄지고 있다. 종류도 다양하다. 아파트부터 시작해 상가, 오피스텔, 빌라, 전원주택, 타운하우스, 벤처타워, 단지 내 상가, 주상복합 등을 들 수 있겠다.

대부분의 사람들이 분양 사실을 접하는 루트는 광고이다. 앞서 말한 대로 신문, 현수막, 전단지, TV, 라디오, 버스나 지하철, 잡지 등, 사실 눈만 뜨면 부동산을 사달라는 목소리를 들을 수 있다. 이 중 최근 가장 효과가 높은 광고로 인터넷이 각광을 받고 있다.

분양광고를 접한 사람들은 가장 먼저 상담사에게 연락을 한다. 그리고 모델하우스에서 분양상담을 받기 위해 미팅을 잡는다. 그 중 투자연식이 조금 되는 사람들은 분양현장에 있는 인근 공인중개사 사무실에 들러, 공인중개사와 함께 모델하우스를 방문한다. 혹시 상대에게 현혹될지도 모른다는 걱정 때문이다. 여기까지가 분양을 받으려는 투자자들의 공통된 패턴이다. 거의 99%에 가깝다고 보면 된다. 물론 대부분의 사람들이 이 방법을 사용하니 잘못되었다고 말할 수는 없다. 다만 나는 나머지 1% 투자자들의 방법을 알려주려는 것뿐이다.

실제로 내가 분양현장에서 도움을 주었던 사람들의 사례를 보자. 상가를 분양 받으려는 A씨가 있다. B씨는 오피스텔을, C씨는 주상복합을 분양 받고 싶어 한다. A, B, C가 분양을 받으려는 목적은 모두 재테크의 일환이다. 부동산 종류만 다를 뿐 분양을 받고자 하는 목적은 동일하다.

A, B, C도 나를 만나기 전까지는 앞서 얘기한 대로 분양광고를 보고 모델하우스에 가서 분양 계약을 하거나, 분양현장에 위치한 공인중개사와 같이 모델하우스에 가서 분양 계약을 했다고 한다. 그러니까 아주 일반적인 투자자들이다.

여기서 질문을 하나 던지고 싶다. 나는 부동산은 싸게 사면 살수록 좋다고 여러 번 얘기했다. 그런데 어떻게 하면 싸게 살 수 있을까? 그리고 미분양 부동산이 아닌 신규 부동산을 싸게 분양받은 사람을 본 적이 있는가? 아마 거의 없을 것이다.

그렇다고 내가 신규 분양 물건을 '엄청나게 싸게' 분양을 받아

주겠다는 말은 아니다. 목표는 남들보다는 싸게, 약간 저렴한 정도다. 하지만 그게 어딘가? 아무리 땅을 깊게 파 봐도 만 원짜리 한 장 나오지 않는다.

아파트, 오피스텔, 상가, 빌라, 전원주택, 토지 할 것 없이 서울, 수도권 외 대구, 부산, 지방도시도 가능하다. 일반 투자자는 불가능하지만 나는 해당 사업지의 시행회사, 시공회사, 신탁회사, 분양회사 대표를 통해서 어느 정도 저렴하게 살 수 있다. 부동산 투자회사인 '투자의신'과 '투자코리아'를 운영하고 있는 덕분에 한 다리만 건너면 시행회사, 시공회사, 신탁회사, 분양회사 대표 대부분이 지인이라는 이름으로 엮이게 된다. 분양가격 할인은 일정한 가격할인이 있는 것은 아니어서 분양률이나 시행회사나 분양회사의 당시 필요자금 상황에 따라 조금은 다를 것이다. 신규 분양물건 가격할인은 분양 직원조차 할 수 없으며, 공인중개사 역시도 가격할인은 절대 불가능하다. 혹시 소문이라도 나면 분양가격 자체가 흔들리기 때문이다.

A, B, C는 결국 상가, 오피스텔, 주상복합을 싸게 분양 받을 수 있었다. 그런데 여기서 '싸게'보다 더 중요한 포인트가 있다. 바로 공실과 미래가치의 문제다.

분양물건은 대개 수억 원을 호가한다. 그만큼 많은 자금이 투여된 것인데, 과연 완공 후에 월세를 매달 꼬박꼬박 받을 수 있는지 반드시 따져봐야 한다. 아무리 싸게 분양을 받아도 월세를 받지 못한다면 좋은 차를 사놓고 창고에서 썩히는 것과 무엇이 다른가? 또한 미래에 시세가 오를 지역인지도 시장조사를 통해 충분히 알아보아야 한다.

남들보다 싸게 분양을 받는 것도 중요하지만, 앞으로의 부동산 가치가 어떻게 될지가 더욱 중요하다. 아무리 싸게 분양을 받았어도 부동산 값어치가 떨어진다면 결국 후회만 남을 뿐이다.

신규 분양 물건을 싸게 분양 받는 것은 쉬운 일이 아니다. 전적으로 인맥으로 가능하기 때문이다. 일반 사람들이 소매로 상품을 구입한다면 나는 인맥을 활용해 '소매가 아닌 도매'로 상품을 구입한다고 생각하면 이해가 빠를 것이다. 그러니 주변에 인맥이 있고, 싸게 사려는 의지가 크다면 지름길을 찾아보는 것도 투자의 한 방법이다.

 투자의 신, 허준열의 눈

신규 분양을 싸게 받을 수만 있다면 마다할 이유가 없다. 하지만 중요한 포인트는 월세를 잘 받을 수 있는가와 미래가치가 높아질 것인가의 문제다. 싸게 샀어도 골치 아픈 부동산으로 전락해 버린다면 싸게 산 의미가 없다. 이런 부동산은 아무리 싸게 살 수 있어도 분양 받을 이유가 없다.

47

상위 1%만이 아는
단기투자

분양회사에 투자하는 단기투자를 아는가

분양보증금(분양공탁금)으로 단기투자를 한다는 얘기는, 일반 투자자뿐만 아니라 대부분의 경험 많은 부동산 투자자에게도 생소한 얘기일 것이다. 하지만 이 안에는 아주 재밌는 일들이 있다.

예컨대 서울의 목동에서 아파트나 오피스텔을 분양한다고 가정해 보자.

시행회사나 시공회사는 분양회사와 분양대행 계약을 한다. 분양회사는 적게는 50여 명, 많게는 200여 명 이상의 분양 직원을 모집한다. 분양 직원은 월급제가 아닌 프리랜서다. 이들은 아파트, 오피스텔, 상가 모델하우스에 방문하는 사람에게 분양계약을 체결할 때마다 그에 따른 수당을 받는다. 본부장, 팀장, 분양 직원은 직급에 따라 수당을 차등지급 받는다. 물론 분양회사 대표는 어느 분양 직원이 계약을 체결했는가에 관계없이, 분양계약이 체결됐을 때마다 시행회사로부터 분양수수료를 받는다. 분양회사 대표는 회사 이익금을 제외하고 본부장에게 수당을 지급한다. 본부장도 본부장 수당을 제외하고 팀장에게 수당을 지급한다. 팀장 역시 팀장 수당을 제외하고 계약을 체결한 분양 직원에게 수당을 지급한다. 이것이 분양회사의 수익구조며, 이때 분양회사가 가장 많은 몫을 가져가는데 이것은 당연한 것이다. 분양회사는 분양이 잘되면 짧은 시간에 일반인이 상상할 수 없을 만큼 많은 돈을 벌지만, 반대로 분양이 잘 되지 않으면 분양홍보에 사용된 광고비, 식비, 운영비지출로 적자가 발생한다. 그렇기 때문에 분양회사는 분양이 잘될 만한 분양현장을 시행회사, 시공회사로부터 수주 받는 것이 성공의 포인트다.

여기서 중요한 것은, 시행회사가 분양회사와 대행계약을 체결할 때, 분양회사가 시행회사에게 분양공탁금(분양보증금)을 위탁한다. 분양이 잘 되는 분양현장, 즉 돈이 되는 분양현장에서는 분양회사가 시행회사와의 분양대행 계약을 앞두고 분양공탁금이 없어 자금을 급히 구하는 경우가 더러 있다. 이때 투자자는 부동산에 투자하는 것이 아니고, 분양회사의 부족한 자금에 투자하여 수익을 보는 방식이다.

경험 많은 투자자도 분양공탁금에 대해서는 거의 알지 못하며, 혹 안다고 하더라도 분양회사 와 연결해서 투자하기가 쉽지 않다. 그래서 중간에 연결을 시켜주고 리베이트를 챙기는 브로커도 있는데, 이는 매우 위험하다. 분양공탁금을 빌미로 중간에 사기를 치는 경우가 적지 않기 때문이다. 그러기 때문에 신뢰성 있는 분양회사 대표와 직접 연결되어 투자하는 것이 아니라면 많은 주의가 필요하다.

이런 위험성에도 불구하고 펀드회사나 투자 전문가들이 분양공탁금에 투자하는 이유는 다음과 같다.

- 분양공탁금(분양보증금)에는 부동산 취득세, 등록세가 당연히 없다.
- 단기 투자로 부동산에 붙은 프리미엄 수익보다 분양공탁금으로 얻는 수익률이 훨씬 높다.
- 분양공탁금의 투자기간은 보통 6개월 정도로 원금과 수익금 회수가 빠르다.
- 분양이 잘되면 원금과 수익금 회수가 계약한 날짜보다 빠르게 회수될 수 있으며, 이때 수익 금액에도 변동 없이 약정한 계약서대로 수익금을 지급 받을 수 있다.
- 투자자가 부동산 투자를 잘못해서 자금이 묶이는 것 없이 분양

공탁금은 원금과 수익금 회수 일자에 맞춰 계획성 있는 자금계획을 세울 수 있다.

- 투자자가 부동산 단기 투자로 수익을 발생시키는 확률보다 분양공탁금으로 수익을 발생시키 는 확률이 훨씬 높다.
- 분양공탁금에 한 번 투자해 본 사람은 다른 부동산에 다시는 투자하지 못한다.

이러한 이유들 때문에 분양공탁금 투자를 부동산 투자의 꽃이라고 부른다. 투자자가 없어 늘 자금이 필요해 높은 수익을 제시하는 분양회사보다, 투자수익이 약간 낮더라도 투자자가 많아 보이는 믿을 만한 분양회사를 선택하는 것이 안전한 분양공탁금 투자라 하겠다.

시행사업에 투자하는 재테크를 아는가

시행사업의 이해

부동산 개발사업에는 아파트, 오피스텔, 상가, 주상복합, 빌라 등이 있다. 개발사업의 주체 즉 해당 사업지 매입자를 시행회사라 부른다. 시행회사는 시공회사와 분양회사를 선정하며 금융기관으로부터 자금을 조달하는 역할을 하는 등 실질적인 사업 운영자라고 생각하면 된다.

대부분의 시행회사는 사업비 지출이 크기 때문에 자금에 허덕이는 경우가 많다. 그러다가 시행사업 하나만 잘 끝내면 평생 먹고 살 수 있는 돈을 한 번에 벌기도 한다. 물론 반대로 평생 모은 돈을 한 번의 실패로 몽땅 날리기도 한다. 멀리 시행회사로 갈 필요도 없이 우리가 아는 연예인 중에서도 시행사업을 잘못해서 가진 돈을 모두 탕진한 경우가 있는가 하면, 한 유명 개그맨은 경기도 분당에서 고급 빌라 시행사업으로 수십억 원을 벌었다는 뉴스가 나오기도 했다.

시행사업으로 돈 방석에 앉은 사람들과 모든 돈을 탕진하는 사람들의 차이는 단 한 가지다. 마케팅을 잘해서 분양이 성공적으로 끝나면 수십억 원에서 수백억 원을 버는 것이고, 마케팅 부족으로 분양에 실패하면 당연히 미분양만 수두룩하게 쌓여 결국 사업 실패로 귀결된다. 이처럼 시행사업에 있어 성공과 실패의 열쇠는 분양에 있다.

분양회사들의 최종적인 목표는 시행사업을 하는 것이다. 분양회사 사업만으로도 규모는 크다고 할 수 있지만, 시행사업과 비교할 수준이 아니다. 분양회사가 시행사업에 진출했다가 실패하는 경우가 종종 발생하는데, 원인은 분양사업을 성공적으로 늘 해왔기 때문에 뭐든 잘 할 수 있다는 자만감에 빠져 일을 그르쳤기 때문이다.

실패의 원인으로 분양가격이 너무 높았다던가, 사업지의 위치가 떨어졌다던가 등의 여러 이유들이 있겠지만, 내가 보기에 근본적인 이유는 분양시장의 수요 타이밍을 맞추지 못했기 때문이다. 시행사업은 사업부지 매입부터 건축 인허가 승인 그리고 우리가 잘 알고 있는 일반분양을 시작할 때까지 짧게는 1년에서 보통 수년이 소요된다. 그 이상 시간이 소요되는 시행사업도 많다.

이 기간 동안 부동산시장의 투자 수요가 변하기 때문에 이를 예측하지 못하면 타이밍을 놓쳐 시행사업에 큰 차질이 생기는 것은 당연하다. 예를 들어 지금은 상가 분양시장이 좋아 시행회사가 토지를 매입하고 건축 인허가 승인 후 분양을 할 때까지 2년이 걸렸다고 하자. 2년 후 상가 분양시장이 좋으면 다행이지만, 불경기로 변했다면 시행회사는 분양가격을 내려서라도 시행사업을 진행할지, 아니면 높은 이자를 몇 년간 지불하겠다는 각오로 상가 분양시장이 다시 좋아질 때를 기다려야 할 것이다. 넉넉한 자금력을 보유한 시행회사는 기다리는 쪽을 선택할 것이지만, 자금력이 부족한 시행회사는 버틸 수 없기 때문에 무리해서라도 시행사업을 진행할 것이다.

시행사업의 투자

시행사업은 도박처럼 투자금을 날릴 수 있는 위험과 성공하면 엄청난 수익이 발생한다는 너무나도 대조적인 양면성을 지니고 있다. 다른 부동산처럼 '적게 수익이 생겨도 안전하게'라는 단어가 시행사업에는 존재하지 않는다. 흔한 말로 복불복 또는 모 아니면 도만 존재한다.

하지만 이 책을 여기까지 읽은 독자라면 투자에서 무엇이 중요한지 감이 잡혔을 것이다. 부동산 투자에서 타이밍의 중요성 말이다. 시행사업에 투자한다고 가정하면 소비자 입장이 아닌 부동산 투자를 공급하는 공급자 입장 즉 개발자 입장으로 모든 생각을 바꿔야 한다. 오피스텔이나 상가라면 시행사업 투자 후, 무조건 6개월에서 8개월 내에 모든 건축 인허가 사항들이 끝나고 일반 분양이 시작될 수 있는 시행사업으로 선택해야 한다. 그 기간이 너무 길어지면 리스크는 그만큼 커질 수밖에 없다. 반복해서 하는 말이지만 부동산 경기는 항상 변하기 때문이다. 반면 8개월 이내라면 현재의 부동산 시장만 잘 파악해도 되는 문제이기 때문에 실패 확률이 그만큼 줄어들 수 있다. 남의 패를 보며 도박을 하는 것과 같은 효과를 내는 대단히 중요한 부분이므로 시행사업 투자 때 활용하기 바란다.

일반 투자자가 시행사업에 투자하기란 앞서 소개한 분양회사에 분양보증금(분양공탁금)을 투자하는 것만큼 접근하기가 어렵다. 때문에 신뢰가 높은 지인끼리, 또는 펀드회사 등으로부터 시행사업의 투자금 유치가 이뤄진다.

시행사업 투자금은 정해진 금액이 없으며, 투자 기간은 보통 1년 정도로 분양률이 30~70% 목표가 달성됐을 때 또는 시행사업 종료 시까지가 대부분이다. 수익금은 딱히 정해지지 않았으며, 보통은 투자원금의 두 배 정도라고 생각하면 되겠다.

시행사업도 부동산시장의 경기에 따라 굉장히 민감하므로, 아파트 시행사업, 오피스텔 시행사업, 주상복합 시행사업, 전원주택/타운하우스 시행사업을 잘 선택한 후 혹시 잘못 됐을 경우를 대비해서 투자금에 대한 안전장치에는 어떤 것이 있는지 전문가에게 필히 조언을 받는 것이 현명하다.

일반 투자자가 시행사업을 주도적으로 이끌 수는 없다. 하지만 적어도 어떤 부동산의 시행사업이 현 부동산시장에서 수요층이 많겠는가를 예측하는 것은 가능한 영역이다. 시행사업에서 분양이 잘 될지, 안 될지를 예측하는 것보다 중요한 판단요소는 없다. 그 예측이 적중하는 순간, 그리고 조기에 분양이 완판됐다는 소식이 들리는 순간 당신은 그 희열을 잊지 못할 것이다.

48

부동산 큰손들만 한다는
'통 매입'에 주목하라

부동산 투자가 어려운 이유는, 부동산 경기가 매우 유동적이라 언제 부동산을 매입해야 할지, 언제 부동산을 매도해야 할지 적당한 타이밍을 모르기 때문이라 했다. 언론에서 또는 뉴스에서 부동산 시장 분위기가 호황이라며 자고 일어나면 가격이 오른다는 호들 갑을 떤다. 많은 투자자들이 이 뉴스에 마음이 흔들려 투자를 결심하고 실행에 옮긴다. 하지만 이들 중 대부분은 부동산 가격이 절정일 때 매입한 것으로 우리가 흔히 아는 '상투 잡고 부동산을 매입하는 부동산 초보자'로 분류되는 것이다.

아파트 분양시장은 큰 패턴으로 5년에서 7, 8년을 주기로 떨어 졌다가 다시 오르기를 반복한다. 20년 전인 1997년 11월에 IMF가 일어났다. 대한민국 모든 부동산이 폭락했다. 아파트, 상가, 토지

할 것 없이 모든 부동산이 반값 이하 가격으로 폭락했고 많은 부동산들이 경매로 넘어갔다. 부동산 소유가 축복에서 저주로 바뀌는 시절이었다. 그때는 현금을 가진 사람이 최고였다. 대부분의 아파트나 빌딩건물을 반값에 살 수 있었으니 당시에는 부동산투자로 돈 벌기가 땅 짚고 헤엄치기처럼 쉽지 않았겠는가?

인생에 다시없을 천재일우의 기회였고 현금까지 들고 있었는데도 부동산에 투자하지 않은 사람들도 많았다. 다시 급등할 수 있다는 사실을 믿지 못했기 때문이다. 반대로 과감히 매입한 사람들은 짧은 기간에 큰 수익을 거둘 수 있었다. 이는 용기의 문제이기도 하지만, 기본적으로 흐름을 읽는가, 읽지 못하는가의 문제다.

이후 2005년 대한민국 부동산 시장은 서울 강남을 중심으로 아파트 가격이 폭등했다. 그 해 8월 31일 정부는 고강도 부동산 가격 안정대책을 발표하기에 이르렀다. 그 효과로 아파트 가격 상승은 하락으로 방향을 선회했다. 그리고 5년 후인 2010년 정부는 침체된 부동산 시장 경기를 살리려고 8.29부동산 대책을 발표했다. 당시 사회문제가 되었던 하우스푸어를 구제하기 위해서였다.

7년이 지난 2017년, 문재인정부는 아파트 투기 세력을 근절하고자 8.2 부동산 대책을 발표했다. 8.2부동산 종합대책은 고강도 규제를 담고 있다.

이렇게 부동산은 쓰러질 듯하다가 일어나고, 하늘로 승천할 듯하다가 바닥으로 고꾸라지는 역사를 반복한다. 그리고 그 흐름의 중심에는 정부의 부동산 대책이 자리하고 있다. 정부가 부동산을 주도하지는 못하지만, 대책을 보면 지금의 부동산이 어느 위치에 있는지 확인할 수 있다. 정부정책은 마치 신호등처럼 '멈추세요' 혹은 '건너가세요' 하고 신호를 보내는 듯하다. 투자자들은 이 신호등을 보며 부동산을 매입해야 할지 매도해야 할지 쉽게 알 수 있다. 전문가들의 의견이 분분할 때 내가 믿고 싶은 방향을 예측하는 전문가의 말을 들을 것이 아니라, 정부가 내놓은 부동산 신호등을 잘 보면 답을 알 수 있다.

이 신호등을 보며 전문가들의 예측을 살펴보라. 빨간불인데 지나가도 좋다고 하는 전문가가 있는가 하면, 파란불인데 멈추라고 하는 전문가가 있다. 투자시장에서의 일반 투자자들도 마찬가지다. 분명 빨간불인데 투자자들은 부동산을 사기 위해 인산인해를 이룬다. 지금 당장 부동산을 사지 않으면 영원히 기회를 놓치는 것처럼 분위기가 만들어진다. 반대로 파란불인데 투자자들은 시큰둥하고 현장에는 파리만 날린다.

부동산 시장의 흐름을 잘 읽는 부동산 큰손들은 부동산 시장이 바닥을 쳤을 때 아파트를 몇 채에서 수십 채 또는 수백 채를 땡처리하듯 싸게 매입한다. 그리고 부동산 시장이 좋아졌을 때 매입한 아파트를 다시 매도한다. 싸고 손쉽게 사서 비싸고 손쉽게 판다.

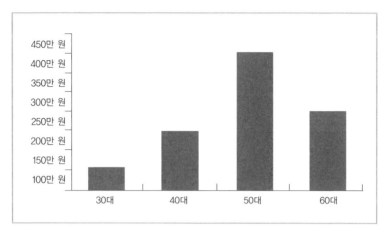

부동산 투자로 희망하는 월세 수입(2017년 5000명 기준)

출처: 투자코리아

매우 합리적이면서도 복잡하지 않다. 반면 대부분의 사람들은 비싸고 어렵게 사서 싸고 어렵게 판다. 그럴 수밖에 없다. 대부분의 사람들은 경쟁이 치열할 때 그 좁은 틈을 비집고 들어가 사거나 팔기 때문이다. 우리가 시장의 좌판만 생각해도 장사가 잘되는 집은 사장이 얼마나 쉽게 물건을 파는가. 물건이 들어오는 족족 팔려나간다. 고객들은 줄을 서서 기다려야 한다. 쉽게 팔고 어렵게 사는 상황이다. 반면 장사가 안 되는 집은 어떤가. 사장은 어렵게 물건 하나를 팔고 고객은 줄을 설 필요도 없이 가격마저 싸게 살 수 있다. 자신이 원하는 만큼 많이 살 수도 있다.

부동산 큰손들은 수요와 공급 법칙을 잘 알고 움직인다. 부동산 하나하나를 꼼꼼히 따지는 투자가 아니라 흐름에 투자한다. 본의 아니게 정부도 이들을 돕는 역할을 충실히 해낸다.

내가 호랑이가 될 수 없다면 호랑이 등에 타는 것도 한 방법이다. 부동산 큰손들도 필요에 따라 비밀리에 소액 투자자들을 모집한다. 이렇게 모은 돈으로 부동산을 통으로 매입하는 것이다. 당연히 편의점에서 낱개로 물건을 사는 것보다 대형 할인마트에서 묶음으로 파는 물건을 그것도 1+1처럼 땡처리로 더욱 싸게 사는 것이라고 생각하면 되겠다. 그것이 바로 '통 매입'이다. 통 매입한 부동산은 다른 부동산보다 가격 경쟁에서 월등히 앞선다. 그 경쟁력을 따라올 부동산이 없다. 추후 마진을 붙여 개인투자자에게 낱개로 팔아도 개인투자자는 시장가격보다 저렴하게 부동산을 매입하는 이점이 있다. 그래서 소위 '잘 팔린다.' 그러면 통 매입한 큰손들은 도대체 얼마를 벌겠는가. 좁쌀이 한 번 구르는 것보다 호박이 한 번 크게 구르는 게 낫다. 통 매입은 이러한 이점을 활용한 투자다.

이익금 배분은 간단하다. 통 매입한 부동산을 모두 판 후 투자 원금을 제외하고 나머지 금액을 비율에 따라 골고루 분배한다.

부동산 분쟁 소송은
전문 부동산 변호사를 선택하라

아파트, 오피스텔, 상가, 전원주택 등 홍수처럼 쏟아지는 분양시장에서 일부 회사들의 과장광고부터 허위분양까지 더해져 많은 잡음들이 끊임없이 발생한다. 분양을 받으려고 하는 사람들은 분양광고의 문구 또는 내용들을 곧이곧대로 믿고 계약하는 사례가 허다하다. 소송에 휘말리지 않는 것이 최선이겠으나 세상일이 내 마음대로만 될 수는 없으므로 힘들게 모은 재산을 지키려면 소송도 불사해야 한다.

법정 소송은 두렵기도 하고 귀찮기도 한 일이다. 그리고 실력과 경험을 모두 갖춘 변호사를 찾는 일도 만만치 않다.

하지만 소송에서 충분히 이길 수 있는 길이 있음에도 불구하고 법에 대해 잘 몰라 재산을 포기하는 일들이 주변에서 심심찮게 일어난다. 이 문제를 어떻게 해결할지 살펴보자.

부동산 분쟁으로 피해를 본 피해자들의 공통점은 민사소송이나 형사소송을 하고 싶어도 법에 대해 잘 모르기 때문에 소송을 통해 권리를 찾으려는 시도조차 하지 않는다는 것이다. 눈 뜨고 당한다는 말이 딱 어울리는 경우다.

소송을 하려면 첫째도, 둘째도 부동산 전문변호사를 찾아 상담을 먼저 받아봐야 한다. 부동산 소송에는 의외로 많은 변수가 있기 때문에 분양, 매매, 전세, 월세의 경험이 많은 전문변호사를 찾아 상세한 상담을 받아봐야 소송을 진행할지 말지 선택할 수가 있다. 부동산 투자를 할 때 이것저것 재고 따지는 것처럼, 소송도 마찬가지다. 진행여부와 진행할 능력 있는 변호사를 면밀히 따져봐야 한다.

소송이 능사는 아니다. 전문변호사와 상의하여 처음부터 이길 수 없는 소송은 하지 않는 것이 현명하다.

분양계약 해지 시 부당 위약금 소송 사례

서울에 거주하는 H씨. 그는 경기도에 위치한 오피스텔 2채를 분양 받았다. 한 채는 월세를 받을 목적이고, 나머지 한 채는 분양 당시 분양직원과 공인중개사가 프리미엄을 받고 팔아주는 조건으로 조금 무리해서 분양을 받았다. 계약금은 각각 10%씩 납부하고 무이자중도금 대출도 받았다.

그러나 잔금 때가 되어 분양직원과 공인중개사는 팔아준다는 약속을 지키지 못했고 결국 H씨는 자금 부족으로 분양물건을 해지할 수밖에 없었다. 오피스텔 시행사는 H씨에게 계약금으로 각각 납부한 두 채 가격 10%(3천만 원) 외에도 위약금 1천 2백만 원을 요구하였다. 그리고 위약금을 납부하지 않으면 계약해지를 해주지 않겠다고 협박하였고, 결국 신용불량자가 될 것이라는 공갈까지 하였다. 시행회사의 협박을 견기지 못한 H씨는 결국 울며 겨자 먹기로 위약금 1천 2백만 원을 시행사 계좌로 납부하였다. H씨의 경우는 초보투자자에게 가장 많이 발생하는 피해 사례다.

하지만 H씨는 여느 피해자들과는 달리 전문변호사를 찾아가 저간의 사정을 설명하고 소송을 해야 할지 상담하였다. 결과적으로 H씨는 피해 금액을 고스란히 돌려받았다. 대부분 사람들은 분양계약을 중간에 포기하면 계약금도 포기해야 하고 거액의 위약금까지 납부해야 한다는 잘못된 생각을 갖고 있다. 반은 맞고 반은 틀린 얘기다. 그러니 지레짐작으로 포기하지 말고 소송을 할지 말지부터 차근차근 알아보라. 아래는 실제 있었던 하급심 판례다.

수분양자가 중도금 납부를 지체하면 분양자는 그에 대한 이자금 상당의 손해를 입게 된다고 할 것이나, 계약상 총 공급금액의 10%를 위약금으로 분양자에게 귀속시키기로 한 점, 수분양자의 위약 시 공급자는 계약을 해제하고 다른 신규 수분양자와 다시 계약을 체결함으로써 위 손해를 줄일 수 있는 점, 연체료는 본래 계약의 존속을 전제로 그 이행지체에 대한 책임을 묻는 성질의 것인 점, 기타 당사자의 지위, 계약의 목적과 내용, 손해배상액을 예정한 동기와 경위, 손해배상 예정액의 비율, 예상 손해액의 크기, 그 밖의 거래관행 등 여러 사정에 비추어 볼 때, 수분양자의 귀책사유로 계약이 해제되는 경우에 위약금을 분양자에게 귀속시키는 외에 연체료를 추가로 공제하도록 규정한 계약 조항은, 고객에 대하여 부당하게 과중한 손해배상의무를 부담시키거나 분양자와 같은 사업자에게 계약의 해제로 인한 원상회복의무를 부당하게 경감하는 조항으로서 신의성실의 원칙에 반하여 공정을 잃은 약관 조항에 해당하여 무효라고 판시하였다고 합니다. (서울지법 2000. 9. 21. 선고 2000나 101 판결, 확정)

위 서울지법 판결에도 알 수 있듯이 시행회사는 H씨뿐만 아니라 분양받은 사람들이 분양계약을 중도에 포기하더라도 연체료를 물을 수 없다. 그렇기 때문에 H씨는 오피스텔 시행사로부터 위약금을 되돌려 받을 수 있었다.

분양계약 시 과장광고로 인한 피해 소송 사례

경기도에 거주하는 B씨는 수도권에 위치한 수익형 호텔이 한 채에 4천만 원만 있으면 매월 월세가 80만 원이 통장에 찍힌다는 분양광고를 보았다. 그렇지 않아도 B씨는 가지고 있던 노후자금 1억 5천만 원으로 안정된 월세를 받고 싶어 수익형부동산을 알아보고 있는 중이었다. 그러던 중 분양광고를 봤으니 B씨로서는 솔깃할 수밖에 없었다. 결국 B씨는 수익형 호텔 3채에 대해 분양계약을 했다.

B씨는 3채에 대한 계약금을 치르고 무이자중도금 대출에도 서류제출과 서명을 모두 끝마쳤다. 그리고 시간이 지나 잔금일자가 되었다.

그런데 두 가지 문제가 생겼다. 첫 번째는 4천만 원만 있으면 월세 80만 원을 받을 수 있다는 분양광고와 다르게 중도금 대출이자를 빼야한다는 것이었다. 계약서를 작성할 때 B씨에게 이 사실을 말해주는 사람은 없었다. 물론 계약서에 깨알같이 자그마한 글씨로 중도금 이자에 대한 내용이 기재되어 있기는 하나 대부분의 사람들은 잘 보지 않을 뿐더러 B씨는 연세가 많은 분이었다. 아무튼 중도금 이자를 빼면 B씨가 손에 쥐는 월세는 한 채에 30만원이 조금 넘는다. 부동산 투자에 대해 좀 아는 사람들 경우에는 기본적으로 준공 후에는 중도금 이자가 지출된다는 사실을 알겠지만 B씨는 잘 몰랐던 모양이다.

정말 중요한 문제는 두 번째다. 수익형 호텔의 잔금 일자가 됐는데 은행에서 B씨에게 중도금 대출(중도금대출에서 담보대출로 전환)을 해줄 수 없다고 통보가 왔다. 이유는 B씨가 나이가 많고 소득이 없기 때문에 대출이 전혀 불가능하다는 것이다. 그리고 수익형 호텔의 시행사는 B씨에게 대출 없이 수익형 호텔 3채를 자비로 납부해야 한다고 단호하게 말했다. 시행사는 대출이 나오지 않는 것은 B씨 책임이므로 B씨가 해결하라는 것이었다. 참고로 3채의 대출금액은 3억 원 가까이 되는 큰 금액이었다.

그러나 더 놀라운 것은 B씨에게 한 달 이내 등기를 하지 않으면 계약금 몰수는 물론 3천만 원 위약금까지 납부하라는 통보였다. 당연히 B씨는 그날부터 마음고생이 너무 심해 죽고 싶었다고 한다. 참 안타까웠다. 나는 보기가 안쓰러워 평소 알고 지내던 변호사를 소개시켜 주었다. 변호사와 상담한 다음날 B씨는 민사소송을 진행하겠다며 조금은 평온해진 마음으로 연락을 해왔다.

소송내용을 간략하게 얘기하자면, '한 채에 4천만 원만 있으면 월세 80만 원이 꼬박꼬박!'이라는 광고문구와 B씨의 은행대출이 나오지 않는 문제의 책임이 누구에게 있는가를 따지는 소송이었다.

　그리고 시간이 조금 더 지난 후 어느 날 B씨로부터 연락이 왔다. B씨는 시행사에서 위약금으로 요구한 3천만 원을 납부하지 않아도 된다는 것과 수익형 호텔 계약금으로 납부한 금액도 모두 되돌려 받았다고 한다. 또한 시행사는 공정거래위원회로부터 분양광고에 대해 과장광고로 징계를 받았다고 한다.

계약을 해소하는 방법

계약의 해소란 법률용어는 아니며 법률용어로는 해제 해지 취소 등이 정확한 표현이나 이해하기 쉽게 계약으로부터 해방되어 계약을 강요당하지 않는 상태를 표현하기 위하여 사용한다.

계약의 효력

계약은 사적자치의 영역에서는 강행법규에 위반되지 않으면 원칙적으로 해소할 수 없다. 그에 따른 책임을 져야하는 것이다. 그러나 당사자 쌍방의 합의로 계약은 해소할 수 있는 것이며 또한 우리 법은 계약을 해소할 수 있는 방법을 규정하고 있는데 민법의 규정에 한정하여 알아보자.

합의에 의한 계약의 해제

사적자치 영역에서는 서로 간에 계약을 체결하여 구속력을 발생시킨 것처럼 서로의 합의로 계약을 해소할 수 있다. 이 경우의 손해배상 또한 자유로이 결정할 수 있는 것이다.

당사자 일방이 계약을 해제하는 경우

이 경우가 실무상 주로 문제되며 우리 민법에 규정이 되어 있다. 해제권이 법에 의하여 발생하는 이행지체 이행불능 불완전이행 등인데 용어는 어렵지만 쉽게 상대방의 잘못이 있어 계약을 해제하는 경우라 이해하면 된다. 또한 미리 당사자 일방이 계약을 해제시킬 수 있는 해약금 약정도 있는데 계약금을 상대방에게 주고 계약을 포기하는 경우라 쉽게 생각하면 된다.

계약금이 수수된 경우

상대방의 잘못이 있건 없건 묻지 않고 당사자 일방이 이행에 착수할 때까지 교부자는 이를 포기하고 수령자는 그 배액을 상환하고 각 계약을 해제할 수 있다. 통상 계약금을 제공하고 계약을 하게되는데, 쉽게 말하면 계약금을 날리고 계약을 없던 것으로 한다는 것으로 실무상으로 많이 사용된다. 따라서 모든 계약은 신중히 체결해야 하며 자신 없는 계약은 계약금을 최소화해야 한다.

계약불이행에 따른 해제

위처럼 합의가 이루어지지 않는 경우에는 법이 정한 바에 따라 계약을 해소할 수 있다. 이에는 이행지체, 이행불능, 불완전 이행 등이 대표적인데 간단히 알아보자.

이행지체란 기간이 정해진 경우에는 정하여진 기간에 이행이 안 되거나 기간이 없는 경우에는 이행청구를 채무자가 받고도 이행을 하지 않는 경우에 계약을 해제하여 계약으로부터 해방되는 경우를 말한다. 여기서 중요한 점은 상대방도 우리에게 동시에 채무를 이행하라고 주장할 수 있는 권리가 있는 경우에는 반드시 반대채무를 이행 제공하여 그 주장을 못하게 한 후에야 상대방에게 책임을 물을 수 있는 것이다.

실무상 매우 중요하며 소송의 승패는 여기에 달려 있는 경우가 많다. 예컨대 부동산 매매계약을 해제하기 위해서는 매도인의 입장에서는 당사자의 합의가 없는 한 일방이 계약을 해제할 수는 없는 것이며, 잔금지급기일이 도래해도 상대방에게 소유권이전등기에 필요한 서류 등을 다 준비해 놓고 '잔금을 지급해라, 그렇지 않으면 계약을 해제하겠다' 는 의사표시를 상대방에게 해야 완벽히 계약을 해제할 수 있는 것이다. 이 경우는 되도록 법률전문가의 도움을 받아 확실히 하는 것이 필요하다.

이행불능이란 거래통념상 더 이상 이행이 불가능해진 경우로써 실무상으로는 법원의 판단을 받아야 명확해지는 경우가 많다. 예컨대 부동산 매매계약을 체결한 후에 다른 곳에다 팔아 버리는 경우도 이행이 불능하게 된 경우로 본다. 이 경우에는 즉시 해제가 가능하다.

불완전 이행이란 이행을 하기는 하였으나 그 이행이 불완전하여 흠이 있는 경우이다. 이 경우는 그 불완전한 정도에 따라 이행지체와 이행불능의 경우로 보면 되고 통상은 하자담보책임이라는 어려운 법적문제로 많이 해결됨으로 이곳에서는 상세한 설명은 피한다.

마지막으로 중요한 대법원 판례를 소개한다.

국토이용법 소정의 토지거래계약에 관한 허가구역으로 지정된 구역 안의 토지에 관하여 매매계약이 체결된 후에 계약금만 수수된 상태에서 당사자가 토지거래허가신청을 하고 이에 따라 관할관청에서 그 허가를 받았다 하더라도 그러한 사정만으로는 아직 이행의 착수가 있다고 할 수 없어 매도인은 계약금의 배액을 상환하여 계약을 해제할 수 있다. (대법원 2009. 4.23. 선고 2008다62427)

매매계약의 체결 후에 시가 상승이 예상되자 매도인이 구두로 구체적인 금액의 제시 없이 매매대금의 증액 요청을 하였고 매수인은 이에 대하여 확답하지 않은 상태에서 중도금을 이행기전에 제공하였는데 그 후에 매도인이 계약금의 배액을 공탁하여 해제권을 행사한 사안에서 시가 상승만으로는 매매계약의 기초적 사실관계가 변경되었다고 볼 수 없어 매도인을 당초의 계약에 구속시키는 것이 특히 불공평하다거나 매수인에게 계약내용의 변경요청의 상당성이 인정된다고 할 수 없고 이행기전의 이행의 착수가 허용되어서는 안 될 만한 불가피한 사유가 있는 것도 아니므로 매도인은 위의 해제권을 행사할 수 없다(대법원 2006.2.10.선고 2004다11599).

이상과 같이 매우 중요한 대법원 판결을 소개하였지만 그 법리를 일반인으로서는 쉽게 이해하기가 어렵다. 위 소송은 구체적 사실관계는 토지거래허가와 아파트 매매에 대한 사안으로 매우 큰 금액의 소송이었을 것으로 추측한다. 대법원까지 판단을 받은 사건은 대부분 법률전문가들이 개입되었을 것이다. 따라서 정확한 지식과 열정을 가진 법률전문가를 잘 찾아서 소송에서 자신의 재산권을 보호하는 것도 능력일 것이다.

대한민국 부동산 투자의 미래

1판 1쇄 인쇄 2018년 02월 01일
1판 1쇄 발행 2018년 02월 10일

지은이 허준열
펴낸이 박현
펴낸곳 트러스트북스

등록번호 제2014-000225호
등록일자 2013년 12월 3일

주소 서울시 마포구 서교동 성미산로2길 33 성광빌딩 202호
전화 (02) 322-3409
팩스 (02) 6933-6505
이메일 trustbooks@naver.com

값 16,000원
ISBN 979-11-87993-41-4 03320

믿고 보는 책, 트러스트북스는 독자 여러분의 의견을 소중히 여기며,
출판에 뜻이 있는 분들의 원고를 기다리고 있습니다.